2021
长江经济带
统计年鉴

STATISTICAL YEARBOOK OF YANGTZE RIVER ECONOMIC ZONE

长江经济带发展统计监测协调领导小组办公室　编

中国统计出版社
China Statistics Press

图书在版编目（CIP）数据

长江经济带统计年鉴. 2021 = Statistical Yearbook of Yangtze River Economic Zone 2021：汉英对照 / 长江经济带发展统计监测协调领导小组办公室编. -- 北京 ： 中国统计出版社, 2021.11
ISBN 978-7-5037-9708-8

Ⅰ. ①长… Ⅱ. ①长… Ⅲ. ①长江经济带 - 区域经济发展 - 年鉴 - 2021 - 汉、英 Ⅳ. ①F127.5-54

中国版本图书馆 CIP 数据核字(2021)第 231219 号

长江经济带统计年鉴 2021
Statistical Yearbook of Yangtze River Economic Zone 2021

作　　者/长江经济带发展统计监测协调领导小组办公室
责任编辑/李冲
封面设计/刘亚非
出版发行/中国统计出版社有限公司
通信地址/北京市丰台区西三环南路甲 6 号　邮政编码/100073
发行电话/邮购（010）63376909　书店（010）68783171
网　　址/http://www.zgtjcbs.com/
印　　刷/武汉国新印务有限公司
经　　销/新华书店
开　　本/880mm×1230mm　1/16
字　　数/770 千字
印　　张/26
版　　别/2021 年 11 月第 1 版
版　　次/2021 年 11 月第 1 次印刷
定　　价/398.00 元

《长江经济带统计年鉴-2021》

编委会和编辑人员

Statistical Yearbook of Yangtze River Economic Zone 2021

EDITORIAL BOARD AND EDITORIAL STAFF

编 者 说 明

一、为全面贯彻落实习近平总书记关于推动长江经济带发展的系列重要批示指示精神和国家《长江经济带发展规划纲要》，更好地为推动长江经济带发展提供优质、高效、可靠的统计服务，国家统计局长江经济带发展统计监测协调领导小组办公室（常设湖北省统计局）负责《长江经济带统计年鉴-2021》的编辑和出版，上海、江苏、浙江、安徽、江西、湖南、重庆、四川、贵州、云南省（市）统计局10个成员单位共同协作完成。

二、《长江经济带统计年鉴-2021》是一本信息密集的资料工具书，通过大量数据，全面分析、记载和反映长江经济带2020年经济、社会、资源环境、科技、文化等方面的发展，具有信息量大、权威性强、适用性广等特点。

三、本年鉴正文内容分为两个部分26个篇章。第一部分包括25个篇章：1.综合；2.人口；3.国民经济核算；4.就业和工资；5.价格；6.人民生活；7.财政；8.资源和环境；9.能源；10.固定资产投资；11.对外经济贸易；12.农业；13.工业；14.建筑业；15.批发和零售业；16.运输、邮电和软件业；17.住宿、餐饮业和旅游；18.金融业；19.房地产；20.科学技术；21.教育；22.卫生和社会服务；23.文化和体育；24.公共管理、社会保障和社会组织；25.城市、农村和区域发展。第二部分附录为11省（市）情概述。

四、本年鉴所使用的度量衡单位均采用国际统一标准计量单位，并统一使用最新颁布实施的产品目录。

五、本年鉴中涉及到的历史数据，均以最新出版的本年鉴数据为准。

六、符号使用说明:年鉴各表中的“空格”表示该项统计指标数据不详或无该项数据；“#”表示其中的主要项；“*”或“①”表示本表下有注解。

Editor's Notes

Yangtze River Economic Zone (YREZ) covers Shanghai, Jiangsu, Zhejiang, Anhui, Jiangxi, Hubei, Hunan, Chongqing, Sichuan, Guizhou and Yunnan, as total 11 administrative regions. *YREZ Development Survey Group* is organized by the National Bureau of Statistics cooperating with these 11 relevant provincial Bureau of Statistics in order to support for the national development strategy of Yangtze River Economic Zone.

Statistical Yearbook of Yangtze River Economic Zone 2021 was produced by *YREZ Development Survey Group.* The National Bureau of Statistics and the Hubei Provincial Bureau of Statistics worked as executive editors, in coordination with the other 10 members of the group. This statistical yearbook records and presents the regional development in population, economy, society, resources and environment, science, technology, and culture, etc.

The Yearbook contains 2 parts:

Part I contains 25 chapters:1.General Survey;2.Population;3.National Accounts; 4.Employment and Wages;5.Prices;6.People's Livelihoods;7.Government Finance;8.Resources and Environment;9.Energy;10.Investment in Fixed Assets;11.International Trade and Economic Cooperation;12.Agriculture;13.Industry;14.Construction;15.Wholesale and Retail Trades;16.Transport, Postal and Telecommunication Services, and Software Industry;17.Hotels, Catering Services and Tourism;18.Financial Intermediation;19.Real Estate;20.Science and Technology;21.Education;22.Public Health and Social Services;23.Culture and Sports;24.Public Management,Social Security and Social Organizations;25.Urban,Rural and Regional Development.

Part II listed as Appedix is overviews of these 11 administrative regions.

The units of measurement used in the Yearbook are internationally standard measurement units, and the newly published and implemented Product Categories are uniformly adopted.

Please refer to the Yearbook for updated historical data.

Notations used in the Yearbook: " "(blank space) indicates that the data are unknown, or are not available; "#" indicates a major breakdown of the total; and "*" or "①" indicates footnotes at the end of the table.

目 录
Contents

第一部分 统计数据
Statistical Data

一、综合
General Survey

二、人口
Population

六、人民生活

People´s Livelihoods

七、财政

Government Finance

八、资源和环境

Resources and Environment

九、能源

Energy

十、固定资产投资

Investment in Fixed Assets

十七、住宿、餐饮业和旅游

Hotels, Catering Services and Tourism

十八、金融业

Financial Intermediation

十九、房地产

Real Estate

二十、科学技术

Science and Technology

二十一、教育

Education

二十二、卫生和社会服务

Public Health and Social Services

二十三、文化和体育

Culture and Sports

第二部分 附录

Appendix

1 统计数据

Statistical Data

一、综合 General Survey

1-1 长江经济带行政区划（2020年底）
Divisions of Administrative Areas in Yangtze River Economic Zone（End of 2020）

单位：个 (unit)

省级区划名称 Provinces, Autonomous Regions and Municipalities		地级区划数 Number of Divisions at Prefecture Level	#地级市 Cities at Prefecture Level	县级区划数 Number of Divisions at County Level	#市辖区 Districts under the Jurisdiction of Cities	#县级市 Cities at County Level	#县 Counties	#自治县 Autonomous Counties	乡镇级区划数 Number of Divisions at Township Level	#镇 Towns	#乡级 Townships	#街道 Sub-districts
全 国	**National Total**	**333**	**293**	**2844**	**973**	**388**	**1312**	**117**	**38741**	**21157**	**8809**	**8773**
上海市	Shanghai			16	16				215	106	2	107
江苏省	Jiangsu	13	13	95	55	21	19		1258	712	31	515
浙江省	Zhejiang	11	11	90	37	20	32	1	1365	618	259	488
安徽省	Anhui	16	16	104	45	9	50		1501	968	271	262
江西省	Jiangxi	11	11	100	27	12	61		1566	830	568	168
湖北省	Hubei	13	12	103	39	26	35	2	1251	761	161	329
湖南省	Hunan	14	13	122	36	18	61	7	1940	1133	392	415
重庆市	Chongqing			38	26		8	4	1031	621	171	239
四川省	Sichuan	21	18	183	55	18	106	4	3230	1978	793	459
贵州省	Guizhou	9	6	88	16	9	51	11	1509	833	315	361
云南省	Yunnan	16	8	129	17	17	66	29	1410	678	540	192

1-2 按主要行业分法人单位数（2020年）
Number of Corporate Units by Sector（2020）

单位：个 (unit)

地　区	Region	合　计 Total	农、林、牧、渔业 Agriculture, Forestry, Animal Husbandry and Fishery	采矿业 Mining	制造业 Manufacturing	电力、热力、燃气及水生产和供应业 Production and Supply of Electricity, Heating, Gas and Water	建筑业 Construction	批发和零售业 Wholesale and Retail Trades
全　国	**National Total**	**29389255**	**2090924**	**80683**	**3846747**	**123729**	**1901819**	**8415106**
上　海	Shanghai	532762	5482	5	55728	245	21317	161888
江　苏	Jiangsu	2540015	55010	345	548185	5193	195165	735916
浙　江	Zhejiang	2277240	52432	944	501768	6281	87747	754359
安　徽	Anhui	1160828	115230	1397	141296	5989	107387	307510
江　西	Jiangxi	765836	86027	4045	89404	8060	54839	201735
湖　北	Hubei	1183265	83408	2977	114737	5826	102993	314974
湖　南	Hunan	831104	87971	4011	75839	7309	51860	191685
重　庆	Chongqing	642720	83236	1381	57984	2371	25288	190309
四　川	Sichuan	934554	99709	3536	72084	6032	65208	216758
贵　州	Guizhou	543603	110156	4757	52591	2445	33578	119765
云　南	Yunnan	741669	104282	6271	43405	3367	52690	203469

1-2 续表 1 continued

单位：个 (unit)

地 区	Region	交通运输、仓储和邮政业 Transport, Storage and Post	住宿和餐饮业 Hotels and Catering Services	信息传输、软件和信息技术服务业 Information Transmission, Software and Information Technology	金融业 Financial Intermediation	房地产业 Real Estate	租赁和商务服务业 Leasing and Business Services	科学研究和技术服务业 Scientific Research and Technical Services
全 国	**National Total**	**748046**	**514980**	**1285534**	**142488**	**933969**	**3394995**	**1738335**
上 海	Shanghai	20153	20695	28013	9602	23425	86456	37615
江 苏	Jiangsu	73866	32208	113158	6193	72874	251853	182643
浙 江	Zhejiang	48213	33787	112541	16626	63792	237068	103928
安 徽	Anhui	31798	21335	45235	3439	34455	137351	57701
江 西	Jiangxi	24805	10151	31528	2018	21157	86737	27219
湖 北	Hubei	30590	19944	64252	3305	39805	146105	71496
湖 南	Hunan	17452	14484	33795	2235	26286	90197	56458
重 庆	Chongqing	14260	25902	27586	2033	20038	72995	24265
四 川	Sichuan	22198	19025	38077	3465	30775	110135	48100
贵 州	Guizhou	10370	18625	11738	1641	15427	49635	13804
云 南	Yunnan	16717	18052	26952	3434	24672	79834	32954

1-2 续表 2 continued

单位：个 (unit)

地 区	Region	水利、环境和公共设施管理业 Management of Water Conservancy, Environment and Public Facilities	居民服务、修理和其他服务业 Service to Households, Repair and Other Services	教 育 Education	卫生和社会工作 Health and Social Service	文化、体育和娱乐业 Culture, Sports and Entertainment	公共管理、社会保障和社会组织 Public Management, Social Security and Social Organization
全 国	**National Total**	**216714**	**598808**	**769578**	**299142**	**686805**	**1600853**
上 海	Shanghai	2664	17875	9283	5046	13669	13601
江 苏	Jiangsu	17298	46772	42284	32095	47539	81418
浙 江	Zhejiang	12567	41526	54244	16690	52742	79985
安 徽	Anhui	9999	24591	28272	12244	23232	52367
江 西	Jiangxi	5182	12405	21670	8687	14443	55724
湖 北	Hubei	11806	23830	30650	13404	26551	76612
湖 南	Hunan	8119	15915	34672	12511	27782	72523
重 庆	Chongqing	5145	17733	18374	6694	17272	29854
四 川	Sichuan	7375	21340	36227	17507	26918	90085
贵 州	Guizhou	4231	17383	18456	5964	10059	42978
云 南	Yunnan	6803	18573	19353	6964	18086	55791

1-3 按三次产业和机构类型分法人单位数（2020年）
Number of Corporate Units by Three Strata of Industry and Type of Institutions（2020）

单位：个 (unit)

地 区	Region	法 人 单位数 Number of Corporate Units	按三次产业分 Grouped by Three Strata of Industry			按机构类型分 By Type of Institutions				
			第一产业 Primary Industry	第二产业 Secondary Industry	第三产业 Tertiary Industry	企业法人 Enterprises	事业法人 Institution Units	机关法人 Government Units	社会团体 Social Organization	其他 Others
全 国	**National Total**	**29389255**	**1827421**	**5904042**	**21657792**	**25055456**	**812962**	**237879**	**334242**	**2948716**
上 海	Shanghai	532762	5200	76033	451529	497979	7769	1364	3142	22508
江 苏	Jiangsu	2540015	41935	743879	1754201	2333775	39948	9139	32191	124962
浙 江	Zhejiang	2277240	48515	593845	1634880	2087888	28492	7824	22336	130700
安 徽	Anhui	1160828	96705	254409	809714	998274	22520	8507	13666	117861
江 西	Jiangxi	765836	77906	155567	532363	621069	29282	8492	9362	97631
湖 北	Hubei	1183265	67468	225063	890734	968729	42109	10381	15574	146472
湖 南	Hunan	831104	66175	138136	626793	628510	44321	10735	12190	135348
重 庆	Chongqing	642720	78978	86191	477551	566829	16483	3526	7132	48750
四 川	Sichuan	934554	93708	145612	695234	720525	53431	15284	15591	129723
贵 州	Guizhou	543603	108209	92893	342501	431382	25866	7322	6031	73002
云 南	Yunnan	741669	97737	105141	538791	599648	29454	10828	14279	87460

1-4 按控股情况分企业法人单位数（2020年）
Numbers of Corporate Enterprises by Status of Holdings (2020)

单位：个 (unit)

地 区	Region	企业单位数 Number of Enterprises	国有控股 State-holding	集体控股 Collective-holding	私人控股 Private-holding	港、澳、台商控股 Holding by Investors from Hong Kong, Macao and Taiwan	外商控股 Holding by Foreign Investors	其 他 Others
全 国	**National Total**	**25055456**	**293473**	**180550**	**23903057**	**131106**	**102477**	**444793**
上 海	Shanghai	497979	11685	6811	426299	12481	18115	22588
江 苏	Jiangsu	2333775	16748	10768	2266394	11842	14648	13375
浙 江	Zhejiang	2087888	14145	14125	2032691	7669	12876	6382
安 徽	Anhui	998274	10836	6434	958071	1050	828	21055
江 西	Jiangxi	621069	9660	3429	594393	1481	676	11430
湖 北	Hubei	968729	10497	6564	940678	1414	1653	7923
湖 南	Hunan	628510	8776	4515	596939	853	571	16856
重 庆	Chongqing	566829	6557	2340	555368	1014	1061	489
四 川	Sichuan	720525	13594	7466	676933	1206	1321	20005
贵 州	Guizhou	431382	9289	4063	416855	295	222	658
云 南	Yunnan	599648	8610	5150	570451	676	894	13867

1-5 按登记注册类型分企业法人单位数（2020年）
Number of Corporate Enterprises by Status of Registration（2020）

单位：个 (unit)

地 区	Region	企业单位数 Number of Enterprises	内资企业 Domestic Invested Enterprises	#国有企业 State-owned Enterprises	#集体企业 Collective-owned Enterprises	#股份合作企业 Cooperative Enterprises	#联营 Joint Ownership
全 国	**National Total**	**25055456**	**24784352**	**82155**	**106926**	**31119**	**5973**
上 海	Shanghai	497979	465455	1689	3054	962	264
江 苏	Jiangsu	2333775	2301886	4803	6425	1416	390
浙 江	Zhejiang	2087888	2061282	2064	5352	8030	90
安 徽	Anhui	998274	996123	2782	2804	386	259
江 西	Jiangxi	621069	618688	3993	2134	398	348
湖 北	Hubei	968729	964538	4583	4667	331	211
湖 南	Hunan	628510	626728	2633	2581	244	241
重 庆	Chongqing	566829	564326	987	1606	477	88
四 川	Sichuan	720525	717588	2591	2618	845	262
贵 州	Guizhou	431382	430677	1792	2794	165	163
云 南	Yunnan	599648	597686	2193	3387	370	211

1-5 续表 continued

单位：个 (unit)

地 区	Region	#有限责任公司 Limited Liability Corporations	#股份有限公司 Share-holding Corporations Ltd.	#私 营 Private	港、澳、台商投资企业 Enterprises with Investment from Hong Kong, Macao and Taiwan	外商投资企 业 Enterprises with Foreign Investment
全 国	**National Total**	**1557067**	**110713**	**22835565**	**143350**	**127754**
上 海	Shanghai	62197	2975	393518	12986	19538
江 苏	Jiangsu	81345	10281	2195125	13585	18304
浙 江	Zhejiang	51691	3447	1990603	9639	16967
安 徽	Anhui	79969	4265	899165	937	1214
江 西	Jiangxi	31022	3157	575613	1513	868
湖 北	Hubei	49067	3430	901566	1810	2381
湖 南	Hunan	28932	3287	587876	947	835
重 庆	Chongqing	10080	1568	549520	1129	1374
四 川	Sichuan	60613	5092	643252	1202	1735
贵 州	Guizhou	25658	1286	398716	361	344
云 南	Yunnan	39113	4139	545651	740	1222

二、人口 Population

2-1 年末人口数 Population at Year-end

单位：万人 (10 000 persons)

地 区	Region	2011	2012	2013	2014	2015	2016	2017	2018	2019	2020
全 国	**National Total**	**134916**	**135922**	**136726**	**137646**	**138326**	**139232**	**140011**	**140541**	**141008**	**141212**
上 海	Shanghai	2356	2399	2448	2467	2458	2467	2466	2475	2481	2488
江 苏	Jiangsu	8023	8120	8192	8281	8315	8381	8423	8446	8469	8477
浙 江	Zhejiang	5570	5685	5784	5890	5985	6072	6170	6273	6375	6468
安 徽	Anhui	5972	5978	5988	5997	6011	6033	6057	6076	6092	6105
江 西	Jiangxi	4474	4475	4476	4480	4485	4496	4511	4513	4516	4519
湖 北	Hubei	5760	5781	5798	5816	5850	5885	5904	5917	5927	5745
湖 南	Hunan	6581	6590	6600	6611	6615	6625	6633	6635	6640	6645
重 庆	Chongqing	2944	2975	3011	3043	3070	3110	3144	3163	3188	3209
四 川	Sichuan	8064	8085	8109	8139	8196	8251	8289	8321	8351	8371
贵 州	Guizhou	3530	3587	3632	3677	3708	3758	3803	3822	3848	3858
云 南	Yunnan	4620	4631	4641	4653	4663	4677	4693	4703	4714	4722

2-2 年末城镇人口比重
Proportion of Urban Population at Year-end

单位：%　　(%)

地　区	Region	2011	2012	2013	2014	2015	2016	2017	2018	2019	2020
全　国	**National Total**	**51.83**	**53.10**	**54.49**	**55.75**	**57.33**	**58.84**	**60.24**	**61.50**	**62.71**	**63.89**
上　海	Shanghai	89.30	89.30	89.60	89.30	88.53	89.00	89.10	89.13	89.22	89.30
江　苏	Jiangsu	62.01	63.01	64.39	65.70	67.49	68.93	70.18	71.19	72.47	73.44
浙　江	Zhejiang	62.29	62.91	63.94	64.96	66.32	67.72	68.91	70.02	71.58	72.17
安　徽	Anhui	44.80	46.30	47.87	49.31	50.97	52.62	54.29	55.65	57.02	58.33
江　西	Jiangxi	45.75	47.39	49.04	50.55	52.30	53.99	55.70	57.34	59.07	60.44
湖　北	Hubei	51.78	53.23	54.51	55.73	57.18	58.57	59.88	61.00	61.83	62.89
湖　南	Hunan	44.97	46.22	47.63	48.98	50.79	52.70	54.62	56.09	57.45	58.76
重　庆	Chongqing	54.98	56.64	58.29	59.74	61.47	63.33	65.00	66.61	68.24	69.46
四　川	Sichuan	41.85	43.35	44.96	46.51	48.27	50.00	51.78	53.50	55.36	56.73
贵　州	Guizhou	35.03	36.30	37.89	40.24	42.96	45.56	47.76	49.54	51.48	53.15
云　南	Yunnan	36.57	38.47	39.99	41.21	42.93	44.64	46.29	47.44	48.67	50.05

2-3 户数、人口数、性别比和户规模(2020年)
Household, Population, Sex Ratio and Household Size (2020)

地 区	Region	户数(户) Number of Households (household)	家庭户 Family Households	集体户 Collective Households	人口数(人) Population (person)	男 Male	女 Female	性别比 (女=100) Sex Ratio (Female=100)
全 国	**National Total**	**522689264**	**494157423**	**28531841**	**1409778724**	**721416394**	**688362330**	**104.80**
上 海	Shanghai	10466847	9644628	822219	24870895	12875211	11995684	107.33
江 苏	Jiangsu	31922656	29910849	2011807	84748016	43031586	41716430	103.15
浙 江	Zhejiang	26880850	25008606	1872244	64567588	33680008	30887580	109.04
安 徽	Anhui	22888078	21910377	977701	61027171	31103394	29923777	103.94
江 西	Jiangxi	14791970	14072847	719123	45188635	23318533	21870102	106.62
湖 北	Hubei	21019329	19931045	1088284	57752557	29694718	28057839	105.83
湖 南	Hunan	23892020	22878336	1013684	66444864	33995673	32449191	104.77
重 庆	Chongqing	12627668	12040234	587434	32054159	16202133	15852026	102.21
四 川	Sichuan	32205094	30756120	1448974	83674866	42289718	41385148	102.19
贵 州	Guizhou	13265872	12696585	569287	38562148	19705293	18856855	104.50
云 南	Yunnan	15861557	15146831	714726	47209277	24420924	22788353	107.16

注:本表数据为2020年第七次全国人口普查时点数,不包括中国人民解放军现役军人。(以下相关表同)

a) Data of this table are from reference time of the Seventh National Population Census,excluding the servicemen of the Chinese People's Liberation Army. The same applies to the relevant following tables.

2-3 续表 continued

地 区	Region	家庭户人口数(人) Family Household Population (person)	男 Male	女 Female	集体户人口数(人) Collective Household Population (person)	男 Male	女 Female	平均家庭户规模(人/户) Average Family Size (person/household)
全 国	**National Total**	**1292809300**	**654052851**	**638756449**	**116969424**	**67363543**	**49605881**	**2.62**
上 海	Shanghai	22347586	11244075	11103511	2523309	1631136	892173	2.32
江 苏	Jiangsu	77644026	38754626	38889400	7103990	4276960	2827030	2.60
浙 江	Zhejiang	58830838	30143079	28687759	5736750	3536929	2199821	2.35
安 徽	Anhui	57272157	28929853	28342304	3755014	2173541	1581473	2.61
江 西	Jiangxi	41329294	21164113	20165181	3859341	2154420	1704921	2.94
湖 北	Hubei	52773775	26844608	25929167	4978782	2850110	2128672	2.65
湖 南	Hunan	61121055	31103853	30017202	5323809	2891820	2431989	2.67
重 庆	Chongqing	29477069	14744701	14732368	2577090	1457432	1119658	2.45
四 川	Sichuan	77093057	38672981	38420076	6581809	3616737	2965072	2.51
贵 州	Guizhou	35719520	18195997	17523523	2842628	1509296	1333332	2.81
云 南	Yunnan	43695762	22435081	21260681	3513515	1985843	1527672	2.88

2-4 户数、人口数、性别比和户规模（城市）(2020年)
Household, Population, Sex Ratio and Household Size (City) (2020)

地 区	Region	户数(户) Number of Households (household)	家庭户 Family Households	集体户 Collective Households	人口数(人) Population (person)	男 Male	女 Female	性别比 (女=100) Sex Ratio (Female=100)
全 国	**National Total**	**221320851**	**202764700**	**18556151**	**575170855**	**291791475**	**283379380**	**102.97**
上 海	Shanghai	8165874	7521925	643949	19873080	10113562	9759518	103.63
江 苏	Jiangsu	15073781	13771191	1302590	40269267	20382260	19887007	102.49
浙 江	Zhejiang	13813994	12575815	1238179	33083792	17165183	15918609	107.83
安 徽	Anhui	6125474	5663611	461863	16329087	8142601	8186486	99.46
江 西	Jiangxi	4414818	4042797	372021	13560075	6906564	6653511	103.80
湖 北	Hubei	8973972	8206395	767577	24657421	12494860	12162561	102.73
湖 南	Hunan	6765698	6185217	580481	18916669	9472504	9444165	100.30
重 庆	Chongqing	6083611	5652181	431430	16343989	8083520	8260469	97.86
四 川	Sichuan	11605081	10700636	904445	30431679	15030432	15401247	97.59
贵 州	Guizhou	3522330	3252662	269668	10126125	5086734	5039391	100.94
云 南	Yunnan	4761268	4342471	418797	12355559	6236029	6119530	101.90

2-4 续表 continued

地　区	Region	家庭户人口数(人) Family Household Population (person)	男 Male	女 Female	集体户人口数(人) Collective Household Population (person)	男 Male	女 Female	平均家庭户规模(人/户) Average Family Size (person/household)
全　国	**National Total**	**504276519**	**251510982**	**252765537**	**70894336**	**40280493**	**30613843**	**2.49**
上　海	Shanghai	17884745	8863108	9021637	1988335	1250454	737881	2.38
江　苏	Jiangsu	35793195	17715592	18077603	4476072	2666668	1809404	2.60
浙　江	Zhejiang	29377913	14950458	14427455	3705879	2214725	1491154	2.34
安　徽	Anhui	14638587	7210026	7428561	1690500	932575	757925	2.58
江　西	Jiangxi	11671059	5880515	5790544	1889016	1026049	862967	2.89
湖　北	Hubei	21345951	10622692	10723259	3311470	1872168	1439302	2.60
湖　南	Hunan	16098951	7964959	8133992	2817718	1507545	1310173	2.60
重　庆	Chongqing	14465156	7048937	7416219	1878833	1034583	844250	2.56
四　川	Sichuan	26634361	12980496	13653865	3797318	2049936	1747382	2.49
贵　州	Guizhou	8868313	4435200	4433113	1257812	651534	606278	2.73
云　南	Yunnan	10504649	5249393	5255256	1850910	986636	864274	2.42

2-5 户数、人口数、性别比和户规模（镇）(2020年)
Household, Population, Sex Ratio and Household Size (Town)(2020)

地 区	Region	户数(户) Number of Households (household)	家庭户 Family Households	集体户 Collective Households	人口数(人) Population (person)	男 Male	女 Female	性别比 (女=100) Sex Ratio (Female=100)
全 国	**National Total**	**114718215**	**107620004**	**7098211**	**324820307**	**165029877**	**159790430**	**103.28**
上 海	Shanghai	1000819	907718	93101	2336300	1252659	1083641	115.60
江 苏	Jiangsu	8057821	7566565	491256	21973116	11138540	10834576	102.81
浙 江	Zhejiang	5550929	5128200	422729	13514673	7069220	6445453	109.68
安 徽	Anhui	6987883	6548174	439709	19266016	9752125	9513891	102.50
江 西	Jiangxi	4284947	4015256	269691	13750536	7045709	6704827	105.08
湖 北	Hubei	4152899	3940726	212173	11662953	5908873	5754080	102.69
湖 南	Hunan	7001071	6630584	370487	20129507	10242115	9887392	103.59
重 庆	Chongqing	2259757	2157259	102498	5920039	2948837	2971202	99.25
四 川	Sichuan	6358727	6020073	338654	17034233	8388350	8645883	97.02
贵 州	Guizhou	3431251	3226651	204600	10369821	5220851	5148970	101.40
云 南	Yunnan	3758467	3547366	211101	11273005	5752439	5520566	104.20

2-5 续表 continued

地 区	Region	家庭户人口数(人) Family Household Population (person)	男 Male	女 Female	集体户人口数(人) Collective Household Population (person)	男 Male	女 Female	平均家庭户规模(人/户) Average Family Size (person/household)
全 国	**National Total**	**292011047**	**146536890**	**145474157**	**32809260**	**18492987**	**14316273**	**2.71**
上 海	Shanghai	2073595	1076977	996618	262705	175682	87023	2.28
江 苏	Jiangsu	20140568	10050751	10089817	1832548	1087789	744759	2.66
浙 江	Zhejiang	12168256	6221677	5946579	1346417	847543	498874	2.37
安 徽	Anhui	17562037	8752635	8809402	1703979	999490	704489	2.68
江 西	Jiangxi	12222347	6191875	6030472	1528189	853834	674355	3.04
湖 北	Hubei	10575155	5307828	5267327	1087798	601045	486753	2.68
湖 南	Hunan	17998746	9072729	8926017	2130761	1169386	961375	2.71
重 庆	Chongqing	5462267	2690373	2771894	457772	258464	199308	2.53
四 川	Sichuan	15297267	7465075	7832192	1736966	923275	813691	2.54
贵 州	Guizhou	9301243	4673504	4627739	1068578	547347	521231	2.88
云 南	Yunnan	10125911	5109535	5016376	1147094	642904	504190	2.85

2-6 户数、人口数、性别比和户规模（乡村）(2020年)
Household, Population, Sex Ratio and Household Size (Countryside) (2020)

地 区	Region	户数(户) Number of Households (household)	家庭户 Family Households	集体户 Collective Households	人口数(人) Population (person)	男 Male	女 Female	性别比 (女=100) Sex Ratio (Female=100)
全 国	**National Total**	**186650198**	**183772719**	**2877479**	**509787562**	**264595042**	**245192520**	**107.91**
上 海	Shanghai	1300154	1214985	85169	2661515	1508990	1152525	130.93
江 苏	Jiangsu	8791054	8573093	217961	22505633	11510786	10994847	104.69
浙 江	Zhejiang	7515927	7304591	211336	17969123	9445605	8523518	110.82
安 徽	Anhui	9774721	9698592	76129	25432068	13208668	12223400	108.06
江 西	Jiangxi	6092205	6014794	77411	17878024	9366260	8511764	110.04
湖 北	Hubei	7892458	7783924	108534	21432183	11290985	10141198	111.34
湖 南	Hunan	10125251	10062535	62716	27398688	14281054	13117634	108.87
重 庆	Chongqing	4284300	4230794	53506	9790131	5169776	4620355	111.89
四 川	Sichuan	14241286	14035411	205875	36208954	18870936	17338018	108.84
贵 州	Guizhou	6312291	6217272	95019	18066202	9397708	8668494	108.41
云 南	Yunnan	7341822	7256994	84828	23580713	12432456	11148257	111.52

2–6 续表 continued

地 区	Region	家庭户人口数(人) Family Household Population (person)	男 Male	女 Female	集体户人口数(人) Collective Household Population (person)	男 Male	女 Female	平均家庭户规模(人/户) Average Family Size (person/household)
全 国	**National Total**	**496521734**	**256004979**	**240516755**	**13265828**	**8590063**	**4675765**	**2.70**
上 海	Shanghai	2389246	1303990	1085256	272269	205000	67269	1.97
江 苏	Jiangsu	21710263	10988283	10721980	795370	522503	272867	2.53
浙 江	Zhejiang	17284669	8970944	8313725	684454	474661	209793	2.37
安 徽	Anhui	25071533	12967192	12104341	360535	241476	119059	2.59
江 西	Jiangxi	17435888	9091723	8344165	442136	274537	167599	2.90
湖 北	Hubei	20852669	10914088	9938581	579514	376897	202617	2.68
湖 南	Hunan	27023358	14066165	12957193	375330	214889	160441	2.69
重 庆	Chongqing	9549646	5005391	4544255	240485	164385	76100	2.26
四 川	Sichuan	35161429	18227410	16934019	1047525	643526	403999	2.51
贵 州	Guizhou	17549964	9087293	8462671	516238	310415	205823	2.82
云 南	Yunnan	23065202	12076153	10989049	515511	356303	159208	3.18

2-7 分性别、户口登记状况的人口（2020年）
Population by Gender, Household Registration Status（2020）

单位：人 (person)

地 区	Region	人口数 Population			住本乡、镇、街道，户口在本乡、镇、街道 Residing in the Townships, Towns and Street Communities with Permanent Household Registration There		
		合计 Total	男 Male	女 Female	小计 Sub-total	男 Male	女 Female
全 国	**National Total**	**1409778724**	**721416394**	**688362330**	**909355711**	**461560786**	**447794925**
上 海	Shanghai	24870895	12875211	11995684	9520384	4740065	4780319
江 苏	Jiangsu	84748016	43031586	41716430	54425819	27053201	27372618
浙 江	Zhejiang	64567588	33680008	30887580	33789547	16907513	16882034
安 徽	Anhui	61027171	31103394	29923777	42641509	21858266	20783243
江 西	Jiangxi	45188635	23318533	21870102	31481833	16219483	15262350
湖 北	Hubei	57752557	29694718	28057839	39068462	20158777	18909685
湖 南	Hunan	66444864	33995673	32449191	48634947	25008720	23626227
重 庆	Chongqing	32054159	16202133	15852026	18879708	9613722	9265986
四 川	Sichuan	83674866	42289718	41385148	55583401	28317964	27265437
贵 州	Guizhou	38562148	19705293	18856855	26709127	13796512	12912615
云 南	Yunnan	47209277	24420924	22788353	34771204	17955234	16815970

2-7 续表 continued

单位：人 (person)

地 区	Region	住本乡、镇、街道，户口在外乡、镇、街道，离开户口登记地半年以上 Residing in Townships, Towns and Street Communities, with Permanent Household Registration Elsewhere and Away from Registration Place For More Than 6 Months.			住本乡、镇、街道，户口待定 Residing in Townships, Towns and Street Communities, with Place of Permanent Household Registration Unsettled			居住在港澳台或国外，户口在本乡、镇、街道 Residing in Hong Kong SAR, Macao SAR and Taiwan or abroad, with Permanent Household Registration in Townships,Towns and Street Communities		
		小 计 Sub-total	男 Male	女 Female	小 计 Sub-total	男 Male	女 Female	小 计 Sub-total	男 Male	女 Female
全 国	**National Total**	**492762506**	**255896268**	**236866238**	**4030379**	**2042734**	**1987645**	**3630128**	**1916606**	**1713522**
上 海	Shanghai	15134258	8036541	7097717	51385	26779	24606	164868	71826	93042
江 苏	Jiangsu	29979948	15793646	14186302	189316	95576	93740	152933	89163	63770
浙 江	Zhejiang	30107815	16424000	13683815	180655	93801	86854	489571	254694	234877
安 徽	Anhui	18099918	9098260	9001658	229538	114115	115423	56206	32753	23453
江 西	Jiangxi	13520934	7004148	6516786	154919	76500	78419	30949	18402	12547
湖 北	Hubei	18476561	9425843	9050718	150219	78363	71856	57315	31735	25580
湖 南	Hunan	17575847	8865460	8710387	184557	92920	91637	49513	28573	20940
重 庆	Chongqing	13096435	6549022	6547413	51718	25592	26126	26298	13797	12501
四 川	Sichuan	27823204	13828619	13994585	182133	90278	91855	86128	52857	33271
贵 州	Guizhou	11694763	5828497	5866266	136087	66527	69560	22171	13757	8414
云 南	Yunnan	12209314	6342780	5866534	167066	84454	82612	61693	38456	23237

2-8 分性别、户口登记状况的人口（城市）(2020年)
Population by Gender, Household Registration Status (City) (2020)

单位：人 (person)

地 区	Region	人口数 Population			住本乡、镇、街道，户口在本乡、镇、街道 Residing in the Townships, Towns and Street Communities with Permanent Household Registration There		
		合计 Total	男 Male	女 Female	小计 Sub-total	男 Male	女 Female
全 国	**National Total**	**575170855**	**291791475**	**283379380**	**248426127**	**122739107**	**125687020**
上 海	Shanghai	19873080	10113562	9759518	7600736	3782215	3818521
江 苏	Jiangsu	40269267	20382260	19887007	20763164	10199462	10563702
浙 江	Zhejiang	33083792	17165183	15918609	13391204	6578120	6813084
安 徽	Anhui	16329087	8142601	8186486	7150743	3564700	3586043
江 西	Jiangxi	13560075	6906564	6653511	6177541	3097643	3079898
湖 北	Hubei	24657421	12494860	12162561	11143394	5618676	5524718
湖 南	Hunan	18916669	9472504	9444165	8462242	4204243	4257999
重 庆	Chongqing	16343989	8083520	8260469	6254716	3060248	3194468
四 川	Sichuan	30431679	15030432	15401247	12390184	6057352	6332832
贵 州	Guizhou	10126125	5086734	5039391	3895407	1949858	1945549
云 南	Yunnan	12355559	6236029	6119530	5208070	2566579	2641491

2-8 续表 continued

单位：人 (person)

地 区	Region	住本乡、镇、街道，户口在外乡、镇、街道，离开户口登记地半年以上 Residing in Townships, Towns and Street Communities, with Permanent Household Registration Elsewhere and Away from Registration Place For More Than 6 Months.			住本乡、镇、街道，户口待定 Residing in Townships, Towns and Street Communities, with Place of Permanent Household Registration Unsettled			居住在港澳台或国外，户口在本乡、镇、街道 Residing in Hong Kong SAR, Macao SAR and Taiwan or abroad, with Permanent Household Registration in Townships,Towns and Street Communities		
		小 计 Sub-total	男 Male	女 Female	小 计 Sub-total	男 Male	女 Female	小 计 Sub-total	男 Male	女 Female
全 国	**National Total**	**323487793**	**167434625**	**156053168**	**1727194**	**902035**	**825159**	**1529741**	**715708**	**814033**
上 海	Shanghai	12075336	6242148	5833188	39543	20688	18855	157465	68511	88954
江 苏	Jiangsu	19322446	10089794	9232652	100947	52429	48518	82710	40575	42135
浙 江	Zhejiang	19454456	10466564	8987892	101906	53294	48612	136226	67205	69021
安 徽	Anhui	9113788	4545344	4568444	43644	22425	21219	20912	10132	10780
江 西	Jiangxi	7327320	3782878	3544442	44207	20864	23343	11007	5179	5828
湖 北	Hubei	13425245	6830865	6594380	56952	30546	26406	31830	14773	17057
湖 南	Hunan	10384897	5232988	5151909	54215	28235	25980	15315	7038	8277
重 庆	Chongqing	10053333	5006151	5047182	23354	11911	11443	12586	5210	7376
四 川	Sichuan	17952455	8928543	9023912	59905	30662	29243	29135	13875	15260
贵 州	Guizhou	6179364	3111466	3067898	45131	22784	22347	6223	2626	3597
云 南	Yunnan	7090798	3640070	3450728	47515	25085	22430	9176	4295	4881

2-9 分性别、户口登记状况的人口（镇）(2020年)
Population by Gender, Household Registration Status（Town）(2020)

单位：人　　(person)

地 区	Region	人口数 Population			住本乡、镇、街道，户口在本乡、镇、街道 Residing in the Townships, Towns and Street Communities with Permanent Household Registration There		
		合 计 Total	男 Male	女 Female	小 计 Sub-total	男 Male	女 Female
全 国	**National Total**	**324820307**	**165029877**	**159790430**	**204010092**	**103099224**	**100910868**
上 海	Shanghai	2336300	1252659	1083641	814051	407609	406442
江 苏	Jiangsu	21973116	11138540	10834576	14387583	7165937	7221646
浙 江	Zhejiang	13514673	7069220	6445453	6783011	3381119	3401892
安 徽	Anhui	19266016	9752125	9513891	11603310	5884207	5719103
江 西	Jiangxi	13750536	7045709	6704827	8447975	4318933	4129042
湖 北	Hubei	11662953	5908873	5754080	8255293	4204038	4051255
湖 南	Hunan	20129507	10242115	9887392	14020698	7152110	6868588
重 庆	Chongqing	5920039	2948837	2971202	3786984	1889623	1897361
四 川	Sichuan	17034233	8388350	8645883	10730469	5331841	5398628
贵 州	Guizhou	10369821	5220851	5148970	6482652	3306800	3175852
云 南	Yunnan	11273005	5752439	5520566	7613993	3870553	3743440

2-9 续表 continued

单位：人 (person)

地 区	Region	住本乡、镇、街道，户口在外乡、镇、街道，离开户口登记地半年以上 Residing in Townships, Towns and Street Communities, with Permanent Household Registration Elsewhere and Away from Registration Place For More Than 6 Months.			住本乡、镇、街道，户口待定 Residing in Townships, Towns and Street Communities, with Place of Permanent Household Registration Unsettled			居住在港澳台或国外，户口在本乡、镇、街道 Residing in Hong Kong SAR, Macao SAR and Taiwan or abroad, with Permanent Household Registration in Townships,Towns and Street Communities		
		小 计 Sub-total	男 Male	女 Female	小 计 Sub-total	男 Male	女 Female	小 计 Sub-total	男 Male	女 Female
全 国	**National Total**	**119450766**	**61218159**	**58232607**	**884396**	**449200**	**435196**	**475053**	**263294**	**211759**
上 海	Shanghai	1512143	840082	672061	7004	3554	3450	3102	1414	1688
江 苏	Jiangsu	7509748	3930657	3579091	50288	25293	24995	25497	16653	8844
浙 江	Zhejiang	6593618	3617406	2976212	42064	22050	20014	95980	48645	47335
安 徽	Anhui	7585048	3827834	3757214	65830	33118	32712	11828	6966	4862
江 西	Jiangxi	5257488	2703327	2554161	39560	20111	19449	5513	3338	2175
湖 北	Hubei	3369464	1684797	1684667	32607	16668	15939	5589	3370	2219
湖 南	Hunan	6052634	3060712	2991922	46336	23423	22913	9839	5870	3969
重 庆	Chongqing	2120019	1052626	1067393	10291	5091	5200	2745	1497	1248
四 川	Sichuan	6262343	3034903	3227440	31753	15665	16088	9668	5941	3727
贵 州	Guizhou	3849786	1895151	1954635	34078	16784	17294	3305	2116	1189
云 南	Yunnan	3613414	1857713	1755701	34881	17696	17185	10717	6477	4240

2-10 分性别、户口登记状况的人口（乡村）(2020年)
Population by Gender, Household Registration Status (Countryside)(2020)

单位：人 (person)

地 区	Region	人口数 Population 合 计 Total	男 Male	女 Female	住本乡、镇、街道，户口在本乡、镇、街道 Residing in the Townships, Towns and Street Communities with Permanent Household Registration There 小 计 Sub-total	男 Male	女 Female
全 国	**National Total**	**509787562**	**264595042**	**245192520**	**456919492**	**235722455**	**221197037**
上 海	Shanghai	2661515	1508990	1152525	1105597	550241	555356
江 苏	Jiangsu	22505633	11510786	10994847	19275072	9687802	9587270
浙 江	Zhejiang	17969123	9445605	8523518	13615332	6948274	6667058
安 徽	Anhui	25432068	13208668	12223400	23887456	12409359	11478097
江 西	Jiangxi	17878024	9366260	8511764	16856317	8802907	8053410
湖 北	Hubei	21432183	11290985	10141198	19669775	10336063	9333712
湖 南	Hunan	27398688	14281054	13117634	26152007	13652367	12499640
重 庆	Chongqing	9790131	5169776	4620355	8838008	4663851	4174157
四 川	Sichuan	36208954	18870936	17338018	32462748	16928771	15533977
贵 州	Guizhou	18066202	9397708	8668494	16331068	8539854	7791214
云 南	Yunnan	23580713	12432456	11148257	21949141	11518102	10431039

2-10 续表 continued

单位：人 (person)

地 区	Region	住本乡、镇、街道，户口在外乡、镇、街道，离开户口登记地半年以上 Residing in Townships, Towns and Street Communities, with Permanent Household Registration Elsewhere and Away from Registration Place For More Than 6 Months.			住本乡、镇、街道，户口待定 Residing in Townships, Towns and Street Communities, with Place of Permanent Household Registration Unsettled			居住在港澳台或国外，户口在本乡、镇、街道 Residing in Hong Kong SAR, Macao SAR and Taiwan or abroad, with Permanent Household Registration in Townships,Towns and Street Communities		
		小 计 Sub-total	男 Male	女 Female	小 计 Sub-total	男 Male	女 Female	小 计 Sub-total	男 Male	女 Female
全 国	**National Total**	**49823947**	**27243484**	**22580463**	**1418789**	**691499**	**727290**	**1625334**	**937604**	**687730**
上 海	Shanghai	1546779	954311	592468	4838	2537	2301	4301	1901	2400
江 苏	Jiangsu	3147754	1773195	1374559	38081	17854	20227	44726	31935	12791
浙 江	Zhejiang	4059741	2340030	1719711	36685	18457	18228	257365	138844	118521
安 徽	Anhui	1401082	725082	676000	120064	58572	61492	23466	15655	7811
江 西	Jiangxi	936126	517943	418183	71152	35525	35627	14429	9885	4544
湖 北	Hubei	1681852	910181	771671	60660	31149	29511	19896	13592	6304
湖 南	Hunan	1138316	571760	566556	84006	41262	42744	24359	15665	8694
重 庆	Chongqing	923083	490245	432838	18073	8590	9483	10967	7090	3877
四 川	Sichuan	3608406	1865173	1743233	90475	43951	46524	47325	33041	14284
贵 州	Guizhou	1665613	821880	843733	56878	26959	29919	12643	9015	3628
云 南	Yunnan	1505102	844997	660105	84670	41673	42997	41800	27684	14116

2–11 人口年龄构成和抚养比（2020年）
Age Composition and Dependency Ratio of Population（2020）

地 区	Region	人口数 (人) Population (person)	0-14岁 Aged 0-14	15-64岁 Aged 15-64	65岁及以上 Aged 65 and Over	总抚养比 (%) Gross Dependency Ratio (%)	少年儿童抚养比 Children Dependency Ratio	老年人口抚养比 Elderly Dependency Ratio
全 国	**National Total**	**1409778724**	**253383938**	**965759506**	**190635280**	**45.98**	**26.24**	**19.74**
上 海	Shanghai	24870895	2436296	18385587	4049012	35.27	13.25	22.02
江 苏	Jiangsu	84748016	12891948	58129537	13726531	45.79	22.18	23.61
浙 江	Zhejiang	64567588	8681781	47319458	8566349	36.45	18.35	18.10
安 徽	Anhui	61027171	11742682	40125078	9159411	52.09	29.27	22.83
江 西	Jiangxi	45188635	9922364	29895250	5371021	51.16	33.19	17.97
湖 北	Hubei	57752557	9420477	39907741	8424339	44.72	23.61	21.11
湖 南	Hunan	66444864	12969522	43633275	9842067	52.28	29.72	22.56
重 庆	Chongqing	32054159	5098363	21482191	5473605	49.21	23.73	25.48
四 川	Sichuan	83674866	13471112	56036154	14167600	49.32	24.04	25.28
贵 州	Guizhou	38562148	9242038	24863655	4456455	55.09	37.17	17.92
云 南	Yunnan	47209277	9237474	32898544	5073259	43.50	28.08	15.42

2-12 分性别、民族的人口数（2020年）
Population by Gender, Ethnic Groups（2020）

单位：人 (person)

地 区	Region	合 计 Total			汉 族 Han Ethnic Group			少数民族 Ethnic Minorities		
		合计 Total	男 Male	女 Female	小计 Sub-total	男 Male	女 Female	小计 Sub-total	男 Male	女 Female
全 国	**National Total**	**1409778724**	**721416394**	**688362330**	**1284446389**	**657368603**	**627077786**	**125332335**	**64047791**	**61284544**
上 海	Shanghai	24870895	12875211	11995684	24471085	12671742	11799343	399810	203469	196341
江 苏	Jiangsu	84748016	43031586	41716430	84126802	42720406	41406396	621214	311180	310034
浙 江	Zhejiang	64567588	33680008	30887580	62349874	32459845	29890029	2217714	1220163	997551
安 徽	Anhui	61027171	31103394	29923777	60594623	30895103	29699520	432548	208291	224257
江 西	Jiangxi	45188635	23318533	21870102	44969369	23202205	21767164	219266	116328	102938
湖 北	Hubei	57752557	29694718	28057839	54981458	28280322	26701136	2771099	1414396	1356703
湖 南	Hunan	66444864	33995673	32449191	59759648	30546249	29213399	6685216	3449424	3235792
重 庆	Chongqing	32054159	16202133	15852026	29883369	15094389	14788980	2170790	1107744	1063046
四 川	Sichuan	83674866	42289718	41385148	77986638	39449256	38537382	5688228	2840462	2847766
贵 州	Guizhou	38562148	19705293	18856855	24511882	12533161	11978721	14050266	7172132	6878134
云 南	Yunnan	47209277	24420924	22788353	31573245	16476357	15096888	15636032	7944567	7691465

2-13 按现住地、户口登记地分的户口登记地在外乡镇街道的人口（2020年）
Population with Permanent Household Registration Elsewhere by Current Residence and Household Registration Status（2020）

单位：人 (person)

现住地	Current Residences	户口登记地在外乡镇街道的人口 Population with Permanent Household Registration Elsewhere	省内 Inside Province	市区内人户分离 Population Who Live in Places Other Than Their Household Registration but still in the Same City	省内流动人口 Migrant Population of Inside Province	省外 Between Province
全 国	**National Total**	**492762506**	**367925353**	**116945747**	**250979606**	**124837153**
上 海	Shanghai	15134258	4654606	4654606		10479652
江 苏	Jiangsu	29979948	19671338	6316191	13355147	10308610
浙 江	Zhejiang	30107815	13921361	4550365	9370996	16186454
安 徽	Anhui	18099918	16549409	4227612	12321797	1550509
江 西	Jiangxi	13520934	12241920	3886904	8355016	1279014
湖 北	Hubei	18476561	16226947	5712376	10514571	2249614
湖 南	Hunan	17575847	15998284	3403819	12594465	1577563
重 庆	Chongqing	13096435	10902860	8285047	2617813	2193575
四 川	Sichuan	27823204	25233163	7134650	18098513	2590041
贵 州	Guizhou	11694763	10548217	2104710	8443507	1146546
云 南	Yunnan	12209314	9978920	1610264	8368656	2230394

注：1.人户分离人口是指居住地和户口登记地所在乡镇街道不一致，且离开户口登记地半年以上的人口。
2.流动人口是指人户分离人口中扣除市辖区内人户分离的人口。市辖区内人户分离的人口是指一个直辖市或地级市所辖区内和区与区之间，居住地和户口登记地不在同一乡镇街道的人口。

a) Population who live in places other than their household registration areas refers to those whose current residences are different from the registered towns or streets and have been away from there for over 6 months.

b) Floating population refers to the population who live in places other than their household registration excluding those with current residences different from their household registration but still in the same city. Population who live in places other than their household registration but still in the same city refers to those whose current residences are different from the registered towns or streets in the same or different district of the same municipality or prefecture-level city.

2-14 按性别、受教育程度分的6岁及以上人口（2020年）
Population Aged 6 and Over by Gender, Educational Attainment（2020）

单位：人 (person)

地区	Region	6岁及以上人口 Population Aged 6 and Over			未上过学 No Schooling			小学 Primary Schools		
		合计 Total	男 Male	女 Female	小计 Subtotal	男 Male	女 Female	小计 Subtotal	男 Male	女 Female
全国	**National Total**	**1315347565**	**671681215**	**643666350**	**51407479**	**15678886**	**35728593**	**347410503**	**163696640**	**183713863**
上海	Shanghai	23831641	12334395	11497246	524993	135606	389387	2955653	1363711	1591942
江苏	Jiangsu	80046507	40567178	39479329	3118252	822092	2296160	19161646	8643044	10518602
浙江	Zhejiang	61029579	31818816	29210763	2552311	745747	1806564	16992024	8205712	8786312
安徽	Anhui	56618804	28763377	27855427	3550180	967242	2582938	16269694	7581262	8688432
江西	Jiangxi	41861535	21518701	20342834	1264854	351105	913749	12334710	5617170	6717540
湖北	Hubei	54126000	27760788	26365212	1829136	496242	1332894	13481849	6248390	7233459
湖南	Hunan	61884569	31573120	30311449	1658183	538664	1119519	16605023	7847679	8757344
重庆	Chongqing	30197599	15238160	14959439	796277	259888	536389	9543543	4524714	5018829
四川	Sichuan	78735442	39728965	39006477	4096195	1286787	2809408	26099143	12584059	13515084
贵州	Guizhou	34977275	17797834	17179441	2918476	768147	2150329	12250509	6089266	6161243
云南	Yunnan	43586787	22536524	21050263	2657178	849502	1807676	16768092	8314082	8454010

注：未上过学中包括学前教育分类。
a) Preschool education is included in the category of no schooling.

2-14 续表 1 continued

单位：人 (person)

地 区	Region	初中 Junior Secondary Schools			普通高中 Regular Senior Secondary Schools		
		小计 Subtotal	男 Male	女 Female	小计 Subtotal	男 Male	女 Female
全 国	**National Total**	**487095010**	**263448804**	**223646206**	**212209922**	**116996970**	**95212952**
上 海	Shanghai	7196422	3940356	3256066	4730359	2543192	2187167
江 苏	Jiangsu	28227982	15058047	13169935	13721862	7673049	6048813
浙 江	Zhejiang	21117295	11865837	9251458	9397637	5366119	4031518
安 徽	Anhui	20581055	11211154	9369901	8113247	4622745	3490502
江 西	Jiangxi	16042444	8695411	7347033	6843632	3930875	2912757
湖 北	Hubei	19797523	10615140	9182383	10064948	5597853	4467095
湖 南	Hunan	23678161	12491345	11186816	11810957	6513011	5297946
重 庆	Chongqing	9802882	5201319	4601563	5114680	2756774	2357906
四 川	Sichuan	26309511	14188760	12120751	11129746	6035213	5094533
贵 州	Guizhou	11747605	6680427	5067178	3837415	2091886	1745529
云 南	Yunnan	13804371	7979378	5824993	4880416	2662907	2217509

2-14 续表 2 continued

单位：人 (person)

地区	Region	大学专科 College Students 小计 Subtotal	男 Male	女 Female	大学本科 Undergraduates 小计 Subtotal	男 Male	女 Female	研究生 Postgraduates 小计 Subtotal	男 Male	女 Female
全国	**National Total**	**112303002**	**58727560**	**53575442**	**94156072**	**47637012**	**46519060**	**10765577**	**5495343**	**5270234**
上海	Shanghai	3071823	1630768	1441055	4280759	2167527	2113232	1071632	553235	518397
江苏	Jiangsu	8187482	4412757	3774725	6806564	3510224	3296340	822719	447965	374754
浙江	Zhejiang	5475328	2877746	2597582	4951134	2467073	2484061	543850	290582	253268
安徽	Anhui	4411306	2353427	2057879	3351127	1834059	1517068	342195	193488	148707
江西	Jiangxi	3038109	1652911	1385198	2170366	1179874	990492	167420	91355	76065
湖北	Hubei	4697717	2551279	2146438	3775459	1995037	1780422	479368	256847	222521
湖南	Hunan	4717827	2447913	2269914	3141800	1594082	1547718	272618	140426	132192
重庆	Chongqing	2614730	1337036	1277694	2119899	1053865	1066034	205588	104564	101024
四川	Sichuan	6046102	3067955	2978147	4578724	2315609	2263115	476021	250582	225439
贵州	Guizhou	2150649	1119230	1031419	1976937	1002236	974701	95684	46642	49042
云南	Yunnan	2874410	1473842	1400568	2442457	1180513	1261944	159863	76300	83563

2-15 按性别分的15岁及以上文盲人口（2020年）
Illiterate Population Aged 15 and Over by Gender（2020）

地 区	Region	15岁及以上人口(人) Population Aged 15 and Over (person)	男 Male	女 Female	文盲人口(人) Illiterate Population (person)	男 Male	女 Female	文盲人口占15岁及以上人口的比重(%) Percentage of Illiterate Population to Total Aged 15 and Over(%)	男 Male	女 Female
全 国	**National Total**	**1156394786**	**586822815**	**569571971**	**37750200**	**9518082**	**28232118**	**3.26**	**1.62**	**4.96**
上 海	Shanghai	22434599	11600663	10833936	401585	81132	320453	1.79	0.70	2.96
江 苏	Jiangsu	71856068	36156582	35699486	2211291	460758	1750533	3.08	1.27	4.90
浙 江	Zhejiang	55885807	29069882	26815925	1754402	437933	1316469	3.14	1.51	4.91
安 徽	Anhui	49284489	24775087	24509402	2739952	668212	2071740	5.56	2.70	8.45
江 西	Jiangxi	35266271	17908471	17357800	876897	179241	697656	2.49	1.00	4.02
湖 北	Hubei	48332080	24601435	23730645	1341340	294484	1046856	2.78	1.20	4.41
湖 南	Hunan	53475342	27071624	26403718	1137340	287428	849912	2.13	1.06	3.22
重 庆	Chongqing	26955796	13541057	13414739	521169	138879	382290	1.93	1.03	2.85
四 川	Sichuan	70203754	35298112	34905642	3330733	954914	2375819	4.74	2.71	6.81
贵 州	Guizhou	29320110	14772958	14547152	2574322	604189	1970133	8.78	4.09	13.54
云 南	Yunnan	37971803	19601151	18370652	2193281	641814	1551467	5.78	3.27	8.45

注：本表“文盲人口”指15岁及15岁以上不识字及识字很少人口。

a) Illiterate population in this table refers to the population aged 15 and over who are unable or have difficulty in reading.

2-16 按家庭户规模分的户数（2020年）
Family Households by Size（2020）

单位：户　　　　(household)

地 区	Region	家庭户户数 Number of Family Households	一人户 One Person	二人户 Two Persons	三人户 Three Persons	四人户 Four Persons	五人户 Five Persons	六人户 Six Persons	七人户 Seven Persons	八人户 Eight Persons	九人户 Nine Persons	十人及以上户 Ten Persons and Over
全 国	**National Total**	**494157423**	**125490007**	**146690059**	**103700982**	**65100986**	**30513352**	**15125667**	**4589308**	**1557638**	**655060**	**734364**
上 海	Shanghai	9644628	2736214	3332304	2159011	815316	449473	121950	21041	5870	1858	1591
江 苏	Jiangsu	29910849	6975663	9635959	6499826	3718062	1957228	837511	191310	54635	19086	21569
浙 江	Zhejiang	25008606	7713848	8098038	4783169	2484481	1203164	563053	110538	30637	11563	10115
安 徽	Anhui	21910377	5183087	6790657	4768002	2972819	1290366	643354	172899	52268	20103	16822
江 西	Jiangxi	14072847	3071115	3564176	2841228	2277494	1199459	692355	259897	87974	37171	41978
湖 北	Hubei	19931045	4706405	5840677	4589950	2625213	1323054	602406	154397	50151	20675	18117
湖 南	Hunan	22878336	5796689	6332392	4767652	3308914	1570332	744743	224425	72339	28622	32228
重 庆	Chongqing	12040234	3526142	3644792	2437753	1370388	670554	293837	64913	18295	6151	7409
四 川	Sichuan	30756120	8836045	9159406	6087228	3570933	1877152	859836	233376	74507	27556	30081
贵 州	Guizhou	12696585	3032510	3313502	2580003	1942394	998508	507951	192247	71429	29649	28392
云 南	Yunnan	15146831	3456738	3743328	3161675	2366552	1310492	740959	237507	78082	28876	22622

2-17 按家庭户类别分的户数（2020年）
Family Households by Type（2020）

单位：户,% (household,%)

地 区 Region	家庭户户数 Number of Family Households	一代户 One Generation		二代户 Two Generations		三代户 Three Generations		四代户 Four Generations		五代及以上户 Five Generations and Over	
		户数 Number of Households	比重 Proportion	户数 Number of Households	比重 Proportion	户数 Number of Households	比重 Proportion	户数 Number of Households	比重 Proportion	户数 Number of Households	比重 Proportion
全 国 National Total	**494157423**	**244615023**	**49.50**	**181471659**	**36.72**	**65528182**	**13.26**	**2540015**	**0.51**	**2544**	
上 海 Shanghai	9644628	5724125	59.35	2922514	30.30	975837	10.12	22120	0.23	32	
江 苏 Jiangsu	29910849	15025242	50.23	10302199	34.44	4378053	14.64	205124	0.69	231	
浙 江 Zhejiang	25008606	14720779	58.86	7524177	30.09	2651582	10.60	111958	0.45	110	
安 徽 Anhui	21910377	10485076	47.85	8415966	38.41	2905658	13.26	103600	0.47	77	
江 西 Jiangxi	14072847	5807051	41.26	5675773	40.33	2495443	17.73	94492	0.67	88	
湖 北 Hubei	19931045	9140388	45.86	7438231	37.32	3225348	16.18	126990	0.64	88	
湖 南 Hunan	22878336	10404799	45.48	8752996	38.26	3563064	15.57	157377	0.69	100	
重 庆 Chongqing	12040234	6294089	52.28	4046138	33.61	1637662	13.60	62299	0.52	46	
四 川 Sichuan	30756120	15828732	51.47	10186787	33.12	4502509	14.64	237833	0.77	259	
贵 州 Guizhou	12696585	5605224	44.15	5153180	40.59	1857870	14.63	80205	0.63	106	
云 南 Yunnan	15146831	6197184	40.91	5886076	38.86	2887764	19.07	175479	1.16	328	

注：本表中的"空格"表示该项统计指标数据不足本表最小单位数。
a) "Space" in this table indicates that the statistical indicator data is less than the minimum number in this table.

三、国民经济核算　National Accounts

3-1 地区生产总值（2020年）
Gross Regional Product（2020）

本表绝对数按当年价格计算，指数按不变价格计算。
Data on value in this table are calculated at current prices while indices are at constant prices.

单位：亿元　(100 million yuan)

地 区	Region	地区生产总值 Gross Regional Product	三次产业增加值 Value-Added by Three Strata of Industry			分行业增加值 Value-Added by Sector		
			第一产业 Primary Industry	第二产业 Secondary Industry	第三产业 Tertiary Industry	农林牧渔业 Agriculture, Forestry, Animal Husbandry and Fishery	工 业 Industry	建筑业 Construction
上 海	Shanghai	38700.58	103.57	10289.47	28307.54	110.16	9656.51	719.64
江 苏	Jiangsu	102718.98	4536.72	44226.43	53955.83	4867.56	37744.85	6530.85
浙 江	Zhejiang	64613.34	2169.23	26412.95	36031.16	2224.56	22654.39	3812.20
安 徽	Anhui	38680.63	3184.68	15671.69	19824.26	3353.37	11662.21	4032.69
江 西	Jiangxi	25691.50	2241.59	11084.83	12365.08	2327.72	8952.70	2139.11
湖 北	Hubei	43443.46	4131.91	17023.90	22287.65	4358.69	14249.78	2827.95
湖 南	Hunan	41781.49	4240.45	15937.69	21603.36	4461.66	12363.48	3585.49
重 庆	Chongqing	25002.79	1803.33	9992.21	13207.25	1836.78	6990.77	3001.44
四 川	Sichuan	48598.76	5556.58	17571.11	25471.07	5700.94	13428.65	4277.47
贵 州	Guizhou	17826.56	2539.88	6211.62	9075.07	2675.59	4602.69	1613.51
云 南	Yunnan	24521.90	3598.91	8287.54	12635.46	3663.21	5457.96	2834.06

注：表中数据为初步核算数。
a) Data in this table are preliminary data.

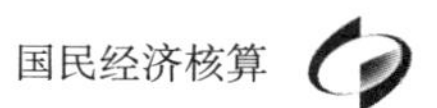

3-1 续表 1 continued

单位：亿元 (100 million yuan)

地 区	Region	批发和零售业 Wholesale and Retail Trades	交通运输、仓储和邮政业 Transport, Storage and Post	住宿和餐饮业 Hotels and Catering Services	金融业 Financial Intermediation	房地产业 Real Estate	其 他 Others	人均地区生产总值(元) Per Capita Gross Regional Product (yuan)
上 海	Shanghai	4869.89	1474.82	369.14	7166.26	3393.40	10940.76	155768
江 苏	Jiangsu	11108.67	3239.92	1427.38	8405.79	8944.94	20449.00	121231
浙 江	Zhejiang	7502.42	1967.85	1019.18	5590.60	5053.47	14788.66	100620
安 徽	Anhui	3516.69	1970.77	698.07	2553.94	3100.88	7792.00	63426
江 西	Jiangxi	2176.24	1104.89	429.14	1808.63	1925.09	4827.98	56871
湖 北	Hubei	2824.00	1780.67	916.35	3027.37	3308.51	10150.13	74440
湖 南	Hunan	4054.43	1561.04	827.40	2126.44	2902.37	9899.19	62900
重 庆	Chongqing	2319.80	952.87	488.91	2212.80	1577.55	5621.87	78170
四 川	Sichuan	4273.50	1472.28	1064.08	3375.75	3498.75	11507.34	58126
贵 州	Guizhou	1369.48	725.39	397.33	1141.71	730.64	4570.22	46267
云 南	Yunnan	2456.70	1109.77	534.89	1500.41	1503.67	5461.23	51975

3-1 续表 2 continued

地区	Region	构成(地区生产总值=100) Composition (GRP=100) 第一产业 Primary Industry	第二产业 Secondary Industry	第三产业 Tertiary Industry	指数(上年=100) Indices (preceding year=100) 地区生产总值 Gross Regional Product	第一产业 Primary Industry	第二产业 Secondary Industry	第三产业 Tertiary Industry	人均地区生产总值 Per Capita Gross Regional Product
上海	Shanghai	0.3	26.6	73.1	101.7	91.8	101.3	101.8	101.4
江苏	Jiangsu	4.4	43.1	52.5	103.7	101.7	103.7	103.8	103.5
浙江	Zhejiang	3.4	40.9	55.8	103.6	101.3	103.1	104.1	102.0
安徽	Anhui	8.2	40.5	51.3	103.9	102.2	105.2	102.8	103.6
江西	Jiangxi	8.7	43.1	48.1	103.8	102.2	104.0	104.0	103.8
湖北	Hubei	9.5	39.2	51.3	95.0	100.0	92.6	96.2	96.4
湖南	Hunan	10.1	38.1	51.7	103.8	103.7	104.7	102.9	103.7
重庆	Chongqing	7.2	40.0	52.8	103.9	104.7	104.9	102.9	103.1
四川	Sichuan	11.4	36.2	52.4	103.8	105.2	103.8	103.4	103.4
贵州	Guizhou	14.2	34.8	50.9	104.5	106.3	104.3	104.1	104.0
云南	Yunnan	14.7	33.8	51.5	104.0	105.7	103.6	103.8	103.7

四、就业和工资 Employment and Wages

4-1 就业人员数（2020年底）
Number of Employed Persons（End of 2020）

单位：万人 (10 000 persons)

地区	Region	就业人员 Employed Persons	按城乡分 By Urban and Rural Areas		按三次产业分 By Three Industries		
			城镇 Urban	乡村 Rural	第一产业 Primary Industry	第二产业 Secondary Industry	第三产业 Tertiary Industry
全 国	**National Total**	**75064**	**46271**	**28793**	**17715**	**21543**	**35806**
上 海	Shanghai	1374	1202	172	27	448	899
江 苏	Jiangsu	4893	3481	1412	675	1944	2274
浙 江	Zhejiang	3857	2755	1102	208	1692	1957
安 徽	Anhui	3243	1791	1452	815	1020	1408
江 西	Jiangxi	2264	1296	968	455	767	1042
湖 北	Hubei	3261	1872	1389	897	857	1507
湖 南	Hunan	3280	1871	1409	836	884	1560
重 庆	Chongqing	1676	1100	576	378	421	877
四 川	Sichuan	4745	2489	2256	1542	1098	2105
贵 州	Guizhou	1892	977	915	634	472	786
云 南	Yunnan	2806	1292	1514	1226	497	1083

4-2 按行业分城镇非私营单位就业人员数（2020年底）
Number of Employed Persons in Urban Non-Private Units by Sector (End of 2020)

单位：万人 (10 000 persons)

地 区	Region	单位就业人员 Persons Employed in Various Units	农、林、牧、渔业 Agriculture, Forestry, Animal Husbandry and Fishery	采矿业 Mining	制造业 Manufacturing	电力、热力、燃气及水生产和供应业 Production and Supply of Electricity, Heat, Gas and Water	建筑业 Construction	批发和零售业 Wholesale and Retail Trades
全 国	**National Total**	**17039.1**	**85.7**	**352.1**	**3805.5**	**379.7**	**2153.3**	**786.9**
上 海	Shanghai	645.6	0.9	0.1	130.5	3.4	28.5	89.0
江 苏	Jiangsu	1342.5	2.3	5.3	454.1	14.3	282.5	57.8
浙 江	Zhejiang	1025.8	0.6	0.5	309.4	13.0	198.0	41.4
安 徽	Anhui	565.6	3.0	13.6	127.3	10.1	105.8	23.5
江 西	Jiangxi	451.5	2.5	2.9	108.7	9.6	79.5	16.0
湖 北	Hubei	631.2	1.9	2.7	130.0	14.5	104.3	31.5
湖 南	Hunan	604.9	1.8	4.5	96.7	15.4	103.6	23.2
重 庆	Chongqing	370.8	0.4	3.0	67.1	6.2	71.2	19.0
四 川	Sichuan	861.8	2.5	13.6	139.4	23.2	151.4	31.9
贵 州	Guizhou	335.3	1.0	12.2	28.8	9.5	43.9	12.4
云 南	Yunnan	358.2	2.6	5.7	40.3	11.3	33.7	14.4

4-2 续表 1 continued

单位：万人 (10 000 persons)

地 区	Region	交通运输、仓储和邮政业 Transport, Storage and Post	住宿和餐饮业 Hotels and Catering Services	信息传输、软件和信息技术服务业 Information Transmission, Software and Information Technology	金融业 Financial Intermediation	房地产业 Real Estate	租赁和商务服务业 Leasing and Business Services
全 国	**National Total**	**812.2**	**256.6**	**487.1**	**859.0**	**525.4**	**643.6**
上 海	Shanghai	47.8	26.3	44.8	29.7	28.5	68.9
江 苏	Jiangsu	45.5	19.7	32.8	40.4	29.8	45.7
浙 江	Zhejiang	35.2	14.7	28.3	48.2	28.8	37.5
安 徽	Anhui	20.8	5.8	9.7	27.5	15.6	18.6
江 西	Jiangxi	18.6	3.7	5.5	18.0	9.9	7.4
湖 北	Hubei	29.2	9.0	16.4	23.8	18.7	19.6
湖 南	Hunan	25.6	6.3	8.5	31.2	16.2	12.8
重 庆	Chongqing	21.3	4.2	5.9	28.0	14.9	12.3
四 川	Sichuan	34.6	16.3	23.7	37.9	29.7	28.5
贵 州	Guizhou	13.2	2.7	4.6	14.8	10.6	7.2
云 南	Yunnan	16.2	4.9	5.3	11.9	10.2	11.7

4-2 续表 2 continued

单位：万人 (10 000 persons)

地 区	Region	科学研究和技术服务业 Scientific Research and Technical Services	水利、环境和公共设施管理业 Management of Water Conservancy, Environment and Public Facilities	居民服务、修理和其他服务业 Services to Households, Repair and Other Services	教 育 Education	卫生和社会工作 Health and Social Service	文化、体育和娱乐业 Culture, Sports and Entertainment	公共管理、社会保障和社会组织 Public Management, Social Security and Social Organization
全 国	**National Total**	**431.2**	**245.6**	**82.8**	**1958.9**	**1051.9**	**149.5**	**1972.2**
上 海	Shanghai	32.1	10.2	11.1	38.1	29.6	6.0	20.0
江 苏	Jiangsu	26.6	13.7	5.2	108.8	59.9	8.9	89.0
浙 江	Zhejiang	19.6	11.6	4.2	90.9	53.2	7.9	82.9
安 徽	Anhui	11.1	7.1	2.0	66.0	35.1	3.5	59.6
江 西	Jiangxi	7.1	5.7	1.0	61.6	28.4	3.3	62.2
湖 北	Hubei	17.1	8.7	2.1	75.3	44.2	6.1	76.2
湖 南	Hunan	13.3	9.6	2.5	91.7	46.5	6.2	89.3
重 庆	Chongqing	7.7	3.8	0.8	41.4	21.5	2.7	39.3
四 川	Sichuan	20.4	11.0	3.4	114.2	62.2	6.3	111.5
贵 州	Guizhou	5.5	5.0	1.8	57.9	27.8	2.4	74.0
云 南	Yunnan	9.6	6.4	1.5	68.5	33.6	3.8	66.6

4-3 城镇非私营单位就业人员工资总额和指数（2020年）
Total Wage Bill of Employed Persons in Urban Non-Private Units and Indices（2020）

地 区	Region	工资总额(亿元) Total Wage Bill (100 million yuan)	国有单位 State-owned Units	城镇集体单位 Urban Collective-owned	其他单位 Other Units	指数(上年=100) Indices (preceding year=100)	国有单位 State-owned Units	城镇集体单位 Urban Collective-owned	其他单位 Other Units
全 国	**National Total**	**164126.9**	**59628.1**	**1841.8**	**102657.0**	**106.4**	**110.9**	**100.0**	**104.0**
上 海	Shanghai	11142.4	1755.9	87.1	9299.4	104.0	109.8	99.5	103.0
江 苏	Jiangsu	13526.2	4004.2	308.4	9213.6	106.7	116.1	120.0	102.7
浙 江	Zhejiang	10923.9	3690.6	52.2	7181.2	112.4	114.7	93.9	111.4
安 徽	Anhui	4740.3	1884.5	57.8	2798.1	104.8	111.9	109.4	100.5
江 西	Jiangxi	3497.0	1572.5	46.4	1878.1	106.5	112.2	91.3	102.5
湖 北	Hubei	5281.5	2225.7	42.6	3013.2	102.9	106.3	71.0	101.2
湖 南	Hunan	4710.7	2269.3	77.0	2364.3	107.9	111.1	107.5	105.0
重 庆	Chongqing	3416.4	1320.9	30.2	2065.4	106.8	113.5	104.0	102.9
四 川	Sichuan	7471.1	3152.2	88.9	4229.9	115.1	112.6	109.4	117.1
贵 州	Guizhou	2937.2	1606.1	19.3	1311.8	111.4	116.1	109.6	106.2
云 南	Yunnan	3283.6	1922.8	55.9	1304.9	104.6	109.9	97.0	98.0

4-4 按行业分城镇非私营单位就业人员工资总额（2020年）
Total Wage Bill of Employed Persons in Urban Non-Private Units by Sector（2020）

单位：亿元 (100 million yuan)

地区	Region	工资总额 Total Wage Bill	农、林、牧、渔业 Agriculture, Forestry, Animal Husbandry and Fishery	采矿业 Mining	制造业 Manufacturing	电力、热力、燃气及水生产和供应业 Production and Supply of Electricity, Heat, Gas and Water	建筑业 Construction	批发和零售业 Wholesale and Retail Trades
全　国	**National Total**	**164126.9**	**410.6**	**3428.8**	**31352.9**	**4420.0**	**14376.2**	**7623.4**
上　海	Shanghai	11142.4	7.1	3.7	1826.6	79.6	351.8	1637.6
江　苏	Jiangsu	13526.2	12.0	57.0	4135.3	218.7	1841.4	559.0
浙　江	Zhejiang	10923.9	5.0	3.7	2592.1	201.5	1226.0	434.9
安　徽	Anhui	4740.3	15.8	147.1	942.2	124.8	664.6	158.1
江　西	Jiangxi	3497.0	12.6	19.4	724.3	87.2	483.8	105.9
湖　北	Hubei	5281.5	8.8	26.0	961.8	179.2	699.4	208.4
湖　南	Hunan	4710.7	9.3	28.0	719.3	157.3	580.2	148.1
重　庆	Chongqing	3416.4	2.5	23.2	529.8	61.2	438.0	146.3
四　川	Sichuan	7471.1	15.6	142.4	1076.9	267.4	922.2	240.2
贵　州	Guizhou	2937.2	5.2	90.7	244.5	113.2	313.3	98.2
云　南	Yunnan	3283.6	12.0	45.9	320.6	126.1	209.1	119.4

4-4 续表 1 continued

单位：亿元 (100 million yuan)

地 区	Region	交通运输、仓储和邮政业 Transport, Storage and Post	住宿和餐饮业 Hotels and Catering Services	信息传输、软件和信息技术服务业 Information Transmission, Software and Information Technology	金融业 Financial Intermediation	房地产业 Real Estate	租赁和商务服务业 Leasing and Business Services
全 国	**National Total**	**8171.8**	**1228.0**	**8444.5**	**11619.0**	**4401.7**	**5890.2**
上 海	Shanghai	692.5	156.7	1182.0	1007.7	339.2	1269.9
江 苏	Jiangsu	454.0	98.0	519.3	651.2	257.8	345.0
浙 江	Zhejiang	384.1	79.2	656.1	746.3	259.5	295.9
安 徽	Anhui	182.8	24.5	95.6	251.5	117.7	114.0
江 西	Jiangxi	167.1	15.1	52.1	172.8	72.0	43.9
湖 北	Hubei	266.4	34.4	173.8	239.4	134.4	134.6
湖 南	Hunan	224.2	24.9	91.5	290.0	116.0	82.5
重 庆	Chongqing	191.2	18.6	77.6	358.4	123.8	74.6
四 川	Sichuan	334.1	63.5	301.1	378.6	217.8	169.2
贵 州	Guizhou	124.2	12.0	51.4	185.9	78.7	46.5
云 南	Yunnan	160.9	21.1	56.1	162.9	70.9	65.1

4-4 续表 2 continued

单位：亿元 (100 million yuan)

地 区	Region	科学研究和技术服务业 Scientific Research and Technical Services	水利、环境和公共设施管理业 Management of Water Conservancy, Environment and Public Facilities	居民服务、修理和其他服务业 Services to Households, Repair and Other Services	教 育 Education	卫生和社会工作 Health and Social Service	文化、体育和娱乐业 Culture, Sports and Entertainment	公共管理、社会保障和社会组织 Public Management, Social Security and Social Organization
全 国	**National Total**	**5960.0**	**1576.1**	**498.7**	**20565.8**	**11966.8**	**1670.0**	**20522.3**
上 海	Shanghai	685.5	107.3	84.8	667.2	562.0	105.9	375.3
江 苏	Jiangsu	374.8	110.0	38.9	1525.4	834.7	105.3	1388.2
浙 江	Zhejiang	310.2	97.9	27.2	1270.7	854.6	96.6	1382.4
安 徽	Anhui	113.6	37.7	10.8	699.7	400.8	27.5	611.5
江 西	Jiangxi	72.2	22.2	4.7	527.4	290.4	26.4	597.4
湖 北	Hubei	211.1	65.1	12.5	688.8	420.4	53.9	763.0
湖 南	Hunan	130.3	56.9	17.1	742.0	493.7	61.8	737.7
重 庆	Chongqing	102.8	28.9	4.6	483.8	277.5	23.7	449.8
四 川	Sichuan	259.6	68.4	17.6	1091.6	684.1	52.8	1168.1
贵 州	Guizhou	57.4	27.7	7.4	534.4	286.4	21.0	639.1
云 南	Yunnan	107.8	38.5	6.5	697.0	332.0	34.6	697.1

4-5 城镇非私营单位就业人员平均工资和指数（2020年）
Average Wage of Employed Persons in Urban Non-Private Units and Indices（2020）

地 区	Region	平均工资（元） Average Wage (yuan)	#在岗职工 Staff and Workers	国有单位 State-owned Units	城镇集体单位 Urban Collective-owned	其他单位 Other Units
全 国	**National Average**	**97379**	**100512**	**108132**	**68590**	**92721**
上 海	Shanghai	171884	174678	200875	108344	168224
江 苏	Jiangsu	103621	106034	144716	96330	92447
浙 江	Zhejiang	108645	111722	160069	69286	93581
安 徽	Anhui	85854	89381	107953	76836	75613
江 西	Jiangxi	78182	80503	94065	56105	69087
湖 北	Hubei	85052	87782	98035	56590	77979
湖 南	Hunan	79122	82356	90482	55650	71490
重 庆	Chongqing	93816	98380	120882	69458	82434
四 川	Sichuan	88559	91928	105350	59099	79905
贵 州	Guizhou	89228	94276	94013	64676	84438
云 南	Yunnan	93133	98287	106766	86756	78592

4-5 续表 continued

地区	Region	平均货币工资指数(上年=100) Indices of Average Nominal Wage (preceding	#在岗职工 Staff and Workers	国有单位 State-owned Units	城镇集体单位 Urban Collective-owned	其他单位 Other Units	平均实际工资指数(上年=100) Indices of Average Real Wage (preceding	#在岗职工 Staff and Workers	国有单位 State-owned Units	城镇集体单位 Urban Collective-owned	其他单位 Other Units
全国	**National Average**	**107.6**	**107.6**	**109.3**	**109.5**	**106.3**	**105.2**	**105.2**	**106.9**	**107.1**	**103.9**
上海	Shanghai	115.1	115.1	118.2	131.3	114.1	112.5	112.5	115.5	128.4	111.6
江苏	Jiangsu	107.3	107.5	109.7	105.7	105.5	104.9	105.0	107.2	103.3	103.1
浙江	Zhejiang	109.0	109.5	110.8	105.7	108.0	106.6	107.1	108.3	103.4	105.6
安徽	Anhui	108.6	108.8	108.1	116.3	107.4	106.2	106.4	105.7	113.7	105.0
江西	Jiangxi	106.0	105.7	109.6	100.3	103.0	103.7	103.4	107.2	98.1	100.7
湖北	Hubei	107.2	107.7	111.0	104.4	104.5	104.8	105.3	108.5	102.0	102.1
湖南	Hunan	106.5	106.2	107.2	106.9	105.3	104.1	103.8	104.8	104.5	102.9
重庆	Chongqing	108.4	109.7	108.8	112.2	106.9	105.9	107.2	106.3	109.7	104.5
四川	Sichuan	106.2	105.8	108.2	104.6	105.5	103.8	103.5	105.8	102.3	103.1
贵州	Guizhou	107.1	107.2	107.9	113.4	105.7	104.7	104.8	105.5	110.9	103.3
云南	Yunnan	107.6	107.1	107.3	113.9	105.7	105.1	104.6	104.9	111.3	103.3

4-6 按登记注册类型城镇非私营单位就业人员平均工资（2020年）
Average Wage of Employed Persons in Urban Non-Private Units by Status of Registration (2020)

单位：元 (yuan)

地区	Region	平均工资 Average Wage	国有单位 State-owned Units	城镇集体单位 Urban Collective-owned Units	股份合作单位 Coopera-tive Units	联营单位 Joint Ownership Units	有限责任公司 Limited Liability Corpora-tions	股份有限公司 Share-holding Corpora-tions Ltd.	其他内资 Other Domestic Units	港、澳、台商投资单位 Units with Funds from Hong Kong, Macao & Taiwan	外商投资单位 Foreign Funded Units
全国	**National Average**	**97379**	**108132**	**68590**	**83655**	**88584**	**84439**	**108583**	**71772**	**100155**	**112089**
上海	Shanghai	171884	200875	108344	75042	103196	143138	204788	92256	179842	195298
江苏	Jiangsu	103621	144716	96330	67915	69869	85406	108180	75296	88378	101427
浙江	Zhejiang	108645	160069	69286	64203	110058	85334	104897	77038	113245	97919
安徽	Anhui	85854	107953	76836	53948	60991	70752	94154	68458	75210	80457
江西	Jiangxi	78182	94065	56105	68630	83675	68253	84142	60881	59264	60193
湖北	Hubei	85052	98035	56590	58039	123528	76062	83807	57587	69020	92120
湖南	Hunan	79122	90482	55650	67136	59967	70024	84376	51516	66541	71248
重庆	Chongqing	93816	120882	69458	52185	89060	74430	106785	81871	83584	88030
四川	Sichuan	88559	105350	59099	86961	104175	76019	98562	65998	84417	85042
贵州	Guizhou	89228	94013	64676	160863	57951	80688	101849	80664	82834	70503
云南	Yunnan	93133	106766	86756	90862	51557	76900	95301	64298	70522	72370

4-7 按行业分城镇非私营单位就业人员平均工资（2020年）
Average Wage of Employed Persons in Urban Non-Private Units by Sector（2020）

单位：元 (yuan)

地区	Region	平均工资 Average Wage	农、林、牧、渔业 Agriculture, Forestry, Animal Husbandry and Fishery	采矿业 Mining	制造业 Manufacturing	电力、热力、燃气及水生产和供应业 Production and Supply of Electricity, Heat, Gas and Water	建筑业 Construction	批发和零售业 Wholesale and Retail Trades
全国	**National Average**	**97379**	**48540**	**96674**	**82783**	**116728**	**69986**	**96521**
上海	Shanghai	171884	81858	306826	137441	233016	128461	182212
江苏	Jiangsu	103621	52767	103964	92049	152813	72042	97424
浙江	Zhejiang	108645	80641	81803	84810	155978	66094	104158
安徽	Anhui	85854	53372	106968	75944	123009	68085	68125
江西	Jiangxi	78182	51748	66591	66362	90923	62753	66171
湖北	Hubei	85052	46137	95423	74917	122976	70986	66126
湖南	Hunan	79122	51841	61207	75122	102379	59109	64475
重庆	Chongqing	93816	63154	74292	80718	98449	64567	77665
四川	Sichuan	88559	63143	104970	78474	115047	63551	76167
贵州	Guizhou	89228	55986	75400	85171	118631	76881	79877
云南	Yunnan	93133	47579	79391	80563	112020	65417	82809

4-7 续表 1 continued

单位：元 (yuan)

地 区	Region	交通运输、仓储和邮政业 Transport, Storage and Post	住宿和餐饮业 Hotels and Catering Services	信息传输、软件和信息技术服务业 Information Transmission, Software and Information Technology	金融业 Financial Intermediation	房地产业 Real Estate	租赁和商务服务业 Leasing and Business Services
全 国	**National Average**	**100642**	**48833**	**177544**	**133390**	**83807**	**92924**
上 海	Shanghai	143897	59260	270619	330125	117532	182869
江 苏	Jiangsu	101032	51239	162939	160386	87008	76649
浙 江	Zhejiang	110340	54847	235430	145804	91873	82139
安 徽	Anhui	87492	44834	101715	90083	74611	61745
江 西	Jiangxi	89359	41130	95779	94077	72990	62533
湖 北	Hubei	91185	40075	114162	101770	72485	69580
湖 南	Hunan	87160	39690	107317	95844	71243	64663
重 庆	Chongqing	90619	45243	137276	125400	82900	60861
四 川	Sichuan	96980	45879	128891	101327	73764	61768
贵 州	Guizhou	93973	45394	111635	130597	70507	64352
云 南	Yunnan	100042	43125	105698	136175	70066	56899

4-7 续表 2 continued

单位：元 (yuan)

地 区	Region	科学研究和技术服务业 Scientific Research and Technical Services	水利、环境和公共设施管理业 Management of Water Conservancy, Environment and Public Facilities	居民服务、修理和其他服务业 Services to Households, Repair and Other Services	教 育 Education	卫生和社会工作 Health and Social Service	文化、体育和娱乐业 Culture, Sports and Entertainment	公共管理、社会保障和社会组织 Public Management, Social Security and Social Organization
全 国	**National Average**	**139851**	**63914**	**60722**	**106474**	**115449**	**112081**	**104487**
上 海	Shanghai	217700	104121	75979	173073	193028	174370	188371
江 苏	Jiangsu	142558	80511	75561	141694	140575	117081	156447
浙 江	Zhejiang	163113	85935	67141	141852	164473	125984	167848
安 徽	Anhui	104463	52834	56552	107175	115979	79224	103215
江 西	Jiangxi	102246	40970	48871	87012	103695	80903	96820
湖 北	Hubei	123331	74358	59259	92526	95982	88357	99649
湖 南	Hunan	98683	59080	71915	82230	107458	100019	82535
重 庆	Chongqing	135736	75626	56216	119570	131163	86261	115664
四 川	Sichuan	128671	61888	52308	96949	111990	84292	106167
贵 州	Guizhou	103864	55566	43595	94177	105109	85191	87335
云 南	Yunnan	112615	59066	43730	104605	101348	91621	105153

4-8 按行业分城镇私营单位就业人员平均工资（2020年）
Average Wage of Employed Persons in Urban Private Units by Sector（2020）

单位：元 (yuan)

地 区	Region	平均工资 Average Wage	农、林、牧、渔业 Agriculture, Forestry,	采矿业 Mining	制造业 Manufacturing	电力、热力、燃气及水生产和供应业 Production and Supply	建筑业 Construction	批发和零售业 Wholesale and
全 国	**National Average**	**57727**	**38956**	**54563**	**57910**	**54268**	**57309**	**53018**
上 海	Shanghai	80134	63422		77186	87222	67746	73693
江 苏	Jiangsu	63830	49812	54251	64691	73620	63699	59595
浙 江	Zhejiang	60521	48773	60578	59339	67602	57943	59712
安 徽	Anhui	52582	39219	53990	54360	53181	55465	46630
江 西	Jiangxi	48864	34361	51611	50530	53078	50997	42342
湖 北	Hubei	48295	40183	41533	49213	48762	51115	42464
湖 南	Hunan	51157	37604	51711	54891	46619	52525	42576
重 庆	Chongqing	55678	37465	69435	58555	53662	59037	49648
四 川	Sichuan	53338	37093	51936	54067	50218	52988	47551
贵 州	Guizhou	47381	34999	60729	45306	56322	49589	46427
云 南	Yunnan	45897	33318	50392	45698	51788	48163	45544

4-8 续表 1 continued

单位：元 (yuan)

地 区	Region	交通运输、仓储和邮政业 Transport, Storage and Post	住宿和餐饮业 Hotels and Catering Services	信息传输、软件和信息技术服务业 Information Transmission, Software and Information Technology	金融业 Financial Intermediation	房地产业 Real Estate	租赁和商务服务业 Leasing and Business Services
全 国	**National Average**	**57313**	**42258**	**101281**	**82930**	**55759**	**58155**
上 海	Shanghai	79737	55233	149256	133732	85758	65204
江 苏	Jiangsu	62404	46553	91114	107398	60834	61288
浙 江	Zhejiang	57440	47897	103478	102941	68792	64211
安 徽	Anhui	55011	38630	72918	71289	50890	51475
江 西	Jiangxi	51153	38731	57090	51035	53621	46563
湖 北	Hubei	50136	38387	57821	76929	48848	46757
湖 南	Hunan	49666	36550	69908	55739	48550	49392
重 庆	Chongqing	55710	40011	71269	96284	59316	50786
四 川	Sichuan	53858	38711	94760	66615	49877	52445
贵 州	Guizhou	48275	36977	61857	104214	51606	50047
云 南	Yunnan	48443	36396	56979	77091	46765	43313

4-8 续表 2 continued

单位：元 (yuan)

地 区	Region	科学研究和技术服务业 Scientific Research and Technical	水利、环境和公共设施管理业 Management of Water Conservancy,	居民服务、修理和其他服务业 Services to Households, Repair and	教 育 Education	卫生和社会工作 Health and Social Service	文化、体育和娱乐业 Culture, Sports and
全 国	**National Average**	**72233**	**43287**	**44536**	**48443**	**60689**	**51300**
上 海	Shanghai	117153	59347	55021	96752	96937	81986
江 苏	Jiangsu	75389	45569	45617	61289	69408	59413
浙 江	Zhejiang	76040	48475	49395	55650	75075	51676
安 徽	Anhui	56168	31000	38556	47028	54604	44752
江 西	Jiangxi	53605	36263	41188	43708	53450	42422
湖 北	Hubei	54724	38554	40724	38450	53206	46427
湖 南	Hunan	55216	45261	44412	45554	58352	46038
重 庆	Chongqing	62560	42404	41338	50886	66819	47678
四 川	Sichuan	68629	45135	40170	43955	61726	44103
贵 州	Guizhou	58018	38627	38521	42492	51603	41040
云 南	Yunnan	62472	37807	38766	38030	52906	39120

4-9 城镇登记失业人员及失业率
Registered Unemployed Persons and Unemployment Rate in Urban Area

地区	Region	失业人员 (万人) Unemployed Persons (10 000 persons)							失业率 (%) Unemployment Rate (%)						
		1990	2005	2010	2015	2018	2019	2020	1990	2005	2010	2015	2018	2019	2020
上海	Shanghai	7.7	27.5	27.6	24.8	19.4	19.3	19.7	1.5		4.4	4.0	3.5	3.6	3.7
江苏	Jiangsu	22.5	41.6	40.6	36.0	34.4	35.1	36.7	2.4	3.6	3.2	3.0	3.0	3.0	3.2
浙江	Zhejiang	11.2	29.0	31.1	33.7	34.1	34.4	42.1	2.2	3.7	3.2	2.9	2.6	2.5	2.8
安徽	Anhui	15.2	27.8	26.9	30.9	28.1	26.8	30.0	2.8	4.4	3.7	3.1	2.8	2.6	2.8
江西	Jiangxi	10.3	22.8	26.3	29.9	35.1	27.5	29.9	2.4	3.5	3.3	3.4	3.4	2.9	3.2
湖北	Hubei	12.7	52.6	55.7	33.4	36.1	37.6	55.3	1.7	4.3	4.2	2.6	2.6	2.4	3.4
湖南	Hunan	15.9	41.9	43.2	45.1	40.4	31.1	31.4	2.7	4.3	4.2	4.1	3.6	2.7	2.7
重庆	Chongqing		16.9	13.0	14.3	13.1	17.5	29.6		4.1	3.9	3.6	3.0	2.6	4.5
四川	Sichuan	38.0	34.3	34.6	54.6	53.3	50.4	54.4	3.7	4.6	4.1	4.1	3.5	3.3	3.6
贵州	Guizhou	10.7	12.1	12.2	14.5	15.1	15.3	19.5	4.1	4.2	3.6	3.3	3.2	3.1	3.8
云南	Yunnan	7.8	13.0	15.7	19.5	20.9	22.9	31.9	2.5	4.2	4.2	4.0	3.4	3.3	3.9

注:2020年登记失业统计口径有所调整,与历史数据不可比。

a) The statistical caliber of registered unemployment in 2020 has been adjusted, which is not comparable with historical data.

五、价格 Prices

5-1 居民消费价格指数和商品零售价格指数（2020年）
Consumer Price Indices and Retail Price Indices（2020）

(上年=100) (preceding year=100)

地区	Region	居民消费价格 Consumer Price Index			商品零售价格 Retail Price Index		
		总指数 General	城市 Urban	农村 Rural	总指数 General	城市 Urban	农村 Rural
全国	**National Average**	**102.5**	**102.3**	**103.0**	**101.4**	**101.3**	**102.1**
上海	Shanghai	101.7	101.7		100.9	100.9	
江苏	Jiangsu	102.5	102.4	102.8	101.8	101.8	102.4
浙江	Zhejiang	102.3	102.1	102.8	101.2	101.0	102.1
安徽	Anhui	102.7	102.5	102.9	101.6	101.6	101.7
江西	Jiangxi	102.6	102.4	103.0	101.6	101.5	101.9
湖北	Hubei	102.7	102.5	103.5	102.2	102.1	103.0
湖南	Hunan	102.3	102.0	102.9	101.3	101.2	102.5
重庆	Chongqing	102.3	102.3		102.2	102.2	
四川	Sichuan	103.2	102.9	103.8	102.7	102.5	103.4
贵州	Guizhou	102.6	102.3	103.1	101.6	101.5	102.4
云南	Yunnan	103.6	103.4	103.9	102.4	102.4	102.6

5-2 居民消费价格分类指数（2020年）
Consumer Price Indices by Category（2020）

(上年=100) (preceding year=100)

地 区	Region	总指数 General Index	食品烟酒 Food, Tobacco and Alcohol	食 品 Food	粮 食 Grain	薯 类 Tubers	豆 类 Beans	食用油 Edible Oil and Fats	菜 Vegetables	#鲜 菜 Fresh Vegetables
全 国	**National Average**	**102.5**	**108.3**	**110.6**	**101.2**	**103.3**	**105.6**	**105.3**	**106.6**	**107.1**
上 海	Shanghai	101.7	105.3	106.3	101.5	108.4	99.9	106.6	105.9	106.3
江 苏	Jiangsu	102.5	109.1	111.9	100.7	110.5	108.0	104.5	109.4	110.3
浙 江	Zhejiang	102.3	107.4	109.5	101.7	105.2	105.8	105.3	104.6	105.1
安 徽	Anhui	102.7	108.4	110.9	101.2	104.5	108.1	108.5	109.5	110.2
江 西	Jiangxi	102.6	108.8	111.5	101.9	106.4	106.9	102.7	104.5	104.7
湖 北	Hubei	102.7	109.3	112.3	101.3	104.0	106.0	103.3	109.0	109.6
湖 南	Hunan	102.3	108.3	111.4	101.1	104.7	105.5	106.1	104.4	104.7
重 庆	Chongqing	102.3	107.9	110.3	97.4	105.4	106.6	100.0	109.1	110.2
四 川	Sichuan	103.2	111.0	114.2	100.7	103.7	107.9	109.8	109.6	110.4
贵 州	Guizhou	102.6	110.3	113.3	99.9	107.9	105.8	124.6	106.0	106.4
云 南	Yunnan	103.6	111.6	115.8	101.1	98.2	105.5	121.2	107.0	107.5

5-2 续表 1 continued

(上年=100) (preceding year=100)

地 区	Region	畜肉类 Meat of Livestock	禽肉类 Meat of Poultry	水产品 Aquatic Products	蛋 类 Eggs	奶 类 Milk and Other Dairy Products	干 鲜 瓜果类 Fruits and Nuts	#鲜瓜果 Fresh Fruits	糖 果 糕点类 Candy and Cake	调味品 Flavoring	其 他 食品类 Other Foods
全 国	**National Average**	**138.4**	**102.2**	**103.0**	**90.6**	**101.0**	**91.6**	**88.9**	**101.0**	**101.3**	**101.8**
上 海	Shanghai	131.0	99.9	100.6	96.7	100.7	94.4	92.9	101.9	103.6	100.4
江 苏	Jiangsu	137.5	105.3	105.5	90.7	102.4	93.7	91.2	102.2	102.0	101.8
浙 江	Zhejiang	137.3	104.0	102.1	94.5	100.8	93.3	90.1	102.7	102.4	102.9
安 徽	Anhui	139.4	100.4	105.5	87.7	100.2	88.7	84.6	101.2	102.8	101.9
江 西	Jiangxi	141.2	98.8	105.1	90.7	100.5	89.6	86.1	100.4	100.8	102.2
湖 北	Hubei	143.8	103.8	106.4	93.5	100.2	90.0	87.0	101.1	101.9	100.6
湖 南	Hunan	139.3	103.8	102.3	96.1	99.6	91.5	89.0	100.5	100.4	101.9
重 庆	Chongqing	139.9	101.6	102.5	86.9	95.9	84.4	82.1	101.3	101.7	102.0
四 川	Sichuan	139.3	101.0	103.8	94.9	100.6	93.5	91.6	100.6	101.1	102.8
贵 州	Guizhou	141.2	101.1	103.7	94.5	100.8	91.2	89.2	101.5	99.9	102.3
云 南	Yunnan	150.9	107.8	101.8	98.9	100.1	90.2	88.0	102.1	100.7	103.8

5-2 续表 2 continued

(上年=100) (preceding year=100)

地 区	Region	茶及饮料 Tea and Beverages	烟 酒 Tobacco and Alcohol	在外餐饮 Dining Out	衣 着 Clothing	服 装 Garments	服装材料 Garments Material	其他衣着及配件 Other Clothing and Accessories	衣着加工服务费 Clothing Manufacturing Service Fees	鞋 类 Footwear
全 国	**National Average**	**100.6**	**101.3**	**104.7**	**99.8**	**99.9**	**100.5**	**99.6**	**102.1**	**99.2**
上 海	Shanghai	101.8	102.8	103.6	100.9	101.5	101.6	100.6	102.6	98.6
江 苏	Jiangsu	101.6	101.9	105.1	99.7	99.7	102.4	100.7	102.4	99.4
浙 江	Zhejiang	100.7	100.8	104.8	100.5	100.9	100.1	101.0	103.2	98.5
安 徽	Anhui	101.3	101.3	104.7	100.3	100.6	98.9	99.4	103.1	99.2
江 西	Jiangxi	100.3	100.8	104.7	99.2	98.9	99.1	100.0	102.1	99.8
湖 北	Hubei	100.2	100.5	104.4	99.7	99.7	102.6	100.0	102.4	99.3
湖 南	Hunan	99.8	100.7	101.5	100.2	100.1	100.4	99.8	100.4	100.3
重 庆	Chongqing	100.3	100.5	104.4	98.3	98.5	97.5	99.1	101.7	97.4
四 川	Sichuan	100.5	102.3	106.1	99.7	99.9	100.5	99.7	101.6	99.1
贵 州	Guizhou	100.8	100.2	106.1	98.4	98.4	99.2	99.8	103.0	98.1
云 南	Yunnan	99.9	101.1	105.4	100.4	100.8	100.4	100.4	100.8	99.3

5-2 续表3 continued

(上年=100) (preceding year=100)

地 区	Region	居 住 Housing	租赁房房租 Rent of Rental Housing	住房保养维修及管理 Housing Maintenance and Management	水电燃料 Water, Electricity and Fuels	生活用品及服务 Articles for Daily Use and Services	家具及室内装饰品 Furniture and Interior Decorations	家用器具 Home Appliances	家 用 纺织品 Home Textiles
全 国	**National Average**	**99.6**	**99.4**	**101.1**	**99.3**	**100.0**	**99.9**	**98.2**	**99.8**
上 海	Shanghai	100.8	101.0	102.4	99.6	99.8	99.3	96.6	100.4
江 苏	Jiangsu	99.9	99.9	102.2	99.6	100.5	100.2	98.5	100.2
浙 江	Zhejiang	99.9	99.9	101.6	98.9	101.6	101.1	98.7	102.4
安 徽	Anhui	99.8	99.8	100.5	99.3	99.8	99.7	98.5	99.3
江 西	Jiangxi	99.4	99.5	101.6	97.7	99.7	100.5	97.5	99.6
湖 北	Hubei	99.2	99.6	100.8	99.4	100.1	100.4	97.2	99.6
湖 南	Hunan	99.1	100.0	100.1	97.9	99.9	99.7	99.4	100.2
重 庆	Chongqing	99.5	100.6	100.2	100.0	100.0	100.4	97.4	98.7
四 川	Sichuan	98.9	98.5	100.8	99.9	99.9	101.1	97.0	99.1
贵 州	Guizhou	98.4	97.7	99.7	99.2	99.6	100.0	98.0	99.4
云 南	Yunnan	100.1	99.4	101.0	99.7	99.7	99.6	98.3	98.5

5-2 续表 4 continued

(上年=100) (preceding year=100)

地 区	Region	家庭日用杂品 Household Articles for Daily Use	个人护理用品 Personal-care Supplies	家庭服务 Household Services	交通和通信 Transport and Communications	交通 Transport	交通工具 Transport Facility	交通工具用燃料 Fuels for Transport Facility	交通工具使用和维修 Use and Maintenance of Transport Facility	交通费 Traffic Fee	通信 Communications
全 国	**National Average**	**100.5**	**101.0**	**102.7**	**96.5**	**95.0**	**97.8**	**86.2**	**101.4**	**97.4**	**99.3**
上 海	Shanghai	100.4	101.0	101.6	96.6	94.2	97.3	85.9	102.2	97.5	100.8
江 苏	Jiangsu	100.8	101.7	104.4	96.5	95.1	98.5	85.9	101.5	98.3	99.3
浙 江	Zhejiang	102.2	102.9	105.3	96.5	94.9	97.1	86.0	104.0	97.5	99.8
安 徽	Anhui	100.1	101.0	101.7	96.8	95.5	96.5	89.2	101.1	98.2	99.0
江 西	Jiangxi	100.4	99.9	103.3	96.3	94.7	97.2	85.7	101.4	99.0	99.2
湖 北	Hubei	100.7	102.4	102.5	96.5	94.6	95.0	85.9	102.3	99.2	99.5
湖 南	Hunan	100.0	100.6	100.8	96.7	95.1	98.4	85.7	101.3	98.7	99.5
重 庆	Chongqing	100.3	101.9	102.9	97.3	94.7	98.5	86.0	100.3	94.9	102.1
四 川	Sichuan	100.5	101.0	103.6	96.4	94.8	97.4	86.8	100.8	98.3	99.4
贵 州	Guizhou	100.2	99.6	101.2	95.7	94.0	98.0	86.1	101.0	97.4	98.2
云 南	Yunnan	100.1	101.8	101.4	96.9	95.6	99.2	86.6	100.5	98.8	99.2

5-2 续表 5 continued

(上年=100) (preceding year=100)

地 区	Region	教育文化和娱乐 Education, Culture and Recreation	教 育 Education	教育用品 Education Articles	教育服务 Education Services	文化娱乐 Cultural and Recreational Articles	文娱耐用消费品 Durable Consumer Goods for Culture and Recreation	其他文娱用品 Other Articles
全 国	**National Average**	**101.3**	**102.2**	**101.5**	**102.2**	**100.1**	**98.7**	**100.4**
上 海	Shanghai	101.1	102.5	105.2	102.4	100.1	100.8	100.8
江 苏	Jiangsu	101.4	103.0	103.5	103.0	99.4	99.0	101.1
浙 江	Zhejiang	101.8	103.6	101.2	103.6	99.1	100.3	101.1
安 徽	Anhui	101.5	102.4	101.1	102.5	99.8	97.7	99.6
江 西	Jiangxi	102.1	103.4	101.5	103.5	100.0	98.7	100.6
湖 北	Hubei	100.9	101.6	100.1	101.8	99.7	99.1	100.5
湖 南	Hunan	100.0	100.7	100.5	100.7	98.8	100.1	100.1
重 庆	Chongqing	101.8	102.2	101.3	102.2	101.4	96.3	99.9
四 川	Sichuan	101.2	101.5	100.6	101.6	100.8	96.8	100.2
贵 州	Guizhou	100.8	101.3	101.0	101.4	100.1	98.2	100.9
云 南	Yunnan	101.0	100.9	100.8	101.0	101.2	98.1	101.0

5-2 续表 6 continued

(上年=100) (preceding year=100)

地区	Region	文化娱乐服务 Cultural and Recreational Services	旅游 Touring	医疗保健 Health Care	药品及医疗器具 Medicine and Medical Instruments	医疗服务 Medical Services	其他用品和服务 Other Articles and Services	其他用品类 Other Articles	其他服务类 Other Services
全国	**National Average**	**99.1**	**101.1**	**101.8**	**101.0**	**102.3**	**104.3**	**109.5**	**100.3**
上海	Shanghai	98.6	100.2	101.2	102.4	100.0	102.9	111.3	97.4
江苏	Jiangsu	99.2	99.2	100.1	100.1	100.1	104.8	109.9	101.0
浙江	Zhejiang	100.4	97.5	101.5	98.5	103.5	104.2	110.2	100.2
安徽	Anhui	99.6	101.1	101.2	101.2	101.2	103.1	107.6	99.0
江西	Jiangxi	100.1	100.3	99.9	100.7	99.6	104.9	108.6	101.4
湖北	Hubei	96.8	101.8	102.2	101.9	102.4	104.8	109.0	101.0
湖南	Hunan	99.3	97.0	101.0	101.0	101.1	103.6	108.6	99.1
重庆	Chongqing	101.0	104.5	101.9	101.0	102.5	102.7	108.8	98.8
四川	Sichuan	100.3	102.7	100.7	101.0	100.5	103.1	107.7	100.4
贵州	Guizhou	97.6	102.7	100.8	101.1	100.5	103.0	106.9	99.8
云南	Yunnan	98.4	105.5	100.6	101.2	100.2	103.2	104.7	100.6

5-3 商品零售价格分类指数（2020年）
Retail Price Indices by Category of Commodities（2020）

(上年=100) (preceding year=100)

地 区	Region	总指数 General Index	食 品 Food	#粮 食 Grain	#菜 Vegetables	#畜 肉 Meat of Livestock	#禽 肉 Meat of Poultry	#水产品 Aquatic Products	#蛋 Eggs	#干鲜瓜果 Fruits and Nuts
全 国	**National Average**	**101.4**	**109.0**	**101.2**	**106.7**	**138.2**	**102.5**	**103.1**	**90.8**	**91.6**
上 海	Shanghai	100.9	105.9	101.5	105.9	131.0	99.9	100.6	96.7	94.4
江 苏	Jiangsu	101.8	110.3	100.8	109.8	137.2	105.3	105.5	91.1	94.1
浙 江	Zhejiang	101.2	108.1	101.5	104.7	137.6	104.4	102.1	94.6	93.3
安 徽	Anhui	101.6	109.4	101.4	109.6	138.8	100.5	105.3	87.4	88.6
江 西	Jiangxi	101.6	110.0	101.8	105.4	140.8	97.4	106.5	90.6	89.0
湖 北	Hubei	102.2	111.0	101.3	109.1	143.3	103.1	105.3	92.8	89.9
湖 南	Hunan	101.3	109.0	101.1	103.9	138.8	104.0	101.6	94.5	92.3
重 庆	Chongqing	102.2	108.4	97.4	109.1	139.9	101.6	102.5	86.9	84.4
四 川	Sichuan	102.7	112.5	101.0	109.5	138.4	100.7	103.0	95.6	93.4
贵 州	Guizhou	101.6	111.8	100.2	105.7	141.7	100.6	103.9	95.0	90.5
云 南	Yunnan	102.4	113.9	100.8	107.3	152.0	108.0	102.3	98.2	89.5

5-3 续表 1 continued

(上年=100) (preceding year=100)

地 区	Region	饮料烟酒 Beverages, Tobacco and Alcohol	服装鞋帽 Garments, Shoes and Hats	纺织品 Textiles	家用电器及音像器材 Household Appliances, Music and Video Equipment	文化办公用品 Cultural and Office Appliances	日用品 Articles for Daily Use	体育娱乐用品 Sports and Recreation Articles	交通、通信用品 Transportation and Communication Appliances
全 国	**National Average**	**101.2**	**99.7**	**99.8**	**98.0**	**100.2**	**100.2**	**99.8**	**98.6**
上 海	Shanghai	102.6	100.8	100.1	97.7	101.4	100.7	100.4	98.5
江 苏	Jiangsu	101.9	99.7	101.1	98.2	103.7	100.5	100.0	100.1
浙 江	Zhejiang	100.7	100.4	102.1	98.9	99.8	101.2	101.3	98.5
安 徽	Anhui	101.5	100.3	98.9	98.5	99.0	99.6	100.3	97.3
江 西	Jiangxi	100.7	99.4	99.2	97.9	100.2	100.0	99.8	97.8
湖 北	Hubei	100.4	99.2	100.4	96.9	101.4	100.6	100.2	97.4
湖 南	Hunan	100.6	100.2	100.1	99.4	100.3	100.0	100.1	99.1
重 庆	Chongqing	100.5	98.2	98.7	96.9	99.3	100.0	100.2	103.2
四 川	Sichuan	101.5	99.6	99.4	96.4	98.9	100.0	99.2	98.9
贵 州	Guizhou	100.3	98.2	99.3	97.8	99.5	100.1	100.0	98.3
云 南	Yunnan	100.3	100.7	96.9	97.7	99.1	99.3	99.6	98.5

5-3 续表 2 continued

(上年=100) (preceding year=100)

地 区	Region	家 具 Furniture	化妆品 Cosmetics	金银饰品 Gold and Silver Ornaments	中西药品及医疗保健用品 Traditional Chinese and Western Medicines and Health Care Articles	书报杂志及电子出版物 Books, Newspapers, Magazines and Electronic Publications	燃 料 Fuels	建筑材料及五金电料 Building Materials and Hardware
全 国	**National Average**	**99.8**	**101.3**	**117.0**	**100.9**	**101.5**	**91.1**	**100.3**
上 海	Shanghai	99.3	100.9	117.1	102.4	106.5	88.2	101.8
江 苏	Jiangsu	100.6	102.0	117.3	99.7	103.1	90.6	100.6
浙 江	Zhejiang	101.2	103.3	116.6	98.5	101.0	90.4	100.3
安 徽	Anhui	100.0	101.3	115.4	101.3	99.3	94.3	100.2
江 西	Jiangxi	100.5	100.1	115.0	100.4	101.4	91.0	100.5
湖 北	Hubei	100.5	102.8	116.1	102.3	100.2	92.7	100.4
湖 南	Hunan	99.4	101.2	118.0	101.0	100.7	89.2	100.0
重 庆	Chongqing	100.5	101.9	116.9	101.0	100.8	94.8	100.3
四 川	Sichuan	102.2	101.9	113.7	100.9	100.5	92.7	100.0
贵 州	Guizhou	100.7	100.3	116.6	101.7	101.6	89.6	99.5
云 南	Yunnan	99.4	102.4	109.0	100.8	101.6	90.0	99.8

5-4 农业生产资料价格分类指数（2020年）
Price Indices for Means of Agricultural Production by Category（2020）

(上年=100) (preceding year=100)

地 区	Region	总指数 General Index	农用手工工具 Farm Handtools	饲 料 Feed	仔畜幼禽及产品畜 Young Animals and Commodity Animals	半机械化农具 Semi-mechanized Farm Tools	机械化农具 Mechanized Farm Machinery
全 国	**National Average**	**106.1**	**100.9**	**104.2**	**156.6**	**100.1**	**100.1**
上 海	Shanghai						
江 苏	Jiangsu	105.7	99.8	104.3	159.6	101.2	100.3
浙 江	Zhejiang	106.1	105.5	106.8	154.5	100.3	99.9
安 徽	Anhui	104.8	100.6	104.8	173.7	99.9	99.6
江 西	Jiangxi	107.2	105.8	108.0	152.0	103.0	100.3
湖 北	Hubei	106.4	99.2	100.9	179.3	99.0	100.5
湖 南	Hunan	103.5	100.1	103.6	138.9	100.5	100.6
重 庆	Chongqing						
四 川	Sichuan	120.9	99.9	107.3	191.3	100.0	100.0
贵 州	Guizhou	112.2	101.3	104.5	176.4	100.3	100.3
云 南	Yunnan	106.7	96.6	99.2	172.4	96.6	91.2

5-4 续表 continued

(上年=100) (preceding year=100)

地 区	Region	化学肥料 Chemical Fertilizer	农药及农药器械 Pesticide and Related Equipment	农机用油 Fuel Oil for Farm Machinery	其他农用生产资料 Other Means of Agricultural Production	农业生产服务 Service for Agricultural Production
全 国	**National Average**	**98.4**	**100.8**	**86.5**	**99.6**	**101.8**
上 海	Shanghai					
江 苏	Jiangsu	98.6	100.5	85.9	98.9	101.5
浙 江	Zhejiang	99.2	102.1	85.6	100.4	99.1
安 徽	Anhui	97.0	100.3	85.9	100.6	101.0
江 西	Jiangxi	98.0	102.5	86.2	101.1	103.9
湖 北	Hubei	100.3	100.2	86.5	99.7	100.8
湖 南	Hunan	98.5	100.9	85.4	101.0	102.9
重 庆	Chongqing					
四 川	Sichuan	99.0	101.1	88.8	100.4	101.1
贵 州	Guizhou	99.2	100.3	92.0	100.3	101.5
云 南	Yunnan	93.4	96.2	86.8	95.4	93.9

5-5 农产品生产者价格指数
Producer Price Indices for Farm Products

(上年=100) (preceding year=100)

地 区	Region	2019					2020				
		总指数 General Index	农业产品 Agriculture Products	林业产品 Forestry Products	饲养动物及其产品 Raised Animals and Related Products	渔业产品 Fishery Products	总指数 General Index	农业产品 Agriculture Products	林业产品 Forestry Products	饲养动物及其产品 Raised Animals and Related Products	渔业产品 Fishery Products
全 国	**National Average**	**114.5**	**100.8**	**100.1**	**133.5**	**99.4**	**115.0**	**102.8**	**100.7**	**132.4**	**100.2**
上 海	Shanghai	105.6	102.8	100.2	126.7	96.7	106.7	101.5	101.8	129.1	103.2
江 苏	Jiangsu	109.3	100.3	104.8	125.8	102.7	107.5	103.7	102.8	116.6	101.9
浙 江	Zhejiang	109.9	102.8	100.3	140.3	102.2	107.3	98.2	100.4	138.2	101.5
安 徽	Anhui	109.3	99.5	102.7	136.2	100.2	115.6	104.2	102.9	129.3	103.4
江 西	Jiangxi	113.2	100.7	101.0	141.0	99.1	111.0	102.5	91.0	135.5	99.3
湖 北	Hubei	110.1	102.0	101.8	132.1	99.3	118.1	102.3	106.1	155.9	108.8
湖 南	Hunan	118.0	102.0	101.2	139.8	101.1	123.3	102.7	94.1	151.7	103.1
重 庆	Chongqing	112.1	102.1	97.2	133.7	101.4	113.6	105.8	100.1	130.5	106.6
四 川	Sichuan	115.6	102.7	101.7	128.0	102.4	116.1	102.9	98.4	128.8	104.6
贵 州	Guizhou	116.2	103.3	100.9	126.7	107.5	122.6	103.5	98.5	138.3	99.2
云 南	Yunnan	109.6	101.0	93.1	127.6	100.3	120.2	100.3	99.0	157.4	98.4

5-6 工业生产者出厂价格指数
Producer Price Indices for Industrial Products

(上年=100) (preceding year=100)

地 区	Region	2013	2014	2015	2016	2017	2018	2019	2020
全 国	**National Average**	**98.1**	**98.1**	**94.8**	**98.6**	**106.3**	**103.5**	**99.7**	**98.2**
上 海	Shanghai	98.2	98.9	96.1	98.8	103.5	101.7	98.8	98.3
江 苏	Jiangsu	98.0	98.3	95.3	98.1	104.8	102.8	98.9	97.8
浙 江	Zhejiang	98.2	98.8	96.4	98.3	104.8	103.4	98.9	96.9
安 徽	Anhui	98.2	97.4	93.9	98.5	108.0	103.0	100.3	99.1
江 西	Jiangxi	98.5	97.8	93.7	98.6	107.9	104.2	98.9	98.3
湖 北	Hubei	99.2	98.4	96.7	99.0	105.6	104.2	100.2	99.1
湖 南	Hunan	98.5	98.4	96.3	98.9	105.8	103.2	99.6	99.0
重 庆	Chongqing	98.0	98.3	97.2	98.6	104.1	102.1	99.8	99.1
四 川	Sichuan	98.7	98.7	96.4	98.9	106.5	103.6	100.4	98.8
贵 州	Guizhou	97.4	98.3	96.1	97.9	107.2	101.8	99.8	98.3
云 南	Yunnan	97.5	97.8	94.9	97.6	105.2	102.4	100.0	98.6

六、人民生活 People´s Livelihoods

6-1 居民人均可支配收入
Per Capita Disposable Income of Households

单位：元 (yuan)

地 区	Region	2014	2015	2016	2017	2018	2019	2020
全 国	**National Average**	**20167.1**	**21966.2**	**23821.0**	**25973.8**	**28228.0**	**30732.8**	**32188.8**
上 海	Shanghai	45965.8	49867.2	54305.3	58988.0	64182.6	69441.6	72232.4
江 苏	Jiangsu	27172.8	29538.9	32070.1	35024.1	38095.8	41399.7	43390.4
浙 江	Zhejiang	32657.6	35537.1	38529.0	42045.7	45839.8	49898.8	52397.4
安 徽	Anhui	16795.5	18362.6	19998.1	21863.3	23983.6	26415.1	28103.2
江 西	Jiangxi	16734.2	18437.1	20109.6	22031.4	24079.7	26262.4	28016.5
湖 北	Hubei	18283.2	20025.6	21786.6	23757.2	25814.5	28319.5	27880.6
湖 南	Hunan	17621.7	19317.5	21114.8	23102.7	25240.7	27679.7	29379.9
重 庆	Chongqing	18351.9	20110.1	22034.1	24153.0	26385.8	28920.4	30823.9
四 川	Sichuan	15749.0	17221.0	18808.3	20579.8	22460.6	24703.1	26522.1
贵 州	Guizhou	12371.1	13696.6	15121.1	16703.6	18430.2	20397.4	21795.4
云 南	Yunnan	13772.2	15222.6	16719.9	18348.3	20084.2	22082.4	23294.9

6-2 居民人均可支配收入来源（2020年）
Per Capita Disposable Income of Households by Source（2020）

单位：元 (yuan)

地 区	Region	可支配收 入 Disposable Income	工资性收入 Income from Wages and Salaries	经营净收入 Net Business Income	财产净收入 Net Income from Properties	转移净收入 Net Income from Transfers
全 国	**National Average**	**32188.8**	**17917.4**	**5306.8**	**2791.5**	**6173.2**
上 海	Shanghai	72232.4	41500.3	2051.4	9904.3	18776.4
江 苏	Jiangsu	43390.4	24656.6	5703.4	4736.6	8293.8
浙 江	Zhejiang	52397.4	30059.4	8313.3	6136.5	7888.1
安 徽	Anhui	28103.2	14793.3	6205.7	1929.4	5174.8
江 西	Jiangxi	28016.5	16001.0	4445.6	1870.7	5699.2
湖 北	Hubei	27880.6	13668.9	5600.9	2061.7	6549.2
湖 南	Hunan	29379.9	14664.5	6033.9	2226.1	6455.4
重 庆	Chongqing	30823.9	16513.5	4901.6	1907.2	7501.6
四 川	Sichuan	26522.1	13031.6	5289.3	1719.6	6481.6
贵 州	Guizhou	21795.4	11320.0	4426.0	1460.5	4588.8
云 南	Yunnan	23294.9	11444.4	5543.7	2116.9	4189.8

6-3 居民人均消费支出
Per Capita Consumption Expenditure of Households

单位：元 (yuan)

地 区	Region	2014	2015	2016	2017	2018	2019	2020
全 国	**National Average**	**14491.4**	**15712.4**	**17110.7**	**18322.1**	**19853.1**	**21558.9**	**21209.9**
上 海	Shanghai	33064.8	34783.6	37458.3	39791.9	43351.3	45605.1	42536.3
江 苏	Jiangsu	19163.6	20555.6	22129.9	23468.6	25007.4	26697.3	26225.1
浙 江	Zhejiang	22552.0	24116.9	25526.6	27079.1	29470.7	32025.8	31294.7
安 徽	Anhui	11727.0	12840.1	14711.5	15751.7	17044.6	19137.4	18877.3
江 西	Jiangxi	11088.9	12403.4	13258.6	14459.0	15792.0	17650.5	17955.3
湖 北	Hubei	12928.3	14316.5	15888.7	16937.6	19537.8	21567.0	19245.9
湖 南	Hunan	13288.7	14267.3	15750.5	17160.4	18807.9	20478.9	20997.6
重 庆	Chongqing	13810.6	15139.5	16384.8	17898.1	19248.5	20773.9	21678.1
四 川	Sichuan	12368.4	13632.1	14838.5	16179.9	17663.6	19338.3	19783.4
贵 州	Guizhou	9303.4	10413.8	11931.6	12969.6	13798.1	14780.0	14873.8
云 南	Yunnan	9869.5	11005.4	11768.8	12658.1	14249.9	15779.8	16792.4

6-4 居民人均消费支出构成（2020年）
Per Capita Consumption Expenditure of Households by Composition（2020）

单位：元 (yuan)

地区	Region	消费支出 Consumption Expenditure	食品烟酒 Food, Tobacco and Liquor	衣着 Clothing and Footwear	居住 Housing	生活用品及服务 Household Equipments, Furnishings and Services	交通通信 Transport and Communi-cations	教育文化娱乐 Education, Culture and Recreation	医疗保健 Health Care and Medical Services	其他用品及服务 Miscellaneous Goods and Services
全国	**National Average**	**21209.9**	**6397.3**	**1238.4**	**5215.3**	**1259.5**	**2761.8**	**2032.2**	**1843.1**	**462.2**
上海	Shanghai	42536.3	11224.7	1694.0	15247.3	2091.2	4557.5	3662.9	3033.4	1025.3
江苏	Jiangsu	26225.1	7258.4	1450.5	7505.9	1523.0	3588.8	2298.2	2018.6	581.8
浙江	Zhejiang	31294.7	8922.1	1703.2	9009.1	1789.3	4301.2	2889.4	1955.9	724.4
安徽	Anhui	18877.3	6280.4	1210.4	4375.9	1108.4	2172.1	1855.3	1548.0	326.8
江西	Jiangxi	17955.3	5780.6	987.2	4454.9	966.5	2146.4	1879.0	1437.3	303.3
湖北	Hubei	19245.9	5897.7	1173.0	4659.6	1088.9	2559.5	1755.9	1764.9	346.4
湖南	Hunan	20997.6	6251.7	1236.9	4436.2	1289.0	2745.5	2587.3	2034.7	416.3
重庆	Chongqing	21678.1	7284.6	1459.1	4062.1	1517.4	2630.9	2120.9	2101.5	501.6
四川	Sichuan	19783.4	7026.4	1190.4	3855.7	1234.8	2465.1	1650.5	1908.0	452.4
贵州	Guizhou	14873.8	4606.9	944.6	2998.2	901.1	2218.0	1636.7	1269.6	298.7
云南	Yunnan	16792.4	5092.1	868.3	3469.8	958.5	2709.4	1835.8	1547.4	311.0

6–5 居民家庭人均主要食品消费量（2020年）
Per Capita Consumption of Major Foods of Households（2020）

单位：千克 (kg)

地 区	Region	粮食 (原粮) Grain (Unprocessed)	谷物 Cereals	食用油 Edible Oil and Fats	食用植物油 Edible Vegetable Oil	蔬菜及食用菌 Vegetable and Edible Mushroom	肉类 Meat and Products	猪肉 Pork
全 国	**National Average**	**141.2**	**128.1**	**10.4**	**9.8**	**103.7**	**24.8**	**18.2**
上 海	Shanghai	111.4	98.6	9.2	8.9	105.3	29.1	19.1
江 苏	Jiangsu	122.1	108.5	10.2	9.9	104.5	25.0	18.1
浙 江	Zhejiang	137.3	123.0	11.5	11.0	96.9	26.3	20.0
安 徽	Anhui	148.3	132.4	9.0	8.3	104.8	24.1	18.1
江 西	Jiangxi	154.0	141.4	15.6	15.2	105.5	29.7	24.9
湖 北	Hubei	132.9	119.1	13.3	12.8	126.8	25.2	19.4
湖 南	Hunan	157.2	146.6	12.5	10.6	104.5	27.1	22.7
重 庆	Chongqing	149.5	133.5	15.3	13.4	130.3	35.3	29.9
四 川	Sichuan	146.9	133.6	11.7	10.5	119.6	33.6	28.0
贵 州	Guizhou	119.3	106.6	8.1	6.7	79.4	24.7	22.3
云 南	Yunnan	139.1	126.4	7.4	5.8	90.0	28.8	24.7

6-5 续表 continued

单位：千克 (kg)

地 区	Region	牛肉 Beef	羊肉 Mutton	禽类 Poultry	水产品 Aquatic Products	蛋类 Eggs	奶类 Milk and Dairy Products	干鲜瓜果类 Dried and Fresh Melons and Fruits	食糖 Sugar
全 国	**National Average**	**2.3**	**1.2**	**12.7**	**13.9**	**12.8**	**13.0**	**56.3**	**1.3**
上 海	Shanghai	4.2	1.0	14.0	27.1	13.9	23.1	60.2	1.5
江 苏	Jiangsu	2.2	0.8	13.2	19.5	13.2	15.4	44.2	1.1
浙 江	Zhejiang	2.9	0.6	13.0	25.9	10.6	14.7	56.0	1.6
安 徽	Anhui	2.3	0.9	15.7	14.6	14.2	11.3	55.9	0.9
江 西	Jiangxi	2.6	0.3	12.8	15.7	9.5	11.2	46.7	1.0
湖 北	Hubei	2.5	0.7	7.7	18.1	9.7	7.7	42.5	0.8
湖 南	Hunan	2.2	0.6	15.8	14.6	10.3	7.4	57.0	1.2
重 庆	Chongqing	1.9	0.5	13.6	12.5	11.8	14.0	46.5	2.7
四 川	Sichuan	1.9	0.4	14.5	9.2	9.9	10.0	45.8	1.7
贵 州	Guizhou	1.0	0.2	6.6	3.0	4.8	5.1	34.1	0.8
云 南	Yunnan	1.7	0.3	9.6	4.8	5.4	6.2	38.2	1.4

6-6 居民平均每百户年末主要耐用消费品拥有量(2020年)
Main Durable Goods Owned Per 100 Households at Year-end (2020)

地 区	Region	家用汽车 (辆) Automobile (unit)	摩托车 (辆) Motorcycle (unit)	电动助力车 (辆) Electric Bicycle (unit)	洗衣机 (台) Washing Machine (set)	电冰箱 (台) Refrigerator (set)	微波炉 (台) Microwave Oven (set)	彩色电视机 (台) Color TV Set (set)
全 国	**National Average**	**37.1**	**33.1**	**66.7**	**96.7**	**101.8**	**41.0**	**120.8**
上 海	Shanghai	39.4	2.6	72.7	95.6	101.9	86.0	175.9
江 苏	Jiangsu	41.0	14.6	134.8	102.6	110.0	82.4	167.1
浙 江	Zhejiang	48.2	11.5	90.0	93.7	106.5	53.1	176.1
安 徽	Anhui	31.5	20.5	110.8	95.9	104.0	46.9	136.7
江 西	Jiangxi	31.8	44.8	76.8	82.1	99.1	33.7	127.5
湖 北	Hubei	32.2	53.8	43.9	94.0	105.7	32.5	121.3
湖 南	Hunan	32.4	56.9	26.8	97.9	105.4	26.5	117.8
重 庆	Chongqing	29.0	22.6	16.3	95.7	104.0	45.5	124.6
四 川	Sichuan	29.1	32.5	35.4	98.7	103.0	30.3	120.3
贵 州	Guizhou	32.8	40.2	20.7	100.5	98.0	22.7	104.5
云 南	Yunnan	42.9	59.3	33.2	95.9	95.1	36.3	105.9

6-6 续表 continued

地 区	Region	空 调 (台) Air Conditioner (set)	热水器 (台) Water Heater (set)	排油烟机 (台) Kitchen Ventilator (set)	移动电话 (部) Mobile Phone (set)	计算机 (台) Computer (set)	照相机 (台) Camera (set)
全 国	**National Average**	**117.7**	**90.4**	**60.9**	**253.8**	**54.2**	**12.1**
上 海	Shanghai	207.3	98.2	83.3	226.0	104.9	33.5
江 苏	Jiangsu	201.4	107.6	72.5	252.3	62.7	13.3
浙 江	Zhejiang	198.5	105.9	83.6	247.9	73.7	17.0
安 徽	Anhui	156.2	101.1	60.1	262.5	46.6	9.1
江 西	Jiangxi	115.8	96.0	57.9	263.3	48.4	8.4
湖 北	Hubei	137.3	99.0	60.3	268.6	57.4	9.7
湖 南	Hunan	129.3	94.3	57.3	281.4	51.3	9.8
重 庆	Chongqing	164.5	95.2	57.0	264.8	48.0	11.5
四 川	Sichuan	108.1	92.0	47.7	257.3	38.9	7.8
贵 州	Guizhou	19.9	81.9	33.4	294.6	33.0	4.5
云 南	Yunnan	5.3	92.7	43.4	276.6	36.0	9.2

6-7 城镇居民人均可支配收入
Per Capita Disposable Income of Urban Households

单位：元 (yuan)

地 区	Region	2014	2015	2016	2017	2018	2019	2020
全 国	**National Average**	**28843.9**	**31194.8**	**33616.2**	**36396.2**	**39250.8**	**42358.8**	**43833.8**
上 海	Shanghai	48841.4	52961.9	57691.7	62595.7	68033.6	73615.3	76437.3
江 苏	Jiangsu	34346.3	37173.5	40151.6	43621.8	47200.0	51056.1	53101.7
浙 江	Zhejiang	40392.7	43714.5	47237.2	51260.7	55574.3	60182.3	62699.3
安 徽	Anhui	24838.5	26935.8	29156.0	31640.3	34393.1	37540.0	39442.1
江 西	Jiangxi	24309.2	26500.1	28673.3	31198.1	33819.4	36545.9	38555.8
湖 北	Hubei	24852.3	27051.5	29385.8	31889.4	34454.6	37601.4	36705.7
湖 南	Hunan	26570.2	28838.1	31283.9	33947.9	36698.3	39841.9	41697.5
重 庆	Chongqing	25147.2	27238.8	29610.0	32193.2	34889.3	37938.6	40006.2
四 川	Sichuan	24234.4	26205.3	28335.3	30726.9	33215.9	36153.7	38253.1
贵 州	Guizhou	22548.2	24579.6	26742.6	29079.8	31591.9	34404.2	36096.2
云 南	Yunnan	24299.0	26373.2	28610.6	30995.9	33487.9	36237.7	37499.5

6-8 城镇居民人均可支配收入来源（2020年）
Per Capita Disposable Income of Urban Households by Source（2020）

单位：元 (yuan)

地区	Region	可支配收入 Disposable Income	工资性收入 Income from Wages and Salaries	经营净收入 Net Business Income	财产净收入 Net Income from Properties	转移净收入 Net Income from Transfers
全 国	**National Average**	**43833.8**	**26380.7**	**4710.8**	**4626.5**	**8115.8**
上 海	Shanghai	76437.3	43802.5	2063.5	10884.2	19687.1
江 苏	Jiangsu	53101.7	31167.7	5328.3	6680.4	9925.2
浙 江	Zhejiang	62699.3	35369.6	8672.1	8747.5	9910.1
安 徽	Anhui	39442.1	23635.6	6189.1	3504.5	6112.9
江 西	Jiangxi	38555.8	24309.5	3089.0	3390.8	7766.5
湖 北	Hubei	36705.7	20071.4	4728.3	3470.1	8436.0
湖 南	Hunan	41697.5	22457.3	6255.2	4146.0	8839.0
重 庆	Chongqing	40006.2	23353.3	4480.0	2860.2	9312.6
四 川	Sichuan	38253.1	21950.7	4333.8	3058.9	8909.7
贵 州	Guizhou	36096.2	20472.1	5808.4	3252.2	6563.5
云 南	Yunnan	37499.5	21594.7	4213.6	4725.1	6966.1

6-9 城镇居民人均消费支出
Per Capita Consumption Expenditure of Urban Households

单位：元 (yuan)

地 区	Region	2014	2015	2016	2017	2018	2019	2020
全 国	**National Average**	**19968.1**	**21392.4**	**23078.9**	**24445.0**	**26112.3**	**28063.4**	**27007.4**
上 海	Shanghai	35182.4	36946.1	39856.8	42304.3	46015.2	48271.6	44839.3
江 苏	Jiangsu	23476.3	24966.0	26432.9	27726.3	29461.9	31329.1	30882.2
浙 江	Zhejiang	27241.7	28661.3	30067.7	31924.2	34597.9	37507.9	36196.9
安 徽	Anhui	16107.1	17233.5	19606.2	20740.2	21522.7	23781.5	22682.7
江 西	Jiangxi	15141.8	16731.8	17695.6	19244.5	20760.0	22714.3	22134.3
湖 北	Hubei	16681.4	18192.3	20040.0	21275.6	23995.9	26421.8	22885.5
湖 南	Hunan	18334.7	19501.4	21420.0	23162.6	25064.2	26924.0	26796.4
重 庆	Chongqing	18279.5	19742.3	21030.9	22759.2	24154.2	25785.5	26464.4
四 川	Sichuan	17759.9	19276.8	20659.8	21990.6	23483.9	25367.4	25133.2
贵 州	Guizhou	15254.6	16914.2	19201.7	20347.8	20787.9	21402.4	20587.0
云 南	Yunnan	16268.3	17675.0	18622.4	19559.7	21626.4	23454.9	24569.4

6-10 城镇居民人均消费支出构成（2020年）
Per Capita Consumption Expenditure of Urban Households by Composition（2020）

单位：元 (yuan)

地区	Region	消费支出 Consumption Expenditure	食品烟酒 Food, Tobacco and Liquor	衣着 Clothing and Footwear	居住 Housing	生活用品及服务 Household Equipments, Furnishings and Services	交通通信 Transport and Communi-cations	教育文化娱乐 Education, Culture and Recreation	医疗保健 Health Care and Medical Services	其他用品及服务 Miscellaneous Goods and Services
全　国	**National Average**	**27007.4**	**7880.5**	**1644.8**	**6957.7**	**1640.0**	**3474.3**	**2591.7**	**2172.2**	**646.2**
上　海	Shanghai	44839.3	11515.1	1763.5	16465.1	2177.5	4677.1	3962.6	3188.7	1089.9
江　苏	Jiangsu	30882.2	8291.7	1768.0	9388.4	1809.0	3994.6	2728.2	2173.7	728.6
浙　江	Zhejiang	36196.9	9913.7	2035.5	10664.7	2073.1	4987.6	3449.7	2162.1	910.5
安　徽	Anhui	22682.7	7400.8	1548.9	5348.9	1358.6	2674.1	2283.1	1637.6	430.6
江　西	Jiangxi	22134.3	6949.1	1354.5	5315.6	1233.9	2856.8	2262.3	1724.3	437.9
湖　北	Hubei	22885.5	7112.4	1472.3	5774.3	1316.0	2852.5	2040.8	1922.3	394.8
湖　南	Hunan	26796.4	7807.1	1778.4	5465.5	1708.7	3722.5	3360.8	2350.5	602.8
重　庆	Chongqing	26464.4	8618.8	1918.0	4970.8	1897.3	3290.8	2648.3	2445.3	675.1
四　川	Sichuan	25133.2	8741.1	1674.5	4951.4	1599.6	3052.2	2253.0	2193.4	668.1
贵　州	Guizhou	20587.0	6568.4	1436.0	3929.1	1319.7	3168.4	2001.3	1706.6	457.5
云　南	Yunnan	24569.4	6851.9	1434.4	5310.2	1486.7	4092.4	2531.1	2317.7	544.9

6-11 城镇居民家庭人均主要食品消费量（2020年）
Per Capita Consumption of Major Foods of Urban Households（2020）

单位：千克 (kg)

地 区	Region	粮食(原粮) Grain (Unprocessed)	谷物 Cereals	食用油 Edible Oil and Fats	食用植物油 Edible Vegetable Oil	蔬菜及食用菌 Vegetable and Edible Mushroom	肉类 Meat and Products	猪肉 Pork
全 国	**National Average**	**120.2**	**107.3**	**9.9**	**9.5**	**109.8**	**27.4**	**19.0**
上 海	Shanghai	106.4	93.7	8.8	8.5	105.9	28.6	18.4
江 苏	Jiangsu	109.9	97.7	9.4	9.1	106.7	27.1	19.4
浙 江	Zhejiang	124.2	110.5	10.9	10.5	97.8	27.1	19.8
安 徽	Anhui	126.5	110.8	8.5	8.0	107.5	26.8	19.4
江 西	Jiangxi	130.9	117.7	15.6	15.2	110.4	33.8	27.3
湖 北	Hubei	119.3	106.0	12.3	11.8	120.9	29.2	21.9
湖 南	Hunan	124.0	113.0	12.0	10.3	110.9	31.2	25.0
重 庆	Chongqing	122.0	107.3	14.9	13.9	131.3	36.5	29.2
四 川	Sichuan	112.8	99.8	11.5	10.7	124.7	37.0	28.9
贵 州	Guizhou	108.2	95.2	9.0	7.8	80.5	27.7	23.5
云 南	Yunnan	112.1	98.5	7.9	6.7	99.8	26.5	19.6

6-11 续表 continued

单位：千克 (kg)

地区	Region	牛肉 Beef	羊肉 Mutton	禽类 Poultry	水产品 Aquatic Products	蛋类 Eggs	奶类 Milk and Dairy Products	干鲜瓜果类 Dried and Fresh Melons and Fruits	食糖 Sugar
全　国	**National Average**	**3.1**	**1.4**	**13.0**	**16.6**	**13.5**	**17.3**	**65.9**	**1.2**
上　海	Shanghai	4.4	1.0	13.6	26.8	13.8	23.8	60.6	1.4
江　苏	Jiangsu	2.6	0.9	13.7	21.4	13.2	17.6	49.0	1.0
浙　江	Zhejiang	3.4	0.6	13.6	28.3	10.9	16.5	62.1	1.5
安　徽	Anhui	3.0	1.1	15.8	16.2	14.2	13.4	61.5	0.9
江　西	Jiangxi	3.7	0.5	13.3	17.9	9.7	15.4	55.8	1.0
湖　北	Hubei	3.1	0.8	8.4	19.3	9.9	10.0	49.2	0.8
湖　南	Hunan	3.0	0.7	14.9	17.3	9.6	10.6	67.6	1.1
重　庆	Chongqing	2.7	0.6	14.4	14.1	11.7	17.8	53.5	1.9
四　川	Sichuan	2.6	0.5	14.4	11.1	10.0	13.8	57.1	1.4
贵　州	Guizhou	1.8	0.3	8.8	4.4	6.0	9.5	46.0	0.8
云　南	Yunnan	3.0	0.3	10.0	6.5	5.7	10.9	54.6	1.3

6-12 城镇居民平均每百户年末主要耐用消费品拥有量（2020年）
Main Durable Goods Owned Per 100 Urban Households at Year-end (2020)

地 区	Region	家用汽车 (辆) Automobile (unit)	摩托车 (辆) Motorcycle (unit)	电动助力车 (辆) Electric Bicycle (unit)	洗衣机 (台) Washing Machine (set)	电冰箱 (台) Refrigerator (set)	微波炉 (台) Microwave Oven (set)	彩色电视机 (台) Color TV Set (set)
全 国	**National Average**	**44.9**	**18.2**	**62.0**	**99.7**	**103.1**	**56.5**	**123.0**
上 海	Shanghai	39.9	2.3	65.6	96.9	101.8	87.4	177.7
江 苏	Jiangsu	49.6	9.9	127.6	104.3	109.3	89.3	174.5
浙 江	Zhejiang	55.6	7.2	83.7	96.5	105.2	60.8	176.2
安 徽	Anhui	36.6	13.1	101.7	100.8	103.7	65.7	138.6
江 西	Jiangxi	40.9	27.2	79.5	95.8	100.3	51.7	129.4
湖 北	Hubei	37.9	32.1	44.2	99.3	104.9	47.0	120.9
湖 南	Hunan	43.2	37.6	30.9	104.7	106.1	42.1	119.6
重 庆	Chongqing	36.3	14.1	13.7	99.2	103.5	63.7	129.5
四 川	Sichuan	36.6	16.8	34.0	101.6	103.5	50.2	124.5
贵 州	Guizhou	45.0	23.6	21.0	103.7	103.7	43.8	107.8
云 南	Yunnan	58.8	33.9	46.3	104.4	102.7	62.9	110.0

6-12 续表 continued

地 区	Region	空 调 (台) Air Conditioner (set)	热水器 (台) Water Heater (set)	排油烟机 (台) Kitchen Ventilator (set)	移动电话 (部) Mobile Phone (set)	计算机 (台) Computer (set)	照相机 (台) Camera (set)
全 国	**National Average**	**149.6**	**100.7**	**82.6**	**248.7**	**72.9**	**19.3**
上 海	Shanghai	213.9	99.0	86.9	228.3	112.6	36.6
江 苏	Jiangsu	227.6	112.8	87.3	254.2	78.0	18.6
浙 江	Zhejiang	222.5	109.2	90.4	245.4	86.0	22.9
安 徽	Anhui	188.0	106.6	82.1	252.7	65.7	15.5
江 西	Jiangxi	158.2	103.7	79.2	257.5	68.6	14.4
湖 北	Hubei	169.9	104.7	79.7	263.9	74.6	14.9
湖 南	Hunan	182.8	105.9	80.7	274.8	73.5	17.3
重 庆	Chongqing	220.7	103.3	79.5	262.5	65.1	17.5
四 川	Sichuan	156.3	101.8	78.8	255.3	61.3	13.7
贵 州	Guizhou	38.4	100.0	62.2	287.7	58.7	9.5
云 南	Yunnan	10.3	103.0	79.4	260.0	67.2	19.3

6-13 农村居民人均可支配收入
Per Capita Disposable Income of Rural Households

单位：元 (yuan)

地 区	Region	2014	2015	2016	2017	2018	2019	2020
全 国	**National Average**	**10488.9**	**11421.7**	**12363.4**	**13432.4**	**14617.0**	**16020.7**	**17131.5**
上 海	Shanghai	21191.6	23205.2	25520.4	27825.0	30374.7	33195.2	34911.3
江 苏	Jiangsu	14958.4	16256.7	17605.6	19158.0	20845.1	22675.4	24198.5
浙 江	Zhejiang	19373.3	21125.0	22866.1	24955.8	27302.4	29875.8	31930.5
安 徽	Anhui	9916.4	10820.7	11720.5	12758.2	13996.0	15416.0	16620.2
江 西	Jiangxi	10116.6	11139.1	12137.7	13241.8	14459.9	15796.3	16980.8
湖 北	Hubei	10849.1	11843.9	12725.0	13812.1	14977.8	16390.9	16305.9
湖 南	Hunan	10060.2	10992.5	11930.4	12935.8	14092.5	15394.8	16584.6
重 庆	Chongqing	9489.8	10504.7	11548.8	12637.9	13781.2	15133.3	16361.4
四 川	Sichuan	9347.7	10247.4	11203.1	12226.9	13331.4	14670.1	15929.1
贵 州	Guizhou	6671.2	7386.9	8090.3	8869.1	9716.1	10756.3	11642.3
云 南	Yunnan	7456.1	8242.1	9019.8	9862.2	10767.9	11902.4	12841.9

6-14 农村居民人均可支配收入来源(2020年)
Per Capita Disposable Income of Rural Households by Source (2020)

单位：元 (yuan)

地区	Region	可支配收入 Disposable Income	工资性收入 Income from Wages and Salaries	经营净收入 Net Business Income	财产净收入 Net Income from Properties	转移净收入 Net Income from Transfers
全国	**National Average**	**17131.5**	**6973.9**	**6077.4**	**418.8**	**3661.3**
上海	Shanghai	34911.3	21067.2	1944.0	1206.9	10693.2
江苏	Jiangsu	24198.5	11789.0	6444.5	895.1	5069.8
浙江	Zhejiang	31930.5	19509.7	7600.6	949.2	3871.0
安徽	Anhui	16620.2	5838.6	6222.6	334.3	4224.7
江西	Jiangxi	16980.8	7301.2	5866.0	279.1	3534.6
湖北	Hubei	16305.9	5271.6	6745.4	214.4	4074.5
湖南	Hunan	16584.6	6569.6	5804.0	231.7	3979.3
重庆	Chongqing	16361.4	5740.5	5565.7	406.1	4649.1
四川	Sichuan	15929.1	4977.8	6152.0	510.2	4289.1
贵州	Guizhou	11642.3	4822.4	3444.6	188.5	3186.9
云南	Yunnan	12841.9	3975.0	6522.6	197.6	2146.8

6–15 农村居民人均消费支出
Per Capita Consumption Expenditure of Rural Households

单位：元 (yuan)

地 区	Region	2014	2015	2016	2017	2018	2019	2020
全 国	**National Average**	**8382.6**	**9222.6**	**10129.8**	**10954.5**	**12124.3**	**13327.7**	**13713.4**
上 海	Shanghai	14820.1	16152.3	17070.8	18089.8	19964.7	22448.9	22095.5
江 苏	Jiangsu	11820.3	12882.5	14428.2	15611.5	16567.0	17715.9	17021.7
浙 江	Zhejiang	14497.8	16107.7	17358.9	18093.4	19706.8	21351.7	21555.4
安 徽	Anhui	7980.8	8975.2	10287.3	11106.1	12748.1	14545.8	15023.5
江 西	Jiangxi	7548.3	8485.6	9128.3	9870.4	10885.2	12496.7	13579.4
湖 北	Hubei	8680.9	9803.1	10938.3	11632.5	13946.3	15328.0	14472.5
湖 南	Hunan	9024.8	9690.6	10629.9	11533.6	12720.5	13968.8	14974.0
重 庆	Chongqing	7982.6	8937.7	9954.4	10936.1	11976.8	13112.1	14139.5
四 川	Sichuan	8301.1	9250.6	10191.6	11396.7	12723.2	14055.6	14952.6
贵 州	Guizhou	5970.3	6644.9	7533.3	8299.0	9170.2	10221.7	10817.6
云 南	Yunnan	6030.3	6830.1	7330.5	8027.3	9122.9	10260.2	11069.5

6-16 农村居民人均消费支出构成（2020年）
Per Capita Consumption Expenditure of Rural Households by Composition (2020)

单位：元 (yuan)

地区	Region	消费支出 Consumption Expenditure	食品烟酒 Food, Tobacco and Liquor	衣着 Clothing and Footwear	居住 Housing	生活用品及服务 Household Equipments, Furnishings and Services	交通通信 Transport and Communi-cations	教育文化娱乐 Education, Culture and Recreation	医疗保健 Health Care and Medical Services	其他用品及服务 Miscellaneous Goods and Services
全　国	**National Average**	**13713.4**	**4479.4**	**712.8**	**2962.4**	**767.5**	**1840.6**	**1308.7**	**1417.5**	**224.4**
上　海	Shanghai	22095.5	8647.8	1077.5	4439.3	1325.2	3495.5	1003.1	1655.3	451.8
江　苏	Jiangsu	17021.7	5216.3	823.0	3785.6	957.7	2786.9	1448.4	1712.2	291.6
浙　江	Zhejiang	21555.4	6952.1	1043.1	5719.9	1225.5	2937.5	1776.3	1546.2	354.9
安　徽	Anhui	15023.5	5145.8	867.5	3390.5	855.0	1663.7	1422.0	1457.4	221.7
江　西	Jiangxi	13579.4	4557.1	602.6	3553.8	686.6	1402.6	1477.6	1136.7	162.4
湖　北	Hubei	14472.5	4304.5	780.4	3197.6	790.9	2175.3	1382.3	1558.5	283.0
湖　南	Hunan	14974.0	4635.9	674.4	3367.0	853.0	1730.5	1783.8	1706.6	222.6
重　庆	Chongqing	14139.5	5183.1	736.3	2630.9	919.1	1591.5	1290.3	1560.1	228.3
四　川	Sichuan	14952.6	5478.1	753.3	2866.4	905.4	1935.0	1106.5	1650.3	257.6
贵　州	Guizhou	10817.6	3214.3	595.7	2337.3	603.9	1543.2	1377.8	959.4	185.9
云　南	Yunnan	11069.5	3797.1	451.7	2115.4	569.9	1691.7	1324.2	980.6	138.8

6-17 农村居民家庭人均主要食品消费量（2020年）
Per Capita Consumption of Major Foods of Rural Households（2020）

单位：千克 (kg)

地区	Region	粮食 (原粮) Grain (Unprocessed)	谷物 Cereals	食用油 Edible Oil and Fats	食用植物油 Edible Vegetable Oil	蔬菜及食用菌 Vegetable and Edible Mushroom	肉类 Meat and Products	猪肉 Pork
全　国	**National Average**	**168.4**	**155.0**	**11.0**	**10.2**	**95.8**	**21.4**	**17.1**
上　海	Shanghai	154.9	142.3	12.7	12.4	99.8	32.9	24.7
江　苏	Jiangsu	146.1	129.8	11.8	11.5	100.1	20.7	15.5
浙　江	Zhejiang	163.5	147.9	12.7	12.0	95.1	24.8	20.2
安　徽	Anhui	170.4	154.3	9.5	8.6	102.0	21.4	16.8
江　西	Jiangxi	178.2	166.3	15.7	15.2	100.3	25.4	22.3
湖　北	Hubei	150.7	136.3	14.6	14.2	134.5	19.9	16.1
湖　南	Hunan	191.6	181.5	13.0	10.9	97.8	23.0	20.2
重　庆	Chongqing	192.9	174.7	15.9	12.7	128.8	33.5	30.9
四　川	Sichuan	177.7	164.2	11.9	10.4	115.1	30.4	27.2
贵　州	Guizhou	127.1	114.7	7.5	5.9	78.5	22.6	21.5
云　南	Yunnan	159.0	146.9	7.1	5.1	82.8	30.4	28.5

6-17 续表 continued

单位：千克 (kg)

地 区	Region	牛肉 Beef	羊肉 Mutton	禽类 Poultry	水产品 Aquatic Products	蛋类 Eggs	奶类 Milk and Dairy Products	干鲜瓜果类 Dried and Fresh Melons and Fruits	食糖 Sugar
全 国	**National Average**	**1.3**	**1.0**	**12.4**	**10.3**	**11.8**	**7.4**	**43.8**	**1.4**
上 海	Shanghai	2.7	0.8	17.9	29.8	14.4	16.8	57.0	1.7
江 苏	Jiangsu	1.4	0.6	12.2	15.8	13.1	11.0	34.8	1.3
浙 江	Zhejiang	2.0	0.5	11.8	21.2	9.8	11.3	43.8	1.9
安 徽	Anhui	1.6	0.7	15.5	13.1	14.2	9.1	50.2	1.0
江 西	Jiangxi	1.6	0.2	12.4	13.3	9.3	6.8	37.2	1.1
湖 北	Hubei	1.6	0.5	6.8	16.5	9.5	4.8	33.7	0.9
湖 南	Hunan	1.4	0.4	16.8	11.8	11.1	4.1	46.0	1.2
重 庆	Chongqing	0.7	0.4	12.3	10.0	12.0	8.0	35.3	3.8
四 川	Sichuan	1.3	0.3	14.7	7.5	9.9	6.6	35.5	1.9
贵 州	Guizhou	0.4	0.1	5.1	2.0	3.9	2.0	25.6	0.8
云 南	Yunnan	0.8	0.4	9.3	3.6	5.2	2.8	26.2	1.4

6-18 农村居民平均每百户年末主要耐用消费品拥有量（2020年）
Main Durable Goods Owned Per 100 Rural Households at Year-end（2020）

地 区	Region	家用汽车（辆）Automobile (unit)	摩托车（辆）Motorcycle (unit)	电动助力车（辆）Electric Bicycle (unit)	洗衣机（台）Washing Machine (set)	电冰箱（台）Refrigerator (set)	微波炉（台）Microwave Oven (set)	彩色电视机（台）Color TV Set (set)
全 国	**National Average**	**26.4**	**53.6**	**73.1**	**92.6**	**100.1**	**19.7**	**117.8**
上 海	Shanghai	35.3	5.6	132.4	84.8	102.5	74.2	160.9
江 苏	Jiangsu	24.7	23.6	148.6	99.5	111.3	69.2	152.8
浙 江	Zhejiang	33.0	20.3	103.0	87.8	109.2	37.4	175.9
安 徽	Anhui	26.1	28.1	120.2	90.7	104.4	27.2	134.8
江 西	Jiangxi	22.5	62.9	73.9	68.0	97.9	15.2	125.5
湖 北	Hubei	24.7	82.7	43.6	86.9	106.7	13.1	121.9
湖 南	Hunan	21.0	77.4	22.3	90.6	104.6	9.9	115.9
重 庆	Chongqing	17.7	35.8	20.3	90.4	104.7	17.6	117.0
四 川	Sichuan	22.3	46.8	36.7	96.0	102.5	12.2	116.4
贵 州	Guizhou	23.4	52.8	20.5	98.0	93.6	6.5	102.0
云 南	Yunnan	29.9	80.0	22.7	88.9	88.9	14.7	102.5

6-18 续表 continued

地 区	Region	空 调 (台) Air Conditioner (set)	热水器 (台) Water Heater (set)	排油烟机 (台) Kitchen Ventilator (set)	移动电话 (部) Mobile Phone (set)	计算机 (台) Computer (set)	照相机 (台) Camera (set)
全 国	**National Average**	**73.8**	**76.2**	**30.9**	**260.9**	**28.3**	**2.2**
上 海	Shanghai	151.5	91.6	53.1	207.0	40.6	7.3
江 苏	Jiangsu	151.2	97.5	44.1	248.6	33.2	3.1
浙 江	Zhejiang	149.0	99.1	69.5	253.1	48.2	4.9
安 徽	Anhui	122.8	95.2	37.0	272.7	26.5	2.4
江 西	Jiangxi	72.2	88.0	36.0	269.2	27.6	2.2
湖 北	Hubei	93.8	91.4	34.4	274.9	34.3	2.6
湖 南	Hunan	72.4	81.9	32.3	288.4	27.7	1.9
重 庆	Chongqing	78.2	82.9	22.6	268.3	21.8	2.2
四 川	Sichuan	64.2	83.1	19.4	259.2	18.5	2.5
贵 州	Guizhou	5.7	67.9	11.2	299.8	13.4	0.7
云 南	Yunnan	1.3	84.4	14.3	290.0	10.8	1.1

七、财政 Government Finance

7-1 一般公共预算收入（2020年）
General Public Budget Revenue（2020）

单位：亿元 (100 million yuan)

地区	Region	地方一般公共预算收入 General Public Budget Revenue	税收收入 Tax Revenue	国内增值税 Domestic Value-added Tax	企业所得税 Corporate Income Tax	个人所得税 Individual Income Tax	资源税 Resource Tax	城市维护建设税 City Maintenance and Construction Tax	房产税 House Property Tax
全国地方合计	**Total of All Regions**	**100143.16**	**74668.06**	**28438.10**	**13168.28**	**4627.27**	**1706.53**	**4443.10**	**2841.76**
上　海	Shanghai	7046.30	5841.88	2285.70	1394.30	670.37		267.54	198.75
江　苏	Jiangsu	9058.99	7413.86	2944.76	1348.57	393.94	6.23	458.78	321.75
浙　江	Zhejiang	7248.24	6261.75	2317.15	1145.02	468.79	12.84	356.74	234.12
安　徽	Anhui	3216.01	2199.52	943.21	362.51	76.74	30.72	148.11	72.57
江　西	Jiangxi	2507.54	1701.92	766.40	232.54	62.84	27.41	110.91	34.23
湖　北	Hubei	2511.54	1923.45	752.85	349.84	90.04	15.46	146.28	68.65
湖　南	Hunan	3008.66	2057.98	700.55	255.96	87.95	11.43	139.23	69.48
重　庆	Chongqing	2094.85	1430.72	514.31	221.06	65.38	13.79	89.18	71.74
四　川	Sichuan	4260.89	2967.20	1104.00	523.25	135.84	73.59	181.39	112.48
贵　州	Guizhou	1786.80	1086.04	417.54	206.39	42.26	29.57	83.80	37.38
云　南	Yunnan	2116.69	1453.07	563.05	217.62	49.96	31.54	129.97	50.55

7-1 续表 1 continued

单位：亿元 (100 million yuan)

地 区	Region	印花税 Stamp Tax	城镇土地使用税 Urban Land Use Tax	土地增值税 Land Appreciation Tax	车船税 Tax on Vehicles and Boat Operation	耕地占用税 Farm Land Occupation Tax	契 税 Deed Tax	烟叶税 Tobacco Leaf Tax	环 境保护税 Environ-ment Protection Tax
全国地方合计	**Total of All Regions**	**1313.80**	**2058.22**	**6468.51**	**945.41**	**1257.57**	**7061.02**	**108.67**	**207.06**
上 海	Shanghai	99.06	18.10	497.68	20.61	8.29	380.10		1.95
江 苏	Jiangsu	106.06	172.08	584.00	60.92	61.90	918.64		35.24
浙 江	Zhejiang	102.74	110.54	515.59	60.22	93.32	838.16	0.01	3.35
安 徽	Anhui	36.29	102.30	147.64	25.24	22.77	226.24	0.80	3.22
江 西	Jiangxi	24.04	41.19	142.12	20.98	28.49	204.88	1.45	3.51
湖 北	Hubei	34.74	40.37	159.57	29.55	29.51	198.45	1.78	5.84
湖 南	Hunan	31.48	68.99	256.05	30.67	72.26	321.15	8.07	4.17
重 庆	Chongqing	29.42	81.66	104.44	16.72	34.79	182.67	2.00	2.71
四 川	Sichuan	56.12	78.08	244.38	43.47	91.19	308.80	7.71	5.86
贵 州	Guizhou	19.54	29.42	62.89	16.95	28.13	94.26	12.22	5.94
云 南	Yunnan	31.02	42.83	103.57	26.38	25.19	120.74	53.20	5.88

7-1 续表 2 continued

单位：亿元 (100 million yuan)

地 区	Region	其他税收收入 Other Tax Revenue	非税收入 Non-Tax Revenue	专项收入 Special Program Receipts	行政事业性收费收入 Charge of Administrative and Institutional Units	罚没收入 Penalty Receipts	国有资本经营收入 Operating Income from Government Capital	国有资源(资产)有偿使用收入 Income from Use of State-owned Resources (Assets)	其他收入 Other Revenue
全国地方合计	**Total of All Regions**	**22.76**	**25475.10**	**6927.08**	**3419.43**	**2969.06**	**966.06**	**8651.94**	**2541.53**
上 海	Shanghai	-0.56	1204.42	504.99	67.00	55.54	147.62	399.37	29.89
江 苏	Jiangsu	0.98	1645.13	412.02	312.48	173.00		553.50	194.14
浙 江	Zhejiang	3.16	986.49	480.94	141.44	152.98	-100.37	275.64	35.87
安 徽	Anhui	1.17	1016.48	295.04	123.40	99.29	43.94	382.46	72.34
江 西	Jiangxi	0.91	805.63	123.13	159.21	119.70	9.63	339.60	54.35
湖 北	Hubei	0.52	588.09	168.04	114.97	80.51	3.17	140.78	80.61
湖 南	Hunan	0.54	950.69	198.84	156.58	130.32	2.39	297.21	165.34
重 庆	Chongqing	0.86	664.13	134.74	62.83	62.69		280.30	123.57
四 川	Sichuan	1.05	1293.69	243.55	193.24	129.82	65.42	481.08	180.57
贵 州	Guizhou	-0.23	700.76	109.41	75.36	71.88	168.83	217.74	57.54
云 南	Yunnan	1.58	663.62	177.55	121.31	102.06	9.64	184.45	68.61

7-2 一般公共预算支出（2020年）
General Public Expenditure（2020）

单位：亿元 (100 million yuan)

地 区	Region	地方一般公共预算支出 General Public Budget Expenditure	一般公共服务支出 Expenditure for General Public Services	外交支出 Expenditure for Foreign Affairs	国防支出 Expenditure for National Defense	公 共 安全支出 Expenditure for Public Security	教育支出 Expenditure for Education	科 学 技术支出 Expenditure for Science and Technology	文化旅游体育与传媒支出 Expenditure for Culture, Tourism, Sport and Media
全国地方合计	**Total of All Regions**	**210583.46**	**18325.89**	**1.37**	**238.85**	**12026.99**	**34686.30**	**5801.86**	**3995.34**
上 海	Shanghai	8102.11	371.01		8.36	440.82	1000.59	406.20	161.26
江 苏	Jiangsu	13681.55	1233.45		21.23	884.45	2406.53	584.39	311.68
浙 江	Zhejiang	10082.01	1051.55		9.32	691.96	1881.09	472.13	229.62
安 徽	Anhui	7473.59	515.12		5.96	299.78	1261.86	369.98	97.06
江 西	Jiangxi	6674.08	558.28		9.69	316.60	1223.59	195.74	120.35
湖 北	Hubei	8442.88	772.33		4.32	434.39	1192.02	287.85	146.52
湖 南	Hunan	8403.13	861.15		13.25	422.49	1325.25	220.66	139.87
重 庆	Chongqing	4893.95	330.27	0.19	5.39	265.34	754.97	82.87	64.89
四 川	Sichuan	11198.54	947.62	0.03	13.99	527.12	1686.16	181.70	229.27
贵 州	Guizhou	5739.50	497.36		3.89	273.71	1073.34	113.19	72.76
云 南	Yunnan	6974.02	604.15		7.59	388.91	1162.02	64.94	93.08

7-2 续表 1 continued

单位：亿元 (100 million yuan)

地 区	Region	社会保障和就业支出 Expenditure for Social Security and Employment	卫生健康支 出 Expenditure for Health Care	节能环保支 出 Expenditure for Energy Conservation and Environment Protection	城乡社区支 出 Expenditure for Urban and Rural Community Affairs	农林水支 出 Expenditure for Agriculture, Forestry and Water Conservancy	交通运输支 出 Expenditure for Transportation	资源勘探工业信息等支出 Expenditure for Resource Exploration and Industrial Information	商业服务业等支出 Expenditure for Commerce and Services
全国地方合计	**Total of All Regions**	**31448.53**	**18873.41**	**5989.14**	**19868.66**	**23445.14**	**11031.95**	**5758.03**	**1521.76**
上 海	Shanghai	980.56	545.06	181.88	1419.49	473.80	349.38	968.18	196.14
江 苏	Jiangsu	1779.31	1007.47	336.90	1818.13	1091.25	550.83	308.11	104.41
浙 江	Zhejiang	1130.02	838.85	220.59	1021.67	764.89	470.50	312.91	200.76
安 徽	Anhui	1173.07	761.62	190.83	860.18	924.29	333.69	115.30	43.76
江 西	Jiangxi	865.65	642.36	218.27	728.41	740.31	260.37	253.98	28.93
湖 北	Hubei	1419.11	1019.71	219.18	743.36	868.90	504.02	167.48	42.05
湖 南	Hunan	1300.22	737.62	245.58	785.71	987.71	371.17	156.29	55.34
重 庆	Chongqing	950.77	434.45	179.71	511.04	416.76	303.57	134.22	43.45
四 川	Sichuan	1998.67	1030.52	264.02	711.17	1339.36	792.73	298.12	65.90
贵 州	Guizhou	678.48	565.66	146.15	209.70	1024.31	341.50	149.56	18.98
云 南	Yunnan	978.77	711.34	163.97	363.78	1100.13	628.49	76.28	50.08

7-2 续表 2 continued

单位：亿元 (100 million yuan)

地 区	Region	金融支出 Expenditure for Financial Affairs	援助其他地区支出 Expenditure for Assistance to Other Regions	自然资源海洋气象等支出 Expenditure for Nature Resources, Ocean and Weather	住房保障支出 Expenditure for Housing Security	粮油物资储备支出 Expenditure for Reserve of Grain, Oil and Other Materials	灾害防治及应急管理支出 Expenditure for Prevention of Disasters and Emergency Management	债务付息支出 Expenditure for Interest Payments on Debts	债务发行费用支出 Expenditure for Issuing Debts	其他支出 Other Expenditure
全国地方合计	**Total of All Regions**	**638.34**	**448.59**	**2071.76**	**6499.50**	**892.73**	**1510.84**	**4273.67**	**24.84**	**1209.97**
上 海	Shanghai	25.88	77.21	35.27	291.93	16.84	27.94	94.15	0.59	29.57
江 苏	Jiangsu	18.75	56.69	111.65	661.29	33.59	64.68	231.30	1.64	63.82
浙 江	Zhejiang	52.55	39.46	111.82	237.33	36.49	65.06	219.05	1.24	23.15
安 徽	Anhui	7.65	5.83	60.36	218.59	30.52	57.81	132.07	0.70	7.58
江 西	Jiangxi	9.77	2.15	51.01	205.25	20.91	60.47	106.50	0.83	54.68
湖 北	Hubei	17.72	8.04	85.58	205.18	46.91	76.41	151.39	1.15	29.27
湖 南	Hunan	23.17	5.51	108.39	244.84	53.21	63.71	233.16	1.05	47.79
重 庆	Chongqing	10.47	2.06	54.77	178.00	24.39	49.19	90.03	0.49	6.67
四 川	Sichuan	84.39	4.79	87.16	381.43	46.02	168.77	221.46	1.42	116.72
贵 州	Guizhou	2.45		44.97	183.65	22.23	56.22	215.49	1.05	44.84
云 南	Yunnan	8.60		50.42	241.71	24.67	54.06	191.03	0.62	9.38

八、资源和环境 Resources and Environment

8-1 主要河流基本情况 Major Rivers

名 称	River	流域面积 (平方公里) Drainage Area (sq.km)	河 长 (公里) Length (km)	年径流量 (亿立方米) Annual Volume of Runoff (100 million cu.m)
长 江	Changjiang River (Yangtze River)	1782715	6300	9857
黄 河	Huanghe River (Yellow River)	752773	5464	592
松花江	Songhuajiang River	561222	2308	818
辽 河	Liaohe River	221097	1390	137
珠 江	Zhujiang River (Pearl River)	442527	2214	3381
海 河	Haihe River	265511	1090	163
淮 河	Huaihe River	268957	1000	595

注：本表数据由水利部提供，为2002年至2005年进行的第二次水资源评价数据。
a) Figures in this table are provided by the Ministry of Water Resources, and are from the Second Water Resources Assessment between 2002 and 2005.

8-2 主要城市平均气温（2020年）
Monthly Average Temperature by Major City（2020）

单位：摄氏度 (℃)

城 市	City	1月 Jan.	2月 Feb.	3月 Mar.	4月 Apr.	5月 May	6月 June	7月 July	8月 Aug.	9月 Sept.	10月 Oct.	11月 Nov.	12月 Dec.	年平均 Annual Average
上 海	Shanghai	7.3	8.6	12.3	15.2	22.3	25.3	26.6	30.5	24.3	19.2	15.3	7.0	17.8
南 京	Nanjing	5.1	8.2	12.3	15.8	23.0	25.8	25.4	30.1	24.1	17.5	13.2	4.6	17.1
杭 州	Hangzhou	7.3	9.9	13.1	16.4	23.5	26.1	26.9	31.0	23.9	19.2	15.0	6.8	18.3
合 肥	Hefei	3.4	7.4	11.7	15.4	22.9	25.4	25.1	28.9	23.1	16.3	11.5	3.5	16.2
南 昌	Nanchang	7.3	11.1	14.2	17.8	24.9	27.6	28.8	30.7	23.7	19.6	15.8	7.7	19.1
武 汉	Wuhan	4.1	8.6	13.0	16.8	23.1	26.5	26.5	30.0	23.1	16.7	12.5	4.8	17.1
长 沙	Changsha	5.1	10.0	13.3	17.0	22.9	26.3	27.6	29.4	22.0	16.8	13.5	6.1	17.5
重庆(沙坪坝)	Chongqing(Shapingba)	10.0	11.2	16.0	17.9	24.8	26.5	27.6	31.4	23.5	17.7	15.3	8.7	19.2
成都(温江)	Chengdu(Wenjiang)	7.1	9.7	13.5	16.0	22.6	24.8	25.0	24.8	21.2	15.9	13.0	5.6	16.6
贵 阳	Guiyang	6.2	8.9	12.4	13.4	20.9	22.5	23.7	23.8	18.8	14.2	11.1	3.3	14.9
昆 明	Kunming	9.9	11.0	16.0	16.1	20.6	22.5	20.6	20.8	19.4	16.5	13.5	10.7	16.5

8-3 主要城市平均相对湿度（2020年）
Monthly Average Relative Humidity by Major City（2020）

单位：%　　　　(%)

城市	City	1月 Jan.	2月 Feb.	3月 Mar.	4月 Apr.	5月 May	6月 June	7月 July	8月 Aug.	9月 Sept.	10月 Oct.	11月 Nov.	12月 Dec.	年平均 Annual Average
上　海	Shanghai	81	76	70	63	76	86	85	73	76	69	76	70	75
南　京	Nanjing	86	76	69	59	71	87	95	82	78	74	76	67	77
杭　州	Hangzhou	81	73	72	60	72	85	85	64	74	70	73	69	73
合　肥	Hefei	90	80	76	71	75	87	93	85	84	85	82	74	82
南　昌	Nanchang	81	76	81	67	76	84	83	71	82	73	68	64	75
武　汉	Wuhan	86	81	79	71	77	86	88	76	85	85	82	76	81
长　沙	Changsha	86	80	83	68	79	86	84	70	87	81	75	71	79
重　庆(沙坪坝)	Chongqing(Shapingba)	77	80	72	74	67	76	80	59	80	87	78	78	76
成　都(温江)	Chengdu(Wenjiang)	83	76	74	73	69	78	84	87	87	85	83	85	80
贵　阳	Guiyang	88	84	80	78	75	83	81	75	90	84	78	86	82
昆　明	Kunming	63	64	49	58	56	66	81	83	86	78	70	69	69

8-4 主要城市降水量（2020年）
Monthly Precipitation by Major City（2020）

单位：毫米 (milimeters)

城市	City	1月 Jan.	2月 Feb.	3月 Mar.	4月 Apr.	5月 May	6月 June	7月 July	8月 Aug.	9月 Sept.	10月 Oct.	11月 Nov.	12月 Dec.	全年 Annual Total
上　海	Shanghai	142.7	59.7	95.0	28.1	75.2	306.5	343.1	190.1	183.8	43.4	75.6	11.8	1555.0
南　京	Nanjing	75.2	35.5	89.9	70.8	33.7	281.6	271.9	114.3	82.8	64.9	76.8	20.6	1218.0
杭　州	Hangzhou	227.6	82.4	154.3	45.9	152.3	384.4	236.6	66.1	222.3	39.9	32.4	21.2	1665.4
合　肥	Hefei	102.4	44.5	112.0	19.8	45.2	344.1	529.9	90.7	64.7	63.0	61.9	19.4	1497.6
南　昌	Nanchang	215.5	104.5	201.8	98.3	261.0	283.4	664.5	35.0	161.6	40.2	55.7	19.2	2140.7
武　汉	Wuhan	113.2	106.9	84.4	45.9	124.3	420.4	553.6	121.0	169.2	173.1	81.9	18.4	2012.3
长　沙	Changsha	166.5	135.3	168.9	107.0	194.1	183.2	160.7	68.6	195.5	79.3	24.9	37.0	1521.0
重　庆(沙坪坝)	Chongqing(Shapingba)	22.2	15.6	62.4	74.9	61.4	209.3	368.8	10.9	175.7	138.4	20.8	22.5	1182.9
成　都(温江)	Chengdu(Wenjiang)	13.0	4.2	25.3	25.7	59.5	104.4	101.8	747.2	52.8	60.0	4.2	13.7	1211.8
贵　阳	Guiyang	77.8	39.5	22.7	77.7	197.8	208.5	290.7	48.0	286.6	96.1	18.0	17.1	1380.5
昆　明	Kunming	61.5	24.2	5.3	45.3	22.9	122.8	379.8	258.0	95.4	26.9	6.6	8.7	1057.4

8-5 主要城市日照时数（2020年）
Monthly Sunshine Hours by Major City（2020）

单位：小时 (hour)

城　市	City	1月 Jan.	2月 Feb.	3月 Mar.	4月 Apr.	5月 May	6月 June	7月 July	8月 Aug.	9月 Sept.	10月 Oct.	11月 Nov.	12月 Dec.	全年 Annual Total
上　海	Shanghai	70.2	147.9	155.4	218.4	151.3	95.7	98.4	262.2	171.2	190.7	147.0	121.5	1829.9
南　京	Nanjing	44.6	130.2	153.4	210.9	167.8	95.2	95.2	202.5	171.3	154.3	140.4	137.5	1703.3
杭　州	Hangzhou	73.9	108.5	109.2	197.5	155.1	104.1	102.7	258.0	122.9	134.0	131.9	110.0	1607.8
合　肥	Hefei	52.7	133.7	157.6	224.3	217.3	125.5	83.3	229.1	172.9	136.8	151.0	133.8	1818.0
南　昌	Nanchang	62.2	114.8	75.0	173.1	120.4	82.0	137.3	232.5	65.8	112.3	127.6	93.5	1396.5
武　汉	Wuhan	93.9	173.4	224.7	212.5	155.2	97.1	62.0	240.6	99.4	98.5	113.2	83.3	1653.8
长　沙	Changsha	55.9	77.0	69.5	162.7	121.9	88.2	119.7	290.6	47.6	87.5	106.1	65.8	1292.5
重　庆(沙坪坝)	Chongqing(Shapingba)	30.6	24.7	106.2	105.4	164.1	99.5	90.8	221.2	43.6	16.0	92.6	13.1	1007.8
成　都(温江)	Chengdu(Wenjiang)	62.7	73.3	88.1	104.3	128.0	99.8	77.6	103.0	47.5	21.9	27.2	94.0	927.4
贵　阳	Guiyang	62.9	63.3	106.1	111.2	177.1	108.7	146.4	190.2	53.5	102.5	133.7	30.9	1286.5
昆　明	Kunming	241.0	252.0	324.4	290.4	333.0	313.7	276.1	284.3	246.3	245.0	245.3	229.8	3281.3

8-6 水资源情况（2020年）
Water Resources（2020）

地 区	Region	水资源总量(亿立方米) Total Water Resources (100 million cu.m)	地表水资源量 Surface Water Resources	地下水资源量 Groundwater Resources	地表水与地下水资源重复量 Overlapped Measurement Between Surface Water and Groundwater	人均水资源量(立方米/人) Per Capita Water Resources (cu.m/person)
全 国	**National Total**	**31605.2**	**30407.0**	**8553.5**	**7355.3**	**2239.8**
上 海	Shanghai	58.6	49.9	11.6	2.9	235.9
江 苏	Jiangsu	543.4	486.6	137.8	81.0	641.3
浙 江	Zhejiang	1026.6	1008.8	224.4	206.6	1598.7
安 徽	Anhui	1280.4	1193.7	228.6	141.9	2099.5
江 西	Jiangxi	1685.6	1666.7	386.0	367.1	3731.3
湖 北	Hubei	1754.7	1735.0	381.6	361.9	3006.7
湖 南	Hunan	2118.9	2111.2	466.1	458.4	3189.9
重 庆	Chongqing	766.9	766.9	128.7	128.7	2397.7
四 川	Sichuan	3237.3	3236.2	649.1	648.0	3871.9
贵 州	Guizhou	1328.6	1328.6	281.0	281.0	3448.2
云 南	Yunnan	1799.2	1799.2	619.8	619.8	3813.5

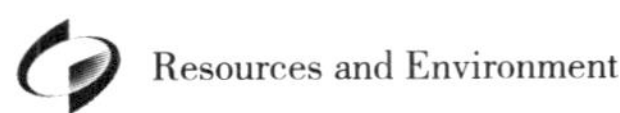

8-7 供水用水情况（2020年）
Water Supply and Water Use（2020）

地区	Region	供水总量 (亿立方米) Water Supply (100 million cu.m)	地表水 Surface Water	地下水 Ground-water	其他 Others	用水总量 (亿立方米) Water Use (100 million cu.m)	农业 Agriculture	工业 Industry	生活 Households and Service	人工生态环境补水 Artificial Eco-environment	人均用水量 (立方米/人) Per Capita Water Use (cu.m/person)
全国	**National Total**	**5812.9**	**4792.3**	**892.5**	**128.1**	**5812.9**	**3612.4**	**1030.4**	**863.1**	**307.0**	**411.9**
上海	Shanghai	97.5	97.4		0.1	97.5	15.2	57.9	23.6	0.8	392.4
江苏	Jiangsu	572.0	556.0	4.3	11.7	572.0	266.6	236.9	63.7	4.8	675.1
浙江	Zhejiang	163.9	159.7	0.3	4.0	163.9	73.9	35.7	47.4	7.0	255.2
安徽	Anhui	268.3	233.8	28.7	5.8	268.3	144.5	80.4	35.1	8.3	439.9
江西	Jiangxi	244.1	235.8	6.0	2.3	244.1	161.9	50.4	28.8	3.2	540.3
湖北	Hubei	278.9	273.8	4.6	0.4	278.9	139.1	77.6	50.3	11.8	477.9
湖南	Hunan	305.1	297.9	4.8	2.4	305.1	195.8	58.0	44.4	6.9	459.3
重庆	Chongqing	70.1	64.6	1.0	4.6	70.1	29.0	17.1	22.4	1.7	219.2
四川	Sichuan	236.9	227.8	7.9	1.1	236.9	153.9	23.5	53.6	5.9	283.3
贵州	Guizhou	90.1	87.1	2.0	1.0	90.1	51.8	18.7	18.0	1.7	233.8
云南	Yunnan	156.0	149.9	3.8	2.3	156.0	110.0	16.5	25.1	4.4	330.6

8-8 废水中主要污染物排放情况（2020年）
Main Pollutant Contents Discharged in Wastewater（2020）

地 区	Region	废水中主要污染物排放量 Main Pollutant Contents Discharged in Wastewater					
		化学需氧量 (万吨) COD (10 000 tons)	氨氮 (万吨) Ammonia Nitrogen (10 000 tons)	总氮 (万吨) Total Nitrogen (10 000 tons)	总磷 (万吨) Total Phosphorus (10 000 tons)	石油类 (吨) Petroleum (ton)	挥发酚 (吨) Volatile Phenol (ton)
全 国	**National Total**	**2564.76**	**98.40**	**322.34**	**33.67**	**3734.0**	**59.8**
上 海	Shanghai	7.29	0.30	2.68	0.07	226.4	0.5
江 苏	Jiangsu	120.78	5.19	18.65	1.79	191.9	4.4
浙 江	Zhejiang	53.22	3.84	12.32	0.99	157.7	0.8
安 徽	Anhui	118.60	4.43	15.17	1.78	91.0	1.3
江 西	Jiangxi	101.48	4.59	12.91	1.58	104.8	12.0
湖 北	Hubei	153.03	5.82	18.94	2.45	1078.0	1.1
湖 南	Hunan	147.64	7.14	20.31	2.37	64.8	0.4
重 庆	Chongqing	32.06	2.01	5.92	0.46	108.8	3.4
四 川	Sichuan	130.46	8.02	20.06	1.77	357.1	2.0
贵 州	Guizhou	116.78	2.89	10.37	1.52	27.5	0.1
云 南	Yunnan	68.60	2.79	11.02	1.06	40.7	1.1

8-8 续表 continued

单位：千克 (kg)

地区	Region	废水中主要污染物排放量 Main Pollutant Contents Discharged in Wastewater					
		总铅 Total Plumbum	总汞 Total Mercury	总镉 Total Cadmium	六价铬 Hexavalent Chromium	总铬 Total Chromium	总砷 Total Arsenic
全 国	**National Total**	**26680**	**1129**	**4166**	**8550**	**30913**	**10241**
上 海	Shanghai	58	3	15	48	197	47
江 苏	Jiangsu	312	29	10	474	2115	103
浙 江	Zhejiang	409	7	90	849	2961	56
安 徽	Anhui	936	11	236	167	639	732
江 西	Jiangxi	2673	28	660	3879	4989	1258
湖 北	Hubei	905	233	384	973	4733	958
湖 南	Hunan	6678	186	519	394	4747	896
重 庆	Chongqing	143	29	3	49	160	137
四 川	Sichuan	238	52	34	132	465	365
贵 州	Guizhou	115	7	27	18	72	196
云 南	Yunnan	2140	219	279	32	338	693

8-9 主要城市废水中主要污染物排放情况（2020年）
Main Pollutant Contents Discharged in Wastewater by Main City（2020）

单位：吨 (ton)

城市	City	工业化学需氧量排放量 Industrial COD Discharged	工业氨氮排放量 Industrial Ammonia Nitrogen Discharged	生活化学需氧量排放量 Municipal COD Discharged	生活氨氮排放量 Municipal Ammonia Nitrogen Discharged
上 海	Shanghai	8603	206	56113	2496
南 京	Nanjing	3567	97	59465	4494
杭 州	Hangzhou	6050	131	43143	4163
合 肥	Hefei	1289	35	42796	787
南 昌	Nanchang	2643	107	26076	1185
武 汉	Wuhan	3329	128	89699	7063
长 沙	Changsha	2840	144	69205	9857
重 庆	Chongqing	9318	358	132399	16402
成 都	Chengdu	2255	98	307455	34059
贵 阳	Guiyang	1161	352	21124	4423
昆 明	Kunming	976	58	14204	1753

注：本表生活化学需氧量排放量和生活氨氮排放量包括城镇和农村。
a) The discharge of COD and Ammonia Nitrogen includes urban and rural areas.

8-10 废气中主要污染物排放情况（2020年）
Main Pollutant Contents Emission in Waste Gas（2020）

单位：万吨 (10 000 tons)

地 区	Region	二氧化硫 Sulphur Dioxide	氮氧化物 Nitrogen Oxides	颗粒物 Particulate Matter
全 国	**National Total**	**318.22**	**1181.65**	**613.35**
上 海	Shanghai	0.54	15.98	1.05
江 苏	Jiangsu	11.26	48.50	16.01
浙 江	Zhejiang	5.15	38.73	8.60
安 徽	Anhui	10.86	46.43	12.99
江 西	Jiangxi	10.25	28.33	14.52
湖 北	Hubei	9.72	49.80	18.91
湖 南	Hunan	10.24	27.33	21.46
重 庆	Chongqing	6.75	16.70	8.47
四 川	Sichuan	16.31	40.45	22.40
贵 州	Guizhou	17.74	189.49	20.17
云 南	Yunnan	17.66	34.44	29.57

8-11 主要城市废气中主要污染物排放情况（2020年）
Main Pollutant Contents Emission in Waste Gas by Main City (2020)

单位：吨 (ton)

城市	City	工业二氧化硫排放量 Industrial Sulphur Dioxide Emission	工业氮氧化物排放量 Industrial Nitrogen Oxides Emission	工业颗粒物排放量 Industrial Particulate Matter Emission	生活及其他二氧化硫排放量 Domestic and Other Sulphur Dioxide Emission	生活及其他氮氧化物排放量 Domestic and Other Nitrogen Oxides Emission	生活及其他颗粒物排放量 Domestic and Other Particulate Matter Emission
上　海	Shanghai	5200	23396	7899	232	4211	1298
南　京	Nanjing	9685	23684	21820	1	1644	151
杭　州	Hangzhou	3973	16056	10411	80	387	262
合　肥	Hefei	4742	11628	4519	599	1679	6081
南　昌	Nanchang	5081	8027	3264	215	505	472
武　汉	Wuhan	9600	22464	6357	10001	3857	20152
长　沙	Changsha	1845	4971	4021	1361	806	3442
重　庆	Chongqing	46992	71189	59050	20527	7328	24575
成　都	Chengdu	4026	14206	8321	3017	6389	5176
贵　阳	Guiyang	13340	12015	5169	2391	374	2665
昆　明	Kunming	16790	15131	19313	2609	1308	4424

8-12 固体废物处理利用情况（2020年）
Disposal and Reuse of Industrial Solid Wastes（2020）

单位：万吨 (10 000 tons)

地 区	Region	一般工业固体废物产生量 Common Industrial Solid Wastes Generated	一般工业固体废物综合利用量 Integrated Reuse of Common Industrial Solid Wastes	一般工业固体废物处置量 Common Industrial Solid Wastes Disposed	一般工业固体废物贮存量 Stock of Common Industrial Solid Wastes	一般工业固体废物倾倒丢弃量 Common Industrial Solid Wastes Discharged	危险废物产生量 Hazardous Wastes Generated	危险废物利用处置量 Integrated Reuse and Disposal of Hazardous Wastes	危险废物本年末贮存量 Year-end Stock of Hazardous Wastes
全 国	**National Total**	**367546**	**203798**	**91749**	**80798**	**113.49**	**7281.81**	**8073.73**	**11899.99**
上 海	Shanghai	1809	1702	111	2		131.91	133.41	1.29
江 苏	Jiangsu	11870	10866	970	121	0.01	522.05	607.04	12.18
浙 江	Zhejiang	4591	4546	56	15		444.79	464.49	9.74
安 徽	Anhui	14012	12026	1813	891	0.04	168.02	170.77	11.40
江 西	Jiangxi	12083	5498	816	6018	0.74	147.66	178.97	30.92
湖 北	Hubei	8987	6178	2016	1364	0.24	122.17	123.92	7.36
湖 南	Hunan	4360	3270	538	675	0.07	218.63	275.74	27.58
重 庆	Chongqing	2272	1909	445	161	0.07	83.53	102.64	10.37
四 川	Sichuan	14903	5656	2562	7058	1.00	456.89	458.56	49.66
贵 州	Guizhou	9516	6610	1494	1813	0.02	57.05	74.45	2.91
云 南	Yunnan	17473	9060	4621	4609	0.03	290.16	929.34	26.88

8-13 主要城市固体废物处理利用情况（2020年）
Disposal and Reuse of Industrial Solid Wastes by Main City（2020）

单位：万吨 (10 000 tons)

城　市	City	一般工业固体废物产生量 Common Industrial Solid Wastes Generated	一般工业固体废物综合利用量 Integrated Reuse of Common Industrial Solid Wastes	一般工业固体废物处置量 Common Industrial Solid Wastes Disposed	一般工业固体废物贮存量 Stock of Common Industrial Solid Wastes
上　海	Shanghai	1809	1702	111	2
南　京	Nanjing	1888	1770	70	67
杭　州	Hangzhou	547	551	4	2
合　肥	Hefei	1121	923	9	245
南　昌	Nanchang	316	309	7	0
武　汉	Wuhan	1275	1233	31	13
长　沙	Changsha	142	114	20	10
重　庆	Chongqing	2272	1909	445	161
成　都	Chengdu	304	278	26	1
贵　阳	Guiyang	1573	1105	434	95
昆　明	Kunming	2010	478	1553	18

8-14 主要城市空气质量情况（2020年）
Ambient Air Quality by Main City（2020）

城市	City	二氧化硫年平均浓度(μg/m³) Annual Average Concentration of SO_2 (μg/m³)	二氧化氮年平均浓度(μg/m³) Annual Average Concentration of NO_2 (μg/m³)	可吸入颗粒物(PM_{10})年平均浓度(μg/m³) Annual Average Concentration of PM_{10} (μg/m³)	一氧化碳日均值第95百分位浓度(mg/m³) 95th Percentile Daily Average Concentration of CO (mg/m³)	臭氧(O_3)日最大8小时第90百分位浓度(μg/m³) 90th Percentile Daily Maximum 8 Hours Average Concentration of O_3(μg/m³)	细颗粒物($PM_{2.5}$)年平均浓度(μg/m³) Annual Average Concentration of $PM_{2.5}$ (μg/m³)	空气质量达到及好于二级的天数(天) Days of Air Quality Equal to or Above Grade II (day)
上 海	Shanghai	6	37	41	1.1	152	32	319
南 京	Nanjing	7	36	56	1.1	167	31	304
杭 州	Hangzhou	6	38	55	1.1	151	30	334
合 肥	Hefei	7	39	56	1.1	144	36	311
南 昌	Nanchang	9	29	58	1.0	147	33	335
武 汉	Wuhan	8	36	58	1.2	150	37	309
长 沙	Changsha	7	27	48	1.2	146	41	309
重 庆	Chongqing	8	39	53	1.1	150	33	331
成 都	Chengdu	6	37	64	1.0	169	41	280
贵 阳	Guiyang	10	18	41	0.9	113	23	362
昆 明	Kunming	9	26	42	0.9	126	24	366

8-15 城市生活垃圾清运和处理情况（2020年）
Collection, Transportation and Treatment of Municipal Domestic Garbage（2020）

地 区	Region	生活垃圾清运量（万吨）Volume of Domestic Garbage Collected and Transported (10 000 tons)	无害化处理厂数（座）Number of Plants for Harmless Treatment of Domestic Garbage (number)	卫生填埋 Sanitary Landfill	焚 烧 Incinerate	其 他 Others	无害化处理能力（吨/日）Harmless Treatment Capacity (ton/day)	卫生填埋 Sanitary Landfill	焚 烧 Incinerate	其 他 Others
全 国	**National Total**	**23511.7**	**1287**	**644**	**463**	**180**	**963460**	**337848**	**567804**	**57808**
上 海	Shanghai	868.1	23	5	10	8	40046	15350	19300	5396
江 苏	Jiangsu	1870.5	85	25	46	14	83051	13715	65420	3916
浙 江	Zhejiang	1444.9	76	16	43	17	76603	12133	58630	5840
安 徽	Anhui	660.7	49	16	22	11	32242	8182	21510	2550
江 西	Jiangxi	527.5	29	12	14	3	23293	7690	15200	403
湖 北	Hubei	987.4	63	34	16	13	36597	14569	16205	5824
湖 南	Hunan	797.1	43	26	11	6	32355	15851	14619	1885
重 庆	Chongqing	628.5	25	16	7	2	19449	8049	11100	300
四 川	Sichuan	1136.6	51	22	25	4	39444	13175	25336	933
贵 州	Guizhou	358.5	35	14	14	7	18607	6347	11100	1160
云 南	Yunnan	487.5	36	24	11	1	17195	6145	10950	100

8-15 续表 continued

地 区	Region	无害化处理量(万吨) Volume of Domestic Garbage Harmlessly Treated (10 000 tons)	卫生填埋 Sanitary Landfill	焚 烧 Incinerate	其 他 Others	生活垃圾无害化处理率(%) Rate of Domestic Garbage Harmless Treatment (%)
全 国	**National Total**	**23452.3**	**7771.5**	**14607.6**	**1073.2**	**99.7**
上 海	Shanghai	868.1	70.0	682.1	116.0	100.0
江 苏	Jiangsu	1870.5	196.6	1599.1	74.8	100.0
浙 江	Zhejiang	1444.9	294.7	1068.5	81.7	100.0
安 徽	Anhui	660.7	87.8	548.9	24.0	100.0
江 西	Jiangxi	527.5	195.9	324.7	6.9	100.0
湖 北	Hubei	987.4	423.5	479.1	84.8	100.0
湖 南	Hunan	797.1	348.4	415.6	33.1	100.0
重 庆	Chongqing	589.7	194.4	386.2	9.2	93.8
四 川	Sichuan	1136.5	370.5	749.3	16.6	100.0
贵 州	Guizhou	350.8	136.6	197.3	16.8	97.8
云 南	Yunnan	487.4	196.9	278.9	11.6	100.0

8-16 主要城市噪声监测情况（2020年）
Monitoring of Noise by Main City（2020）

城市	City	道路交通噪声 等效声级 dB(A) Road Traffic Noise Average Noise Level dB(A)	区域环境噪声 等效声级 dB(A) Urban Environment Noise Average Noise Level dB(A)
上海	Shanghai	68.2	54.2
南京	Nanjing	66.8	53.5
杭州	Hangzhou	67.6	56.3
合肥	Hefei	69.1	57.9
南昌	Nanchang	66.2	53.8
武汉	Wuhan	68.2	55.9
长沙	Changsha	69.3	54.3
重庆	Chongqing	65.3	52.2
成都	Chengdu	69.6	54.6
贵阳	Guiyang	69.7	55.2
昆明	Kunming	67.3	53.9

8-17 耕地面积
Area of Cultivated Land

单位：千公顷 (1 000 hectares)

地 区	Region	2013	2014	2015	2016	2017	2019
全 国	**National Total**	**135163.4**	**135057.3**	**134998.7**	**134920.9**	**134881.2**	**127861.9**
上 海	Shanghai	188.0	188.2	189.8	190.7	191.6	162.0
江 苏	Jiangsu	4581.6	4574.2	4574.9	4571.1	4573.3	4089.7
浙 江	Zhejiang	1978.5	1976.6	1978.6	1974.7	1977.0	1290.5
安 徽	Anhui	5883.1	5872.1	5872.9	5867.5	5866.8	5546.9
江 西	Jiangxi	3087.3	3085.4	3082.7	3082.2	3086.0	2721.6
湖 北	Hubei	5281.8	5261.7	5255.0	5245.3	5235.9	4768.6
湖 南	Hunan	4149.5	4149.0	4150.2	4148.7	4151.0	3629.2
重 庆	Chongqing	2455.8	2454.6	2430.5	2382.5	2369.8	1870.2
四 川	Sichuan	6734.8	6734.2	6731.4	6732.9	6725.2	5227.2
贵 州	Guizhou	4548.1	4540.1	4537.4	4530.2	4518.8	3472.6
云 南	Yunnan	6219.8	6207.4	6208.5	6207.8	6213.3	5395.5

注：2013—2017年数据为自然资源部当年全国土地变更调查数据。

a) Data in 2013—2017 are provided by the Ministry of Natural Resources, which are results of the National Land Change Survey of corresponding years.

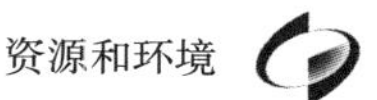

8-18 土地利用情况（2019年）
Land Use（2019）

单位：千公顷 (1 000 hectares)

地 区	Region	耕 地 Cultivated Land	园 地 Garden Land	林 地 Forest Land	草 地 Grassland	湿 地 Wetland	城镇村及工矿用地 Land for Urban, Rural, Industrial and Mining Activities	交通运输用 地 Land Used for Transport	水域及水利设施用地 Land Used for Water and Water Conservancy Facilities
全 国	**National Total**	**127861.9**	**20171.6**	**284125.9**	**264530.1**	**23469.3**	**35306.4**	**9553.1**	**36287.9**
上 海	Shanghai	162.0	15.1	81.8	13.2	72.7	289.5	34.1	191.3
江 苏	Jiangsu	4089.7	230.3	787.0	93.6	416.4	2097.3	365.1	2503.4
浙 江	Zhejiang	1290.5	760.3	6093.6	63.5	165.2	1146.8	246.9	702.5
安 徽	Anhui	5546.9	372.7	4091.5	47.9	47.7	1755.7	305.5	1728.5
江 西	Jiangxi	2721.6	572.4	10413.7	88.7	28.7	1103.6	349.8	1289.6
湖 北	Hubei	4768.6	487.0	9280.1	89.4	61.2	1411.5	329.9	1983.7
湖 南	Hunan	3629.2	886.1	12717.1	140.5	236.1	1630.3	364.8	1258.5
重 庆	Chongqing	1870.2	280.6	4689.0	23.6	15.0	637.7	155.8	271.7
四 川	Sichuan	5227.2	1203.2	25419.6	9687.8	1230.8	1841.2	473.9	1053.2
贵 州	Guizhou	3472.6	568.1	11210.1	188.3	7.1	772.5	331.0	255.4
云 南	Yunnan	5395.5	2572.2	24969.0	1322.9	39.8	1073.7	526.4	608.5

8-19 森林资源情况
Forest Resources

地 区	Region	林业用地面积 (万公顷) Area of Afforested Land (10 000 hectares)	森林面积 (万公顷) Forest Area (10 000 hectares)	#人工林 Planted Forest	森林覆盖率 (%) Forest Coverage Rate (%)	活立木总蓄积量 (万立方米) Total Stock Volume of Living Trees (10 000 cu.m)	森林蓄积量 (万立方米) Stock Volume of Forest (10 000 cu.m)
全 国	**National Total**	**32368.55**	**22044.62**	**8003.10**	**22.96**	**1900713.20**	**1756022.99**
上 海	Shanghai	10.19	8.90	8.90	14.04	664.32	449.59
江 苏	Jiangsu	174.98	155.99	150.83	15.20	9609.62	7044.48
浙 江	Zhejiang	659.77	604.99	244.65	59.43	31384.86	28114.67
安 徽	Anhui	449.33	395.85	232.91	28.65	26145.10	22186.55
江 西	Jiangxi	1079.90	1021.02	368.70	61.16	57564.29	50665.83
湖 北	Hubei	876.09	736.27	197.42	39.61	39579.82	36507.91
湖 南	Hunan	1257.59	1052.58	501.51	49.69	46141.03	40715.73
重 庆	Chongqing	421.71	354.97	95.93	43.11	24412.17	20678.18
四 川	Sichuan	2454.52	1839.77	502.22	38.03	197201.77	186099.00
贵 州	Guizhou	927.96	771.03	315.45	43.77	44464.57	39182.90
云 南	Yunnan	2599.44	2106.16	507.68	55.04	213244.99	197265.84

注：1.本表为第九次全国森林资源清查（2014-2018）资料。
2.除林业用地面积外，其他指标全国总计数包括台湾省和香港、澳门特别行政区数据。
a) Data in the table are results of the Ninth National Forestry Survey (2014-2018).
b) Data of national total include forest resources in Taiwan province and Hong Kong SAR and Macao SAR except Area of Afforested Land.

8-20 造林面积（2020年）
Area of Afforestation（2020）

单位：公顷 (hectare)

地 区	Region	造林总面积 Total Area of Afforestation	按造林方式分 By Approach 人工造林 Manual Planting	飞播造林 Airplane Planting	封山育林 Closed Hillsides for Afforestation	退化林修复 Restoration of Degraded Forest	人工更新 Artificial Regeneration
全 国	**National Total**	**6933696**	**3000060**	**151496**	**1774608**	**1619648**	**387884**
上 海	Shanghai	5444	5444				
江 苏	Jiangsu	51644	46336			115	5193
浙 江	Zhejiang	119926	41759		2489	70341	5337
安 徽	Anhui	151465	59639		42144	48433	1249
江 西	Jiangxi	270736	72022		75779	119307	3628
湖 北	Hubei	258160	111910		85225	52433	8592
湖 南	Hunan	574010	129184		236244	208049	533
重 庆	Chongqing	303153	78633		78922	145598	
四 川	Sichuan	343922	118658		100578	112064	12622
贵 州	Guizhou	280039	220402			59637	
云 南	Yunnan	334084	254181		53854	25844	205

8-21 草原建设利用情况（2020年）
Grassland Protection and Use（2020）

单位：千公顷 (1 000 hectares)

地区	Region	种草面积 Grass Planting Area	草原改良面积 Grassland Improvement Area	草原鼠害 Rat Plague in Grassland		草原虫害 Insect Plague in Grassland		草原火灾受害面积(公顷) Area Affected by Fire (hectare)
				发生面积 Area of Occurrence	防治面积 Area of Prevention and Control	发生面积 Area of Occurrence	防治面积 Area of Prevention and Control	
全　国	**National Total**	**1187.1**	**2038.7**	**34447.3**	**5422.3**	**9838.9**	**3482.1**	**11045.9**
上　海	Shanghai							
江　苏	Jiangsu							
浙　江	Zhejiang							
安　徽	Anhui	0.2						
江　西	Jiangxi							
湖　北	Hubei	0.1						
湖　南	Hunan							
重　庆	Chongqing	0.1	0.0					
四　川	Sichuan	105.3	143.9	2751.3	226.7	830.7	123.3	2021.0
贵　州	Guizhou	1.6						
云　南	Yunnan	88.9	12.4	44.1	45.7	50.6	54.9	

8-22 自然保护基本情况（2020年）
Basic Conditions of Natural Protection（2020）

地 区	Region	国家级自然保护区 个 数 (个) Number of National Nature Reserves (number)	国家级自然保护区 面 积 (万公顷) Area of National Nature Reserves (10 000 hectares)
全 国	**National Total**	**474**	**9821.3**
上 海	Shanghai	2	6.5
江 苏	Jiangsu	3	30.2
浙 江	Zhejiang	11	14.8
安 徽	Anhui	8	14.4
江 西	Jiangxi	16	26.1
湖 北	Hubei	22	54.6
湖 南	Hunan	23	60.6
重 庆	Chongqing	6	25.5
四 川	Sichuan	32	304.9
贵 州	Guizhou	10	29.0
云 南	Yunnan	20	152.2

8-23 自然灾害损失情况（2020年）
Losses Caused by Natural Disasters（2020）

单位：千公顷 (1 000 hectares)

地 区	Region	农作物受灾面积合计 Total Areas Affected of Farm Crops		旱 灾 Drought		洪涝、地质灾害和台风 Flood, Geological Disaster, Typhoon		风雹灾害 Wind and Hail	
		受 灾 Area Affected	绝 收 Total Crop Failure	受 灾 Area Affected	绝 收 Total Crop Failure	受 灾 Area Affected	绝 收 Total Crop Failure	受 灾 Area Affected	绝 收 Total Crop Failure
全 国	**National Total**	**19957.6**	**2706.0**	**5081.0**	**704.5**	**11059.6**	**1498.0**	**2765.2**	**290.8**
上 海	Shanghai	5.2				5.2			
江 苏	Jiangsu	135.6	20.4			123.6	19.7	12.0	0.7
浙 江	Zhejiang	114.1	10.8			114.1	10.8		
安 徽	Anhui	1237.9	393.9			1221.3	393.7	6.0	0.1
江 西	Jiangxi	943.2	206.9	4.3	0.3	902.0	202.7	28.2	1.7
湖 北	Hubei	1632.2	263.3			1503.2	251.1	125.7	11.4
湖 南	Hunan	817.1	122.9	120.7	17.8	659.2	98.7	36.1	6.4
重 庆	Chongqing	158.5	34.0	14.2	1.4	128.0	28.5	15.3	4.0
四 川	Sichuan	632.5	76.3	248.6	16.0	359.7	57.4	23.3	2.9
贵 州	Guizhou	233.4	50.0			149.5	32.7	59.8	13.3
云 南	Yunnan	1225.0	95.0	871.7	33.9	152.5	28.4	160.2	29.2

注：农作物受灾面积合计、受灾人口、死亡人口(含失踪)和直接经济损失含地震、森林、海洋等灾害。

a) Total areas affected of farm crops, population affected, deaths (including missing) and direct economic loss include earthquake, forest disasters and marine disasters.

8-23 续表 continued

单位：千公顷 (1 000 hectares)

地区	Region	低温冷冻和雪灾 Low-temperature, Freezing and Snow Disaster		人口受灾 Population Affected		直接经济损失(亿元) Direct Economic Losses (100 million yuan)
		受灾 Area Affected	绝收 Total Crop Failure	受灾人口(万人次) Population Affected (10 000 person-times)	死亡人口(含失踪)(人) Deaths (including missing) (person)	
全国	**National Total**	**1051.8**	**212.7**	**13829.7**	**591**	**3701.5**
上海	Shanghai			0.8		0.9
江苏	Jiangsu			108.2	5	19.0
浙江	Zhejiang			230.7	8	144.7
安徽	Anhui	10.6	0.1	1064.1	15	602.6
江西	Jiangxi	8.7	2.2	954.7	13	355.3
湖北	Hubei	3.3	0.8	1575.1	44	278.0
湖南	Hunan	1.1		907.8	29	166.3
重庆	Chongqing	1.0	0.1	401.8	39	167.4
四川	Sichuan	0.9		1152.3	120	446.4
贵州	Guizhou	24.1	4.0	475.2	54	89.9
云南	Yunnan	40.6	3.5	1128.5	73	139.2

8-24 地质灾害及防治情况（2020年）
Geological Disasters and Prevention (2020)

地 区	Region	发生地质灾害数量(处) Geological Disasters (case)	#滑坡 Landslide	#崩塌 Collapse	#泥石流 Debris Flow	#地面塌陷 Ground Collapse	人员伤亡(人) Casualties (person)	#死亡人数 Deaths	直接经济损失(万元) Direct Economic Losses (10 000 yuan)
全 国	**National Total**	**7840**	**4810**	**1797**	**899**	**183**	**197**	**117**	**502027**
上 海	Shanghai								
江 苏	Jiangsu	6	4	2					417
浙 江	Zhejiang	115	64	30	20	1	3	2	2107
安 徽	Anhui	345	167	171	5	2			2133
江 西	Jiangxi	291	231	36	7	17	1	1	1491
湖 北	Hubei	270	188	68	6	8	22	16	10820
湖 南	Hunan	659	520	85	21	29	17	10	16251
重 庆	Chongqing	274	162	86	9	16	18	11	4836
四 川	Sichuan	2513	1737	325	447	2	12	7	235247
贵 州	Guizhou	53	50	2		1	20	10	22560
云 南	Yunnan	375	269	24	78	1	37	14	27161

8-25 森林火灾情况（2020年）
Forest Fires（2020）

地 区	Region	森林火灾次数(次) Forest Fires (case)	一般火灾 Ordinary Fires	较大火灾 Major Fires	重大火灾 Severe Fires	特别重大火灾 Extraordinarily Severe Fires	火场总面积(公顷) Total Area of Fires (hectare)	受害森林面积(公顷) Destructed Forest Area (hectare)	伤亡人数(人) Casualties (person)	其他损失折款(万元) Other Losses (10 000 yuan)
全 国	**National Total**	**1153**	**722**	**424**	**7**		**25081**	**8526**	**41**	**10077.7**
上 海	Shanghai									
江 苏	Jiangsu	2	2				1	1		
浙 江	Zhejiang	21	8	13			242	108		67.5
安 徽	Anhui	8	6	2			22	11		
江 西	Jiangxi	57	26	31			822	409		528.4
湖 北	Hubei	45	36	9			180	70	4	25.0
湖 南	Hunan	59	33	26			627	284	4	123.7
重 庆	Chongqing	9	9				5	1	1	3.4
四 川	Sichuan	111	88	20	3		5178	1453	24	5503.5
贵 州	Guizhou	16	8	8			361	63		54.4
云 南	Yunnan	53	19	34			3742	993		457.9

8-26 林业有害生物防治情况（2020年）
Prevention of Forest Harmful Organisms（2020）

单位：万公顷 (10 000 hectares)

地 区	Region	合 计 Total 发生面积 Area of Occurrence	防治面积 Area of Prevention	防治率(%) Prevention Rate (%)	森林病害 Forest Diseases 发生面积 Area of Occurrence	防治面积 Area of Prevention
全 国	**National Total**	**1278.45**	**1009.24**	**78.9**	**295.14**	**237.37**
上 海	Shanghai	1.25	1.25	99.8	0.09	0.09
江 苏	Jiangsu	11.51	9.68	84.1	1.34	1.34
浙 江	Zhejiang	51.97	43.50	83.7	49.11	40.77
安 徽	Anhui	44.25	36.37	82.2	14.25	9.61
江 西	Jiangxi	54.85	52.50	95.7	33.43	33.20
湖 北	Hubei	46.51	36.97	79.5	11.79	9.69
湖 南	Hunan	41.77	24.50	58.7	9.66	4.92
重 庆	Chongqing	39.25	39.25	100.0	14.94	14.94
四 川	Sichuan	66.31	49.10	74.0	12.69	9.86
贵 州	Guizhou	17.79	16.34	91.9	2.54	1.95
云 南	Yunnan	38.18	37.76	98.9	7.45	7.36

8-26 续表 continued

单位：万公顷 (10 000 hectares)

地 区	Region	森林虫害 Forest Pest Plague		森林鼠(兔)害 Forest Rat & Rabbit Plague		有害植物 Harmful Plants	
		发生面积 Area of Occurrence	防治面积 Area of Prevention	发生面积 Area of Occurrence	防治面积 Area of Prevention	发生面积 Area of Occurrence	防治面积 Area of Prevention
全 国	**National Total**	**790.62**	**627.07**	**174.00**	**133.09**	**18.68**	**11.71**
上 海	Shanghai	1.16	1.16				
江 苏	Jiangsu	10.07	8.23			0.11	0.11
浙 江	Zhejiang	2.86	2.73				
安 徽	Anhui	30.00	26.76				
江 西	Jiangxi	21.42	19.30			0.00	
湖 北	Hubei	27.05	22.41	0.33	0.30	7.35	4.56
湖 南	Hunan	32.11	19.58			0.00	
重 庆	Chongqing	23.05	23.05	1.14	1.14	0.11	0.11
四 川	Sichuan	50.24	36.41	3.38	2.82	0.01	0.01
贵 州	Guizhou	14.70	13.87	0.32	0.29	0.24	0.24
云 南	Yunnan	27.96	27.68	1.12	1.10	1.65	1.62

8-27 突发环境事件情况（2020年）
Environmental Emergency Events（2020）

地 区	Region	突发环境事件次数(次) Number of Environmental Emergency Events (case)	特别重大环境事件 Extraordinarily Severe Environmental Emergency Events	重 大 环境事件 Serious Environmental Emergency Events	较 大 环境事件 Comparatively Severe Environmental Emergency Events	一 般 环境事件 Ordinary Environmental Emergency Events
全 国	**National Total**	**208**		**2**	**8**	**198**
上 海	Shanghai					
江 苏	Jiangsu	12				12
浙 江	Zhejiang	10				10
安 徽	Anhui	10			2	8
江 西	Jiangxi	5				5
湖 北	Hubei	9				9
湖 南	Hunan	7			1	6
重 庆	Chongqing	8				8
四 川	Sichuan	17			2	15
贵 州	Guizhou	11		1		10
云 南	Yunnan	3				3

8-28 城镇环境基础设施建设投资情况（2020年）
Investment in Urban Environmental Infrastructure（2020）

单位：万元 (10 000 yuan)

地 区	Region	城镇环境基础设施建设投资 Investment in Urban Environmental Infrastructure	燃 气 Gas Supply	集中供热 Centralized Heating	排 水 Drainage Works	园林绿化 Gardening & Greening	市 容 环境卫生 Environmental Sanitation
全 国	**National Total**	**68421571**	**3182971**	**5236106**	**26756904**	**21945294**	**11300296**
上 海	Shanghai	975919	110168		656790	135580	73381
江 苏	Jiangsu	5157729	314726	6410	1560533	2206454	1069605
浙 江	Zhejiang	3815339	138443		1175291	1656014	845590
安 徽	Anhui	3225073	235337	37684	1544562	892032	515458
江 西	Jiangxi	2938128	139082		1260376	871497	667173
湖 北	Hubei	2096384	97971	22699	1388817	461511	125385
湖 南	Hunan	1870727	192656	1300	908433	392721	375617
重 庆	Chongqing	2087095	52821		696313	955747	382214
四 川	Sichuan	3831704	87600	23095	1758811	1265019	697179
贵 州	Guizhou	802941	40438	3000	377848	159535	222119
云 南	Yunnan	1113766	58790		472218	384345	198414

8-29 工业污染治理投资完成情况（2020年）
Investment Completed in the Treatment of Industrial Pollution（2020）

单位：万元 (10 000 yuan)

地 区	Region	工业污染治理完成投资 Investment Completed in the Treatment of Industrial Pollution	治理废水 Treatment of Wastewater	治理废气 Treatment of Waste Gas	治理固体废物 Treatment of Solid Waste	治理噪声 Treatment of Noise Pollution	治理其他 Treatment of Other Pollution
全 国	**National Total**	**4542586**	**573852**	**2423725**	**173064**	**7405**	**1364540**
上 海	Shanghai	90711	26720	24190	2	11	39788
江 苏	Jiangsu	531335	158679	317097		12	55546
浙 江	Zhejiang	505097	39553	213698	6528	391	244927
安 徽	Anhui	243546	14256	146489	3000	45	79755
江 西	Jiangxi	93009	23981	59375	192	524	8937
湖 北	Hubei	198108	15576	117300	43893		21339
湖 南	Hunan	33508	4406	19462	4899	350	4391
重 庆	Chongqing	40176	696	39170			310
四 川	Sichuan	244414	17495	75658	5500	637	145124
贵 州	Guizhou	154911	11930	31567	11785	216	99414
云 南	Yunnan	142339	24933	77362	600	335	39109

8-30 林业草原投资完成情况（2020年）
Investment of Forestry and Grassland Completed（2020）

单位：万元 (10 000 yuan)

地 区	Region	本年完成投资 Investment Completed in the Year	国家投资 State Investment	生态修复治理 Ecological Restoration and Treatment	林(草)产品加工制造 Manufacture of Forest and Grassland Products	林业草原服务、保障和公共管理 Services, Security and Public Management of Forest and Grassland Sector
全 国	**National Total**	**47168172**	**28795976**	**24415077**	**10491847**	**12261248**
上 海	Shanghai	250512	250512	207046		43466
江 苏	Jiangsu	951145	651000	770823	131608	48714
浙 江	Zhejiang	966388	676223	561330	16066	388992
安 徽	Anhui	1280315	538104	793536	304060	182719
江 西	Jiangxi	1251461	824638	694127	11070	546264
湖 北	Hubei	1930440	638422	707928	979010	243502
湖 南	Hunan	2643964	1042339	1353072	680786	610106
重 庆	Chongqing	793734	573648	521823	35078	236833
四 川	Sichuan	2464904	1235491	1165730	636868	662306
贵 州	Guizhou	3203989	1191295	2901510	7634	294845
云 南	Yunnan	1266827	1204738	769135	14306	483386

九、能源 Energy

9-1 用电量
Electricity Consumption

单位：亿千瓦小时 (100 million kW·h)

地 区	Region	1995	2000	2005	2010	2015	2019	2020
上 海	Shanghai	403	559	922	1296	1406	1569	1576
江 苏	Jiangsu	685	971	2193	3864	5115	6264	6374
浙 江	Zhejiang	440	738	1642	2821	3554	4706	4830
安 徽	Anhui	289	339	582	1078	1640	2301	2428
江 西	Jiangxi	181	208	392	701	1087	1536	1627
湖 北	Hubei	415	503	789	1330	1665	2214	2144
湖 南	Hunan	375	406	674	1172	1448	1864	1929
重 庆	Chongqing		308	348	626	875	1160	1186
四 川	Sichuan	583	521	943	1549	1992	2636	2865
贵 州	Guizhou	204	288	487	835	1174	1541	1586
云 南	Yunnan	224	274	557	1004	1439	1812	2025

注：2000年及以后数据来源于中国电力企业联合会。
a) Data since 2000 are from China Electricity Council.

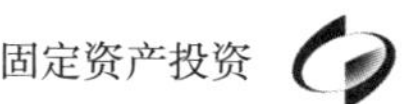

十、固定资产投资 Investment in Fixed Assets

10-1 按领域分固定资产投资比上年增长情况（2020年）
Growth Rate of Total Investment in Fixed Assets over Preceding Year by Field（Excluding Rural Households）(2020)

单位：% (%)

地 区	Region	全部投资 Total Investment in Fixed Assets	#基础设施 Infrastructure	制造业 Manufacturing	房地产开发 Real Estate Development
全 国	**National Average**	**2.9**	**0.9**	**-2.2**	**7.0**
上 海	Shanghai	10.3	-1.4	20.6	11.0
江 苏	Jiangsu	0.3	0.1	-8.6	9.7
浙 江	Zhejiang	5.4	2.8	3.4	6.8
安 徽	Anhui	5.1	10.6	-5.6	5.6
江 西	Jiangxi	8.2	4.2	7.0	6.2
湖 北	Hubei	-18.8	-22.8	-24.5	-4.4
湖 南	Hunan	7.6	4.6	8.1	9.8
重 庆	Chongqing	3.9	10.0	3.7	-2.0
四 川	Sichuan	2.8	-0.2	2.0	11.3
贵 州	Guizhou	3.2	-7.8	-0.8	14.3
云 南	Yunnan	7.7	7.4	5.9	8.5

10-2 实际到位资金比上年增长情况（2020年）
Growth Rate of Actual Funds Available for Investment over Preceding Year（2020）

单位:%　　(%)

地 区	Region	本年实际到位资金 Actual Funds Available for Investment	国家预算资金 State Budget	国内贷款 Domestic Loans	利用外资 Foreign Investment	自筹资金 Self-raised Funds	其他资金 Other Funds
全 国	**National Average**	**7.8**	**32.8**	**0.2**	**–4.4**	**7.5**	**7.3**
上 海	Shanghai	1.8	25.9	-11.8	12.5	6.9	-2.9
江 苏	Jiangsu	22.7	56.6	20.8	-20.7	28.2	17.0
浙 江	Zhejiang	20.7	7.0	22.0	-0.3	17.3	26.2
安 徽	Anhui	6.4	11.7	14.4	-40.2	4.6	6.6
江 西	Jiangxi	15.9	2.8	-18.6	-30.0	22.0	16.6
湖 北	Hubei	-16.6	-1.8	-12.3	22.1	-18.1	-18.9
湖 南	Hunan	30.9	58.3	13.9	9.6	40.0	11.7
重 庆	Chongqing	2.7	49.3	2.9	-54.3	7.0	-3.9
四 川	Sichuan	-0.1	14.2	-18.1	-64.5	1.2	2.5
贵 州	Guizhou	1.1	12.6	-1.9	-58.9	1.0	0.9
云 南	Yunnan	5.3	114.8	-10.7	2.8	-5.0	7.0

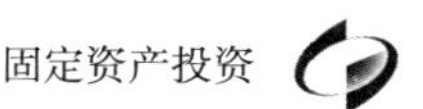

10-3 按构成分固定资产投资比上年增长情况（2020年）
Growth Rate of Total Investment in Fixed Assets over Preceding Year by Composition of Investment（2020）

单位:% (%)

地 区	Region	全部投资 Total Investment in Fixed Assets	建筑安装工程 Construction and Installation	设备工器具购置 Purchase of Equipment and Instruments	其他费用 Other Expenses
全 国	**National Average**	**2.9**	**3.9**	**–7.1**	**6.7**
上 海	Shanghai	10.3	5.2	2.3	21.6
江 苏	Jiangsu	0.3	2.7	-14.7	12.6
浙 江	Zhejiang	5.4	5.7	21.0	1.4
安 徽	Anhui	5.1	6.9	-6.3	8.2
江 西	Jiangxi	8.2	12.2	-4.7	-5.7
湖 北	Hubei	-18.8	-18.9	-22.3	-14.2
湖 南	Hunan	7.6	10.8	-8.0	1.5
重 庆	Chongqing	3.9	3.4	-1.1	7.9
四 川	Sichuan	2.8	8.8	-4.8	-24.4
贵 州	Guizhou	3.2	4.5	4.3	-4.8
云 南	Yunnan	7.7	7.4	16.5	7.4

10-4 按建设性质分固定资产投资比上年增长情况（2020年）
Growth Rate of Total Investment in Fixed Assets over Preceding Year by Type of Construction（2020）

单位：%　　(%)

地区	Region	全部投资 Total Investment in Fixed Assets	#新建 New Construction	扩建 Expansion	改建和技术改造 Reconstruction and Technical Transformation
全国	**National Average**	**2.9**	**1.8**	**3.8**	**1.6**
上海	Shanghai	10.3	14.5	-15.8	20.9
江苏	Jiangsu	0.3	17.9	-16.0	-34.2
浙江	Zhejiang	5.4	5.0	1.8	4.2
安徽	Anhui	5.1	5.8	-2.5	3.0
江西	Jiangxi	8.2	0.4	39.5	33.2
湖北	Hubei	-18.8	-19.8	-27.0	-28.6
湖南	Hunan	7.6	4.5	-3.5	22.3
重庆	Chongqing	3.9	8.5	7.4	1.7
四川	Sichuan	2.8	1.3	1.4	-4.9
贵州	Guizhou	3.2	-2.8	17.4	17.4
云南	Yunnan	7.7	11.6	-20.3	6.6

10-5 按隶属关系分固定资产投资比上年增长情况（2020年）
Growth Rate of Total Investment in Fixed Assets over Preceding Year by Jurisdiction of Management（2020）

单位：% (%)

地 区	Region	全部投资 Total Investment in Fixed Assets	中央项目 Central Government Projects	地方项目 Local Projects
全 国	**National Average**	**2.9**	**–1.6**	**3.2**
上 海	Shanghai	10.3	-24.4	13.3
江 苏	Jiangsu	0.3	13.6	0.1
浙 江	Zhejiang	5.4	17.3	5.2
安 徽	Anhui	5.1	24.9	4.8
江 西	Jiangxi	8.2	0.2	8.3
湖 北	Hubei	-18.8	-13.6	-19.0
湖 南	Hunan	7.6	63.4	6.3
重 庆	Chongqing	3.9	11.7	3.5
四 川	Sichuan	2.8	-15.3	3.5
贵 州	Guizhou	3.2	5.5	3.1
云 南	Yunnan	7.7	17.6	7.0

10-6 按登记注册类型分固定资产投资比上年增长情况（2020年）
Growth Rate of Total Investment in Fixed Assets over Preceding Year by Registration Status（2020）

单位:% (%)

地 区	Region	全部投资 Total Investment in Fixed Assets	#内 资 Domestic Funded	港澳台商投资 Funds from Hong Kong, Macao and Taiwan	外商投资 Foreign Funded
全 国	**National Average**	**2.9**	**2.7**	**6.6**	**11.5**
上 海	Shanghai	10.3	9.6	-6.1	38.5
江 苏	Jiangsu	0.3	-1.2	17.9	9.7
浙 江	Zhejiang	5.4	4.8	3.2	32.1
安 徽	Anhui	5.1	5.4	13.4	-21.5
江 西	Jiangxi	8.2	7.7	31.9	26.1
湖 北	Hubei	-18.8	-18.4	-36.2	-19.7
湖 南	Hunan	7.6	7.9	2.6	-14.5
重 庆	Chongqing	3.9	3.9	30.0	-25.2
四 川	Sichuan	2.8	2.0	38.9	37.1
贵 州	Guizhou	3.2	3.1	18.7	-17.5
云 南	Yunnan	7.7	7.2	44.3	37.2

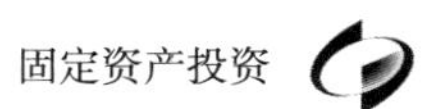

10-7 按控股情况分固定资产投资比上年增长情况（2020年）
Growth Rate of Total Investment in Fixed Assets over Preceding Year by Holding Type（2020）

单位:% (%)

地 区	Region	全部投资 Total Investment in Fixed Assets	#国有控股 State-holding	集体控股 Collective-holding	私人控股 Private-holding
全 国	**National Average**	**2.9**	**5.6**	**–9.8**	**1.6**
上 海	Shanghai	10.3	9.1	8.2	13.1
江 苏	Jiangsu	0.3	3.7	12.1	-2.5
浙 江	Zhejiang	5.4	9.9	5.4	3.3
安 徽	Anhui	5.1	14.3	22.5	0.1
江 西	Jiangxi	8.2	16.3	-3.0	1.4
湖 北	Hubei	-18.8	-13.3	-27.8	-18.1
湖 南	Hunan	7.6	16.4	-42.5	2.9
重 庆	Chongqing	3.9	8.4	-9.3	5.9
四 川	Sichuan	2.8	-0.1	-0.9	6.5
贵 州	Guizhou	3.2	-0.8	7.6	10.6
云 南	Yunnan	7.7	4.5	-46.2	13.8

10-8 各行业固定资产投资比上年增长情况（2020年）
Growth Rate of Total Investment in Fixed Assets over Preceding Year by Sector（2020）

单位:% (%)

地 区	Region	合 计 Total	农、林、牧、渔业 Agriculture, Forestry, Animal Husbandry and Fishery	采矿业 Mining	制造业 Manufacturing	电力、热力、燃气及水生产和供应业 Production and Supply of Electricity, Heat, Gas and Water	建筑业 Construction	批发和零售业 Wholesale and Retail Trades
全 国	**National Average**	**2.9**	**19.1**	**–14.1**	**–2.2**	**17.6**	**9.2**	**–21.5**
上 海	Shanghai	10.3	113.4		20.6	-4.6		-13.5
江 苏	Jiangsu	0.3	35.3	-63.7	-8.6	56.3	28.8	-61.0
浙 江	Zhejiang	5.4	60.1	31.7	3.4	28.2	7.5	55.7
安 徽	Anhui	5.1	31.3	-24.0	-5.6	11.9	77.4	-21.6
江 西	Jiangxi	8.2	24.4	17.5	7.0	20.8	-3.2	-40.1
湖 北	Hubei	-18.8	-26.7	-11.3	-24.5	-19.9	-3.7	-35.3
湖 南	Hunan	7.6	-8.1	-2.8	8.1	44.0	30.9	-17.9
重 庆	Chongqing	3.9	23.4	57.6	3.7	5.3	-4.7	14.1
四 川	Sichuan	2.8	38.1	-21.3	2.0	-1.0	26.3	-4.0
贵 州	Guizhou	3.2	48.1	14.1	-0.8	36.6	-90.7	-3.5
云 南	Yunnan	7.7	42.0	-1.7	5.9	6.7	29.0	-0.4

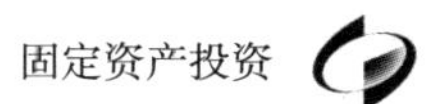

10-8 续表 1 continued

单位:% (%)

地 区	Region	交通运输、仓储和邮政业 Transport, Storage and Post	住宿和餐饮业 Hotels and Catering Services	信息传输、软件和信息技术服务业 Information Transmission, Software and Information Technology	金融业 Financial Intermediation	房地产业 Real Estate	租赁和商务服务业 Leasing and Business Services	科学研究和技术服务业 Scientific Research and Technical Services
全 国	**National Average**	**1.4**	**–5.5**	**18.7**	**–13.3**	**5.0**	**5.0**	**3.4**
上 海	Shanghai	-27.4	158.6	-2.0	-29.9	11.1	45.9	18.3
江 苏	Jiangsu	-12.6	-12.0	49.0	-57.9	12.4	-20.3	9.9
浙 江	Zhejiang	6.1	4.4	10.5	-31.1	6.2	2.0	12.7
安 徽	Anhui	10.6	11.5	89.6	-8.8	7.8	18.3	37.5
江 西	Jiangxi	14.4	4.0	63.5	-19.2	11.1	8.0	4.7
湖 北	Hubei	-8.9	-21.3	-33.5	-12.0	-9.6	6.5	-28.5
湖 南	Hunan	3.4	-17.9	-7.8	-45.3	7.9	35.4	16.0
重 庆	Chongqing	15.0	-24.5	70.3	190.6	-2.3	-0.3	38.8
四 川	Sichuan	1.1	-7.0	9.0	4.3	2.9	5.5	-23.2
贵 州	Guizhou	4.2	-16.3	31.4	52.0	1.5	-2.3	2.3
云 南	Yunnan	4.1	-19.2	32.7	-20.4	-0.8	94.1	75.9

10-8 续表 2 continued

单位:% (%)

地 区	Region	水利、环境和公共设施管理业 Management of Water Conservancy, Environment and Public Facilities	居民服务、修理和其他服务业 Service to Households, Repair and Other Services	教 育 Education	卫生和社会工作 Health and Social Service	文化、体育和娱乐业 Culture, Sports and Entertainment	公共管理、社会保障和社会组织 Public Management, Social Security and Social Organization	国际组织 International Organizations
全 国	**National Average**	**0.2**	**–2.9**	**12.3**	**26.8**	**1.0**	**–6.4**	
上 海	Shanghai	31.8	-23.5	1.8	31.3	28.9	94.4	
江 苏	Jiangsu	1.6	-46.0	16.4	26.0	-21.9	-49.6	
浙 江	Zhejiang	-2.0	-4.5	-5.8	13.1	-14.5	0.6	
安 徽	Anhui	7.2	-13.7	27.6	34.2	4.9	-0.1	
江 西	Jiangxi	2.3	-8.4	16.4	27.3	25.3	10.8	
湖 北	Hubei	-30.8	-15.9	-11.2	49.5	-20.5	-28.2	
湖 南	Hunan	6.1	4.0	11.6	19.8	-8.1	-11.6	
重 庆	Chongqing	-0.1	36.3	12.4	18.2	-17.1	74.0	
四 川	Sichuan	1.0	26.7	5.5	6.7	7.6	-22.8	
贵 州	Guizhou	-17.3	0.7	11.7	69.7	-11.8	74.8	
云 南	Yunnan	15.7	71.6	27.8	48.6	15.3	3.7	

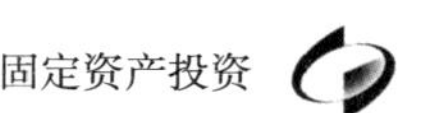

10-9 农村农户固定资产投资比上年增长情况（2020年）
Growth Rate of Investment in Fixed Assets of Rural Households over Preceding Year（2020）

单位：%　　(%)

地 区	Region	全部投资 Total Investment in Fixed Assets	#竣工房屋投资 Investment in Buildings Completed	#住宅投资 Investment in Residential Buildings
全 国	**National Average**	**–11.0**	**–18.6**	**–19.2**
上 海	Shanghai	-9.0	-16.6	-12.2
江 苏	Jiangsu	-23.3	-10.7	-17.5
浙 江	Zhejiang	0.1	-11.0	-13.9
安 徽	Anhui	-20.5	-34.8	-28.0
江 西	Jiangxi	-1.0	-10.1	-5.3
湖 北	Hubei	-36.6	-49.5	-46.3
湖 南	Hunan	-7.6	-15.2	-18.3
重 庆	Chongqing	-10.4	-5.8	-13.2
四 川	Sichuan	-2.2	-24.3	-29.4
贵 州	Guizhou	11.1	-12.2	-15.4
云 南	Yunnan	-9.1	-5.4	-12.1

十一、对外经济贸易 International Trade and Economic Cooperation

11-1 货物进出口总额（2020年）
International Trade in Goods（2020）

单位：亿元人民币 (RMB 100 million)

地 区	Region	按收发货人所在地分 By Location of Importers/Exporters			按境内目的地和货源地分 By Location of Domestic Consumers/Producers		
		进出口 Total	出 口 Exports	进 口 Imports	进出口 Total	出 口 Exports	进 口 Imports
全 国	**National Total**	**322215.2**	**179278.8**	**142936.4**	**322215.2**	**179278.8**	**142936.4**
上 海	Shanghai	34872.7	13720.9	21151.8	33132.1	11585.1	21547.0
江 苏	Jiangsu	44503.6	27433.3	17070.3	47397.3	27534.2	19863.1
浙 江	Zhejiang	33848.5	25169.3	8679.1	32213.9	24378.7	7835.3
安 徽	Anhui	5451.5	3160.9	2290.6	5210.0	3312.4	1897.5
江 西	Jiangxi	4024.6	2918.2	1106.4	3531.1	2429.3	1101.8
湖 北	Hubei	4305.2	2702.1	1603.2	4266.4	2640.5	1625.8
湖 南	Hunan	4884.9	3304.0	1580.9	3311.9	2123.8	1188.1
重 庆	Chongqing	6513.6	4187.3	2326.3	5809.6	3808.9	2000.7
四 川	Sichuan	8088.6	4653.6	3435.0	8114.5	4553.5	3561.0
贵 州	Guizhou	546.7	431.2	115.5	516.7	408.5	108.2
云 南	Yunnan	2692.8	1518.6	1174.2	2374.8	1177.1	1197.7

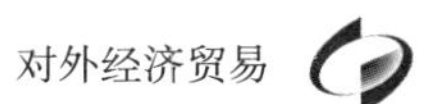

11-2 货物进出口总额（2020年）
International Trade in Goods（2020）

单位：亿美元 (USD 100 million)

地 区	Region	按收发货人所在地分 By Location of Importers/Exporters			按境内目的地和货源地分 By Location of Domestic Consumers/Producers		
		进出口 Total	出 口 Exports	进 口 Imports	进出口 Total	出 口 Exports	进 口 Imports
全 国	**National Total**	**46559.1**	**25899.5**	**20659.6**	**46559.1**	**25899.5**	**20659.6**
上 海	Shanghai	5038.3	1980.4	3057.9	4787.8	1672.6	3115.1
江 苏	Jiangsu	6428.3	3961.3	2467.1	6843.7	3973.9	2869.8
浙 江	Zhejiang	4885.4	3631.1	1254.3	4650.4	3517.8	1132.7
安 徽	Anhui	787.0	455.8	331.3	752.2	477.8	274.4
江 西	Jiangxi	580.3	420.6	159.7	509.3	350.2	159.1
湖 北	Hubei	622.5	390.6	231.8	616.5	381.3	235.2
湖 南	Hunan	706.8	478.2	228.6	478.6	306.7	171.9
重 庆	Chongqing	941.8	605.3	336.6	839.8	550.3	289.6
四 川	Sichuan	1169.0	672.4	496.6	1173.1	658.2	514.9
贵 州	Guizhou	79.1	62.3	16.8	74.8	59.0	15.8
云 南	Yunnan	391.3	221.4	169.9	343.6	170.4	173.1

11-3 外商投资企业货物进出口总额（2020年）
International Trade in Goods of Foreign-Invested Enterprises（2020）

地 区	Region	万元人民币 (RMB 10 000)			万美元 (USD 10 000)		
		进出口 Total	出 口 Exports	进 口 Imports	进出口 Total	出 口 Exports	进 口 Imports
全 国	**National Total**	**1244763717**	**645079977**	**599683740**	**179896419**	**93208205**	**86688215**
上 海	Shanghai	225133722	82526981	142606740	32529042	11914593	20614450
江 苏	Jiangsu	250025680	140087215	109938464	36112620	20229802	15882818
浙 江	Zhejiang	54328372	33722431	20605941	7844407	4866857	2977551
安 徽	Anhui	15506153	8698089	6808064	2240027	1256426	983602
江 西	Jiangxi	9054135	5240394	3813741	1308184	756278	551906
湖 北	Hubei	8561824	4632521	3929304	1235162	667270	567891
湖 南	Hunan	5385711	2593182	2792529	778771	374872	403898
重 庆	Chongqing	34974456	23794835	11179621	5046612	3432131	1614481
四 川	Sichuan	57196988	30819038	26377950	8266933	4453683	3813250
贵 州	Guizhou	248795	163084	85711	35810	23486	12324
云 南	Yunnan	513859	229509	284350	73930	33099	40831

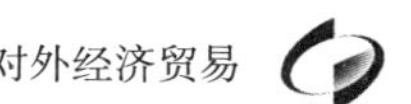

11-4 外商投资企业年底注册登记情况
Registration Status of Foreign Invested Enterprises at Year-end

地 区	Region	企业数(户) Number of Enterprises (unit)		投资总额(亿美元) Total Investment (100 million USD)		注册资本(亿美元) Registered Capital (100 million USD)		#外 方 Foreign Capital	
		2019	2020	2019	2020	2019	2020	2019	2020
全 国	**National Total**	**627223**	**635402**	**88400**	**136437**	**50160**	**84334**	**37894**	**62823**
上 海	Shanghai	90757	92922	9552	10334	6479	7139	4955	5422
江 苏	Jiangsu	62360	63031	11735	13697	6373	7345	5265	5915
浙 江	Zhejiang	43121	44024	5007	5893	3235	3751	2437	2763
安 徽	Anhui	7903	8281	1656	3227	854	1022	632	754
江 西	Jiangxi	6791	6813	1010	1331	726	817	567	592
湖 北	Hubei	12378	12468	1864	2371	1032	1309	795	874
湖 南	Hunan	9870	10715	1841	2149	798	1067	606	765
重 庆	Chongqing	6358	6719	1111	1239	705	774	541	609
四 川	Sichuan	12950	13545	2891	2963	1554	1477	856	808
贵 州	Guizhou	3056	3184	487	836	274	409	223	328
云 南	Yunnan	5602	6062	671	1424	363	632	295	487

十二、农业 Agriculture

12-1 农、林、牧、渔业总产值及指数（2020年）
Gross Output Value of Agriculture, Forestry, Animal Husbandry and Fishery and Related Indices（2020）

地 区	Region	绝对数(亿元) Gross Output Value (100 million yuan)					指 数(上年=100) Indices of Gross Output (preceding year=100)				
		农林牧渔业总产值 Total	#农 业 Farming	#林 业 Forestry	#牧 业 Animal Husbandry	#渔 业 Fishery	农林牧渔业总产值 Total	#农 业 Farming	#林 业 Forestry	#牧 业 Animal Husbandry	#渔 业 Fishery
全 国	**National Total**	**137782.2**	**71748.2**	**5961.6**	**40266.7**	**12775.9**	**103.4**	**104.1**	**104.3**	**102.0**	**102.2**
上 海	Shanghai	279.8	138.0	15.2	55.1	51.0	93.0	93.7	81.4	90.8	90.0
江 苏	Jiangsu	7952.6	4102.2	172.8	1315.8	1774.0	102.0	102.8	104.3	100.7	100.6
浙 江	Zhejiang	3496.9	1594.0	189.6	472.6	1130.6	101.7	102.4	100.1	94.4	102.9
安 徽	Anhui	5680.9	2525.4	387.5	1900.2	542.6	102.7	102.3	107.7	101.7	102.2
江 西	Jiangxi	3820.7	1689.9	367.8	1125.4	473.5	102.7	103.9	105.5	100.1	100.3
湖 北	Hubei	7303.6	3492.5	245.4	1864.8	1156.8	100.7	103.9	97.1	92.5	101.2
湖 南	Hunan	7512.0	3364.8	428.0	2721.6	477.5	104.1	104.1	108.3	102.5	104.3
重 庆	Chongqing	2749.1	1596.1	126.0	871.9	107.3	105.0	105.9	109.9	102.7	99.2
四 川	Sichuan	9216.4	4701.9	379.8	3613.8	287.5	105.6	104.5	102.9	107.8	104.6
贵 州	Guizhou	4358.6	2781.8	293.7	1019.0	61.1	106.5	107.7	108.2	102.8	106.4
云 南	Yunnan	5920.5	2902.2	429.5	2315.4	104.0	105.8	107.0	106.4	103.6	103.4

注：本表绝对数按当年价格计算，指数按可比价格计算。
a) Data in value terms in this table are calculated at current prices, while the indices are calculated at comparable prices.

12-2 主要农业机械拥有量（2020年底）
Major Agricultural Machinery（End of 2020）

地区	Region	农业机械总动力（万千瓦） Total Power of Agricultural Machinery (10 000 kW)	大中型拖拉机 Large and Medium-sized Tractors 数量（万台） Number (10 000 units)	配套农具（万部） Towing Farm Machinery (10 000 units)	小型拖拉机 Small Tractors 数量（万台） Number (10 000 units)
全国	**National Total**	**105622.1**	**477.27**	**459.44**	**1727.60**
上海	Shanghai	102.1	0.74	0.41	0.22
江苏	Jiangsu	5213.8	17.16	28.89	58.75
浙江	Zhejiang	1813.2	1.59	1.18	5.05
安徽	Anhui	6799.5	26.25	44.05	200.49
江西	Jiangxi	2591.0	5.13	3.71	32.44
湖北	Hubei	4626.1	18.17	19.35	112.58
湖南	Hunan	6589.0	10.77	4.28	21.92
重庆	Chongqing	1498.0	0.24	0.21	0.47
四川	Sichuan	4754.0	7.61	2.39	14.82
贵州	Guizhou	2582.4	1.92	0.15	11.78
云南	Yunnan	2786.7	7.33	3.60	28.97

12-3 耕地灌溉面积和农用化肥施用量（2020年）
Irrigated Area of Cultivated Land and Consumption of Chemical Fertilizers（2020）

地 区	Region	耕地灌溉面积(千公顷) Irrigated Area of Cultivated Land (1 000 hectares)	农用化肥施用量(万吨) Consumption of Chemical Fertilizers (10 000 tons)	氮 肥 Nitrogenous Fertilizer	磷 肥 Phosphate Fertilizer	钾 肥 Potash Fertilizer	复合肥 Compound Fertilizer
全 国	**National Total**	**69160.5**	**5250.7**	**1833.9**	**653.8**	**541.9**	**2221.0**
上 海	Shanghai	165.0	6.9	2.8	0.4	0.2	3.6
江 苏	Jiangsu	4224.7	280.8	137.1	31.1	16.4	96.1
浙 江	Zhejiang	1415.7	69.6	29.5	6.5	5.2	28.5
安 徽	Anhui	4608.8	289.9	83.5	24.9	25.4	156.1
江 西	Jiangxi	2038.5	108.8	28.8	15.0	15.3	49.8
湖 北	Hubei	3086.0	267.3	101.4	41.7	26.1	98.2
湖 南	Hunan	3192.9	223.7	79.9	22.3	37.2	84.3
重 庆	Chongqing	698.3	89.8	43.1	15.7	5.2	25.8
四 川	Sichuan	2992.2	210.8	90.7	38.0	15.1	67.0
贵 州	Guizhou	1165.5	78.8	32.5	9.0	7.3	30.0
云 南	Yunnan	1978.1	196.7	94.4	27.0	22.7	52.5

12-4 水利设施和除涝面积（2020年）
Water Conservancy Facilities and Area with Flood Prevention Measures（2020）

地 区	Region	水库数 (座) Number of Reservoirs (unit)	水库总库容量 (亿立方米) Capacity of Reservoirs (100 million cu.m)	除涝面积 (千公顷) Area with Flood Prevention Measures (1 000 hectares)	水土流失治理面积 (千公顷) Area with Soil Erosion under Control (1 000 hectares)
全 国	**National Total**	**98112**	**8983.2**	**24586.4**	**143122.1**
上 海	Shanghai			53.4	
江 苏	Jiangsu	952	35.3	4483.0	950.7
浙 江	Zhejiang	4278	445.3	567.4	3659.7
安 徽	Anhui	6080	203.8	2490.2	2157.0
江 西	Jiangxi	10685	327.9	441.2	6195.9
湖 北	Hubei	6935	1263.8	1429.8	6396.0
湖 南	Hunan	14047	514.0	443.5	4063.1
重 庆	Chongqing	3083	126.6		3856.0
四 川	Sichuan	8220	523.2	103.6	10974.6
贵 州	Guizhou	2431	445.5	125.9	7577.0
云 南	Yunnan	6769	763.1	304.8	10543.1

注：由于2020年数据暂未公布，表中"水库数"和"水库总库容量"两个指标为2019年数据。
a) As the data of 2020 has not been released yet, the "number of reservoirs" and "capacity of reservoirs" in the table are the data of 2019.

12-5 农作物播种面积（2020年）
Sown Areas of Farm Crops（2020）

单位：千公顷 (1 000 hectares)

地 区	Region	农作物总播种面积 Total Sown Area	粮食作物播种面积 Sown Area of Grain Crops	谷 物 Cereals	#稻 谷 Rice	#小 麦 Wheat	#玉 米 Corn	豆 类 Beans
全 国	**National Total**	**167487**	**116768**	**97964**	**30076**	**23380**	**41264**	**11593**
上 海	Shanghai	255.2	114.3	113.4	104.1	7.5	1.2	0.5
江 苏	Jiangsu	7478.4	5405.6	5095.3	2202.8	2338.9	509.8	271.2
浙 江	Zhejiang	2014.5	993.4	804.2	636.0	93.4	63.3	115.8
安 徽	Anhui	8818.0	7289.5	6584.0	2512.1	2825.2	1234.8	642.0
江 西	Jiangxi	5644.4	3772.4	3510.0	3441.8	14.4	47.6	142.7
湖 北	Hubei	7974.4	4645.3	4078.3	2280.7	1031.4	752.0	247.7
湖 南	Hunan	8400.1	4754.8	4420.5	3993.9	23.3	384.4	150.8
重 庆	Chongqing	3372.5	2003.1	1137.4	657.3	18.5	440.9	202.0
四 川	Sichuan	9849.9	6312.6	4444.3	1866.3	596.8	1839.4	599.5
贵 州	Guizhou	5475.3	2754.1	1429.6	665.1	138.1	501.5	336.5
云 南	Yunnan	6989.7	4167.4	3139.0	818.9	320.0	1802.5	484.6

12-5 续表 1 continued

单位：千公顷 (1 000 hectares)

地 区	Region	薯类 Tubers	棉花 Cotton	油料 Oil-bearing Crops	#花生 Peanuts	#油菜籽 Rapeseeds	麻类 Fiber Crops	#黄红麻 Jute and Ambary Hemp	糖料 Sugar Crops
全 国	**National Total**	**7210**	**3169**	**13129**	**4731**	**6765**	**69**	**5**	**1568**
上 海	Shanghai	0.4	0.0	2.4	0.2	2.1			0.0
江 苏	Jiangsu	39.1	8.4	278.7	99.7	172.9	0.2	0.0	3.4
浙 江	Zhejiang	73.3	4.8	137.3	17.0	113.7	0.0	0.0	7.2
安 徽	Anhui	63.5	51.2	521.4	145.8	350.4	2.2	0.7	2.7
江 西	Jiangxi	119.7	35.0	678.4	171.4	475.4	3.4	0.0	13.6
湖 北	Hubei	319.2	129.7	1377.9	248.7	1034.4	3.3	0.0	6.6
湖 南	Hunan	183.5	59.5	1453.5	112.7	1326.4	1.8	0.1	7.6
重 庆	Chongqing	663.6		333.9	63.1	258.3	2.1	0.0	1.9
四 川	Sichuan	1268.9	2.3	1583.9	283.4	1292.2	18.1	0.2	9.7
贵 州	Guizhou	988.1	0.4	579.4	47.3	430.9	0.3	0.1	10.5
云 南	Yunnan	543.8	0.0	311.2	43.4	257.7	2.9		235.7

12-5 续表 2 continued

单位：千公顷 (1 000 hectares)

地 区	Region	#甘蔗 Sugarcane	#甜菜 Beetroots	烟叶 Tobacco	#烤烟 Flue-cured Tobacco	蔬菜 Vegetables	茶园 Tea Plantations	果园 Orchards
全 国	**National Total**	**1353**	**213**	**1014**	**967**	**21485**	**3217**	**12646**
上 海	Shanghai	0.0				84.2	0.1	13.1
江 苏	Jiangsu	0.8	2.6			1443.8	34.2	190.8
浙 江	Zhejiang	7.2	0.0	0.5	0.1	659.6	206.6	318.8
安 徽	Anhui	1.9		8.6	8.6	718.0	194.7	166.3
江 西	Jiangxi	13.6		13.2	12.8	661.0	113.2	427.8
湖 北	Hubei	6.6		36.4	31.6	1279.9	358.4	400.8
湖 南	Hunan	7.6		86.9	85.9	1355.0	185.8	556.1
重 庆	Chongqing	1.9		27.4	22.3	772.0	52.1	347.8
四 川	Sichuan	9.7	0.0	73.6	68.5	1444.0	396.4	806.9
贵 州	Guizhou	10.2	0.2	133.1	126.6	1511.3	476.4	779.5
云 南	Yunnan	235.7		408.6	395.8	1223.7	493.5	665.2

12-6 主要农产品产量（2020年）
Output of Major Farm Products（2020）

单位：万吨 (10 000 tons)

地区	Region	粮食 Grain	谷物 Cereals	#稻谷 Rice	#小麦 Wheat	#玉米 Corn	豆类 Beans	薯类 Tubers	棉花 Cotton
全国	**National Total**	**66949.2**	**61674.3**	**21186.0**	**13425.4**	**26066.5**	**2287.5**	**2987.4**	**591.0**
上海	Shanghai	91.4	91.1	84.7	5.3	0.9	0.1	0.2	0.0
江苏	Jiangsu	3729.1	3631.6	1965.7	1333.9	308.3	71.6	25.8	1.1
浙江	Zhejiang	605.7	536.0	465.1	40.8	25.9	30.8	38.8	0.7
安徽	Anhui	4019.2	3901.9	1560.5	1671.7	663.2	98.1	19.2	4.1
江西	Jiangxi	2163.9	2076.3	2051.2	3.3	20.7	32.0	55.6	5.3
湖北	Hubei	2727.4	2581.4	1864.3	400.7	311.5	39.7	106.3	10.8
湖南	Hunan	3015.1	2876.9	2638.9	7.8	223.2	40.0	98.2	7.4
重庆	Chongqing	1081.4	753.7	489.2	6.1	251.1	41.5	286.2	
四川	Sichuan	3527.4	2836.9	1475.3	246.7	1065.0	138.8	551.8	0.2
贵州	Guizhou	1057.6	704.5	416.0	33.4	220.3	33.7	319.4	0.0
云南	Yunnan	1895.9	1587.5	524.9	69.7	938.0	123.3	185.0	0.0

12-6 续表 1 continued

单位：万吨 (10 000 tons)

地 区	Region	油料 Oil-bearing Crops	#花生 Peanuts	#油菜籽 Rapeseeds	#芝麻 Sesame	麻类 Fiber Crops	#黄红麻 Jute and Ambary Hemp	甘蔗 Sugarcane	甜菜 Beetroots
全 国	**National Total**	**3586.4**	**1799.3**	**1404.9**	**45.7**	**24.9**	**1.9**	**10812.1**	**1198.4**
上 海	Shanghai	0.7	0.1	0.6	0.0			0.2	
江 苏	Jiangsu	93.0	40.6	51.2	1.1	0.1	0.0	5.2	1.9
浙 江	Zhejiang	32.1	5.2	25.8	0.9	0.0	0.0	46.4	0.0
安 徽	Anhui	162.5	72.3	85.3	2.0	1.0	0.3	8.0	
江 西	Jiangxi	122.7	50.9	67.8	3.9	0.6	0.0	61.2	
湖 北	Hubei	344.5	87.1	241.1	13.1	0.8	0.0	28.2	
湖 南	Hunan	260.7	29.9	228.7	1.6	0.5	0.0	34.9	
重 庆	Chongqing	67.1	14.1	51.4	0.5	0.4	0.0	8.2	
四 川	Sichuan	392.9	73.8	317.2	0.3	3.1	0.0	37.8	0.1
贵 州	Guizhou	103.4	11.7	76.2	0.1	0.1	0.1	61.3	0.3
云 南	Yunnan	63.1	7.6	54.2	0.0	0.8		1597.2	

12-6 续表 2 continued

单位：万吨 (10 000 tons)

地 区	Region	烟叶 Tobacco	#烤烟 Flue-cured Tobacco	蚕茧 Silkworm Cocoons	#桑蚕茧 Mulberry Silkworm Cocoons	茶叶 Tea	水果 Fruits	#苹果 Apples	#柑橘 Citrus	#梨 Pears	#葡萄 Grapes	#香蕉 Bananas
全 国	**National Total**	**213.4**	**202.2**	**78.8**	**73.5**	**293.2**	**28692.4**	**4406.6**	**5121.9**	**1781.5**	**1431.4**	**1151.3**
上 海	Shanghai					0.0	43.9		11.7	3.4	4.9	
江 苏	Jiangsu			3.6	3.6	1.1	974.2	56.6	3.4	78.4	61.1	
浙 江	Zhejiang	0.1	0.0	1.6	1.6	17.7	755.3	0.0	191.8	35.2	76.2	0.0
安 徽	Anhui	2.0	2.0	1.0	1.0	12.9	741.5	37.6	3.3	127.5	53.4	
江 西	Jiangxi	2.7	2.6	0.7	0.7	7.2	712.8		425.6	16.5	9.9	
湖 北	Hubei	6.3	5.3	0.1	0.1	36.1	1066.8	0.7	510.0	41.5	31.3	
湖 南	Hunan	18.5	18.3	0.0	0.0	25.0	1150.8		626.7	20.1	24.4	
重 庆	Chongqing	5.3	4.0	1.2	1.2	4.8	514.8	0.6	319.9	32.0	12.7	0.1
四 川	Sichuan	16.2	14.6	10.0	10.0	34.4	1221.3	80.8	489.0	95.6	41.6	5.1
贵 州	Guizhou	22.5	21.1	0.3	0.3	21.1	548.1	34.5	67.8	44.8	33.7	7.8
云 南	Yunnan	84.3	81.6	3.4	3.4	46.3	961.6	60.6	135.9	65.4	97.5	197.6

12-7 主要农产品单位面积产量（2020年）
Output of Major Farm Products per Hectare（2020）

单位：公斤/公顷 (kg/hectare)

地 区	Region	谷 物 Cereals	棉 花 Cotton	花 生 Peanuts	油菜籽 Rapeseeds	芝 麻 Sesame	黄红麻 Jute and Ambary Hemp	甘 蔗 Sugarcane	甜 菜 Beetroots	烤 烟 Flue-cured Tobacco
全 国	**National Average**	**6296**	**1865**	**3803**	**2077**	**1564**	**3636**	**79890**	**56307**	**2091**
上 海	Shanghai	8033	1370	2890	3059	1334		54000		
江 苏	Jiangsu	7127	1269	4075	2962	1938	3800	64342	7396	
浙 江	Zhejiang	6665	1426	3043	2264	1695	5333	64675	9000	2358
安 徽	Anhui	5926	801	4960	2434	1632	3752	43217		2355
江 西	Jiangxi	5915	1511	2969	1426	1244	3800	45078		2041
湖 北	Hubei	6329	832	3502	2331	1631	2800	42430		1690
湖 南	Hunan	6508	1252	2653	1724	1419	2085	45975		2135
重 庆	Chongqing	6627		2234	1989	1103	1854	43619		1800
四 川	Sichuan	6383	950	2603	2455	1745	1892	39172	33118	2136
贵 州	Guizhou	4928	1014	2484	1768	1462	6000	59909	11400	1669
云 南	Yunnan	5057	483	1753	2104	936		67774		2062

12-8 主要林产品产量（2020年）
Output of Major Forestry Products（2020）

地 区	Region	木 材 (万立方米) Timber (10 000 cu.m)	橡 胶 (吨) Rubber (ton)	竹 材 (万根) Bamboo (10 000 units)	核 桃 (吨) Walnut (ton)	油茶籽 (吨) Tea-oil Seeds (ton)
全 国	**National Total**	**10257.0**	**826348**	**324265**	**4795939**	**3141620**
上 海	Shanghai					
江 苏	Jiangsu	213.9		592	1120	150
浙 江	Zhejiang	102.1		22084	27221	81759
安 徽	Anhui	536.2		20132	27561	110180
江 西	Jiangxi	301.6		23652	159	482520
湖 北	Hubei	231.6		3269	104242	221790
湖 南	Hunan	377.0		24250	7398	1373445
重 庆	Chongqing	50.5		5621	30883	14639
四 川	Sichuan	222.9		17372	605797	25059
贵 州	Guizhou	318.9		1974	87892	77788
云 南	Yunnan	845.7	472110	13517	1502706	25060

12-9 牲畜饲养情况（2020年）
Number of Livestock（2020）

单位：万头、万只 (10 000 heads)

地 区	Region	大牲畜年底头数 Large Animals (year-end)	牛 Cattle and Buffaloes	马 Horses	驴 Donkeys	骡 Mules	骆驼 Camels
全 国	**National Total**	**10265.1**	**9562.1**	**367.2**	**232.4**	**62.3**	**41.1**
上 海	Shanghai	5.4	5.3	0.1			
江 苏	Jiangsu	27.8	27.1	0.1	0.4	0.3	
浙 江	Zhejiang	15.0	15.0				
安 徽	Anhui	95.2	94.8	0.1	0.4	0.0	0.0
江 西	Jiangxi	276.6	275.5	1.1	0.1	0.0	
湖 北	Hubei	242.3	242.1	0.1	0.1	0.0	0.0
湖 南	Hunan	440.0	438.1	1.5	0.3	0.1	
重 庆	Chongqing	105.9	104.5	1.0	0.0	0.4	
四 川	Sichuan	969.5	880.3	73.4	7.9	7.9	
贵 州	Guizhou	533.9	517.7	15.7	0.1	0.4	
云 南	Yunnan	913.9	858.8	16.1	16.5	22.6	

12-9 续表 continued

单位：万头、万只 (10 000 heads)

地 区	Region	肉猪出栏头数 Slaughtered Fattened Hogs	猪年底头数 Hogs (year-end)	羊年底只数 Sheep and Goats (year-end)	山 羊 Goats	绵 羊 Sheep
全 国	**National Total**	**52704.1**	**40650.4**	**30654.8**	**13345.2**	**17309.5**
上 海	Shanghai	97.7	82.9	13.0	12.5	0.5
江 苏	Jiangsu	1825.7	1374.9	352.9	330.8	22.1
浙 江	Zhejiang	665.4	627.6	140.1	47.1	93.0
安 徽	Anhui	2150.5	1419.3	597.9	582.8	15.0
江 西	Jiangxi	2218.3	1569.9	123.5	123.5	
湖 北	Hubei	2631.1	2161.5	533.3	533.3	
湖 南	Hunan	4658.9	3734.6	761.2	761.2	
重 庆	Chongqing	1434.5	1082.9	323.1	322.9	0.1
四 川	Sichuan	5614.4	3875.4	1524.8	1353.9	170.9
贵 州	Guizhou	1661.8	1364.1	382.4	360.5	21.9
云 南	Yunnan	3453.2	3120.4	1350.7	1251.7	99.0

12-10 畜产品产量（2020年）
Output of Livestock Products（2020）

地区	Region	肉类（万吨）Output of Meat (10 000 tons)	#猪牛羊肉 Output of Pork, Beef and Mutton	猪肉 Pork	牛肉 Beef	羊肉 Mutton	奶类（万吨）Milk (10 000 tons)	#牛奶 Cow Milk
全　国	**National Total**	**7748.4**	**5278.1**	**4113.3**	**672.4**	**492.3**	**3529.6**	**3440.1**
上　海	Shanghai	9.3	7.6	7.2	0.3	0.2	29.1	29.1
江　苏	Jiangsu	268.2	149.5	140.7	2.6	6.3	63.0	63.0
浙　江	Zhejiang	90.1	57.8	54.2	1.4	2.2	18.4	18.3
安　徽	Anhui	396.0	213.9	183.4	9.9	20.7	37.6	37.6
江　西	Jiangxi	285.2	198.5	180.7	15.2	2.6	9.1	9.1
湖　北	Hubei	307.4	228.1	203.8	15.4	8.9	13.4	13.4
湖　南	Hunan	455.0	374.3	337.7	20.5	16.1	5.6	5.6
重　庆	Chongqing	161.2	123.0	108.8	7.4	6.8	3.2	3.2
四　川	Sichuan	597.8	459.1	394.8	37.0	27.3	68.0	68.0
贵　州	Guizhou	207.9	174.3	146.3	23.1	5.0	5.3	5.3
云　南	Yunnan	417.4	353.3	291.6	40.9	20.8	73.1	67.3

12-10 续表 continued

地 区	Region	绵羊毛 (吨) Sheep Wool (ton)	#细羊毛 Fine Wool	#半细羊毛 Semi-Fine Wool	山羊粗毛 (吨) Goat Wool (ton)	山羊绒 (吨) Cashmere (ton)	禽 蛋 (万吨) Poultry Eggs (10 000 tons)	蜂 蜜 (万吨) Honey (10 000 tons)
全 国	**National Total**	**333625**	**106109**	**116849**	**24034**	**15244**	**3467.8**	**45.8**
上 海	Shanghai	1.0			67.5		2.9	0.1
江 苏	Jiangsu	308.6	97.3	211.2	1.1		231.9	0.6
浙 江	Zhejiang	905.5	1.4	904.1	76.9	2.8	33.2	5.0
安 徽	Anhui	194.3	116.2	77.1	17.9	2.4	184.2	1.7
江 西	Jiangxi	21.5	15.5	6.0	122.9	0.6	61.2	2.3
湖 北	Hubei	7.4	2.4	5.0	43.2		193.1	2.0
湖 南	Hunan				11.8	0.9	118.8	1.3
重 庆	Chongqing						45.7	2.4
四 川	Sichuan	4644.0	1807.0	2728.0	419.0	90.0	167.9	6.3
贵 州	Guizhou	548.2	157.8	390.4	69.6	7.9	26.2	0.4
云 南	Yunnan	1223.3	304.3	821.9	78.7	4.1	41.7	1.0

12-11 水产品产量（2020年）
Output of Aquatic Products（2020）

单位：万吨 (10 000 tons)

地区	Region	水产品总产量 Total Aquatic Products	海水产品 Seawater Aquatic Products	天然生产 Naturally Grown	人工养殖 Artificially Cultured	鱼类 Fish	虾蟹类 Shrimps, Prawns and Crabs	贝类 Shellfish	藻类 Algae	其他 Others
全 国	**National Total**	**6549.0**	**3314.4**	**1179.1**	**2135.3**	**1055.4**	**358.6**	**1516.3**	**263.7**	**120.4**
上 海	Shanghai	24.4	16.1	16.0	0.0	15.4	0.7	0.0		0.0
江 苏	Jiangsu	490.2	135.0	42.7	92.3	31.4	23.2	71.6	4.8	4.0
浙 江	Zhejiang	589.6	450.9	313.7	137.2	235.5	79.4	109.2	12.0	14.8
安 徽	Anhui	232.4								
江 西	Jiangxi	262.7								
湖 北	Hubei	467.9								
湖 南	Hunan	258.9								
重 庆	Chongqing	52.4								
四 川	Sichuan	160.4								
贵 州	Guizhou	24.9								
云 南	Yunnan	64.4								

12-11 续表 continued

单位：万吨 (10 000 tons)

地 区	Region	淡水产品 Freshwater Aquatic Products	天然生产 Naturally Grown	人工养殖 Artificially Cultured	鱼 类 Fish	虾蟹类 Shrimps, Prawns and Crabs	贝 类 Shellfish	其 他 Others
全 国	**National Total**	**3234.6**	**145.8**	**3088.9**	**2697.3**	**442.0**	**35.8**	**59.6**
上 海	Shanghai	8.3	0.1	8.2	5.8	2.5		0.0
江 苏	Jiangsu	355.2	25.9	329.3	250.3	93.0	9.0	3.0
浙 江	Zhejiang	138.6	17.0	121.6	104.7	16.9	3.9	13.2
安 徽	Anhui	232.4	14.4	218.0	161.7	59.1	6.3	5.3
江 西	Jiangxi	262.7	7.2	255.5	225.3	24.6	4.2	8.6
湖 北	Hubei	467.9	7.5	460.4	343.5	116.2	0.6	7.5
湖 南	Hunan	258.9	2.5	256.5	213.1	38.7	1.5	5.7
重 庆	Chongqing	52.4	0.5	51.9	50.7	1.1	0.0	0.6
四 川	Sichuan	160.4	0.5	159.9	153.8	5.2	0.2	1.2
贵 州	Guizhou	24.9	0.7	24.2	24.1	0.5	0.1	0.2
云 南	Yunnan	64.4	2.9	61.5	63.3	0.5	0.2	0.4

12-12 人均主要农产品产量（2020年）
Per Capita Output of Major Farm Products（2020）

单位：公斤 (kg)

地区	Region	粮食 Grain	#谷物 Cereals	棉花 Cotton	油料 Oil-bearing Crops	猪牛羊肉 Pork, Beef and Mutton	水产品 Total Aquatic Products	牛奶 Milk
全国	**National Average**	**474**	**437**	**4.2**	**25.4**	**37.4**	**46.4**	**24.4**
上海	Shanghai	37	37	0.0	0.3	3.1	9.8	11.7
江苏	Jiangsu	440	429	0.1	11.0	17.6	57.8	7.4
浙江	Zhejiang	94	83	0.1	5.0	8.9	91.1	2.8
安徽	Anhui	659	640	0.7	26.6	35.0	38.1	6.2
江西	Jiangxi	479	460	1.2	27.2	43.9	58.1	2.0
湖北	Hubei	467	442	1.8	59.0	39.7	81.4	2.3
湖南	Hunan	454	433	1.1	39.2	56.3	39.0	0.8
重庆	Chongqing	338	236		21.0	38.3	16.3	1.0
四川	Sichuan	422	339	0.0	47.0	54.8	19.2	8.1
贵州	Guizhou	274	183	0.0	26.8	45.2	6.4	1.4
云南	Yunnan	402	336	0.0	13.4	74.8	13.6	14.2

十三、工业　Industry

13-1 规模以上工业企业主要指标（2020年）
Main Indicators of Industrial Enterprises above Designated Size（2020）

单位：亿元　　(100 million yuan)

地 区	Region	企业单位数（个） Number of Enterprises (unit)	资产总计 Total Assets	流动资产合计 Current Assets	应收账款 Accounts Receivable	存货 Inventories	#产成品 Finished Goods	负债合计 Total Liabilities
全 国	**National Total**	**399375**	**1303499.3**	**648817.5**	**167496.2**	**125903.8**	**46626.5**	**735385.9**
上 海	Shanghai	8804	49569.7	29065.2	7468.0	5624.8	1889.8	24125.2
江 苏	Jiangsu	50168	133267.4	79085.5	26244.6	15930.2	6298.5	70749.8
浙 江	Zhejiang	47956	95819.4	53512.6	15767.3	10317.4	4113.6	52453.2
安 徽	Anhui	18447	43846.6	22826.6	7120.0	4087.3	1616.2	24376.5
江 西	Jiangxi	14341	28165.8	13907.2	3680.5	3058.7	1199.7	14872.3
湖 北	Hubei	15708	44195.5	21434.9	5282.6	4272.6	1541.9	23100.7
湖 南	Hunan	18239	32463.3	15321.1	4457.3	3330.7	1219.3	16554.2
重 庆	Chongqing	6938	23236.7	11753.1	3785.1	2043.2	788.9	13106.4
四 川	Sichuan	15280	53091.1	23297.9	5940.6	4594.7	1602.9	29718.7
贵 州	Guizhou	4482	17244.6	7625.5	1336.1	1460.9	364.3	10432.8
云 南	Yunnan	4401	24673.7	8815.2	1576.2	2368.0	600.9	14289.3

13-1 续表 continued

单位：亿元 (100 million yuan)

地 区	Region	营业收入 Business Revenue	营业成本 Business Cost	销售费用 Selling Expenses	管理费用 Management Expenses	财务费用 Financial Expenses	利润总额 Total Profits	平 均 用工人数 (万人) Annual Average Employees (10 000 Persons)
全 国	**National Total**	**1083658.4**	**903752.5**	**30777.8**	**58274.7**	**11687.7**	**68465.0**	**7756.1**
上 海	Shanghai	39524.9	31867.0	1414.6	2964.0	93.7	2882.7	183.7
江 苏	Jiangsu	125344.2	105135.4	3752.2	7304.9	982.6	7622.8	856.3
浙 江	Zhejiang	78625.0	64917.4	2380.6	4968.2	875.2	5807.0	683.8
安 徽	Anhui	38549.3	32583.1	977.0	1995.0	355.6	2439.6	282.8
江 西	Jiangxi	36442.7	31102.1	736.3	1480.0	263.7	2591.3	238.3
湖 北	Hubei	40925.2	33842.1	1190.3	2216.5	336.0	2646.9	274.5
湖 南	Hunan	38914.8	30843.0	1215.5	2706.4	367.0	2559.9	313.1
重 庆	Chongqing	23052.1	19387.5	639.0	1186.7	172.0	1506.5	161.8
四 川	Sichuan	46565.3	38367.5	1460.5	2087.1	516.4	3386.4	302.2
贵 州	Guizhou	9342.2	6685.8	305.3	524.1	205.4	1174.4	77.0
云 南	Yunnan	14943.5	11672.1	388.5	643.2	298.3	1115.0	80.4

13-2 国有控股工业企业主要指标（2020年）
Main Indicators of State-holding Industrial Enterprises（2020）

单位：亿元 (100 million yuan)

地 区	Region	企业单位数(个) Number of Enterprises (unit)	资产总计 Total Assets	流动资产合计 Current Assets	应收账款 Accounts Receivable	存货 Inventories	#产成品 Finished Goods	负债合计 Total Liabilities
全 国	**National Total**	**22072**	**500461.0**	**177774.4**	**32849.0**	**32479.2**	**8933.5**	**289137.0**
上 海	Shanghai	632	22057.0	10439.8	1661.9	1860.8	488.6	10299.6
江 苏	Jiangsu	1291	23684.1	10288.3	2565.9	2201.4	673.7	13285.8
浙 江	Zhejiang	843	14229.2	5236.7	1529.4	946.6	204.9	7659.2
安 徽	Anhui	848	16363.7	6177.9	985.8	951.2	264.9	8706.0
江 西	Jiangxi	587	7887.4	3382.1	745.1	699.6	206.0	4596.8
湖 北	Hubei	798	19598.3	8282.2	1519.8	1443.3	348.8	10480.3
湖 南	Hunan	759	10628.7	4386.9	1078.0	1115.0	208.8	6142.7
重 庆	Chongqing	561	9259.8	3871.5	808.1	611.7	225.7	5290.8
四 川	Sichuan	1239	25529.0	8592.4	1462.1	1652.1	433.6	14477.1
贵 州	Guizhou	595	11080.5	4622.3	575.7	850.2	122.3	6637.7
云 南	Yunnan	666	17055.5	4555.1	680.2	1432.5	212.2	10030.4

13-2 续表 continued

单位：亿元 (100 million yuan)

地 区	Region	营业收入 Business Revenue	营业成本 Business Cost	销售费用 Selling Expenses	管理费用 Management Expenses	财务费用 Financial Expenses	利润总额 Total Profits	平 均 用工人数 (万人) Annual Average Employees (10 000 Persons)
全 国	**National Total**	**279606.8**	**229113.5**	**5386.6**	**13932.1**	**4821.0**	**15346.1**	**1382.8**
上 海	Shanghai	13353.1	10611.4	276.5	1000.7	13.1	967.6	34.2
江 苏	Jiangsu	17850.8	14782.0	374.8	770.0	152.7	1028.5	56.9
浙 江	Zhejiang	10400.6	8516.5	153.5	382.8	117.3	750.7	26.1
安 徽	Anhui	10423.0	8598.6	175.6	516.8	130.3	735.4	52.4
江 西	Jiangxi	6786.6	5796.4	103.3	259.9	71.4	311.9	31.0
湖 北	Hubei	10682.4	8404.6	250.6	628.2	94.4	730.7	54.0
湖 南	Hunan	7569.8	5699.6	163.5	492.0	104.3	385.4	41.2
重 庆	Chongqing	5868.1	4814.6	214.3	377.3	84.3	257.7	29.9
四 川	Sichuan	12728.9	9991.6	311.3	658.8	238.9	1143.2	70.9
贵 州	Guizhou	4810.6	2997.1	108.0	272.0	144.4	893.7	32.7
云 南	Yunnan	8159.8	6000.8	116.3	329.0	230.2	587.0	31.5

13-3 私营工业企业主要指标（2020年）
Main Indicators of Private Industrial Enterprises（2020）

单位：亿元 (100 million yuan)

地 区	Region	企业单位数（个）Number of Enterprises (unit)	资产总计 Total Assets	流动资产合计 Current Assets	应收账款 Accounts Receivable	存货 Inventories	#产成品 Finished Goods	负债合计 Total Liabilities
全 国	**National Total**	**286430**	**345022.8**	**205754.1**	**60158.7**	**45126.9**	**19293.7**	**198275.5**
上 海	Shanghai	4508	7231.9	5121.4	1753.7	1017.8	434.1	3590.5
江 苏	Jiangsu	37139	48313.9	31261.4	11009.8	6517.7	2791.5	27646.9
浙 江	Zhejiang	40038	40123.6	25242.3	8163.4	5245.4	2182.1	24257.6
安 徽	Anhui	12914	11024.6	6757.6	2470.2	1585.3	736.5	6213.2
江 西	Jiangxi	11092	10523.2	5292.2	1500.7	1249.8	578.0	5178.0
湖 北	Hubei	11238	10711.9	5517.6	1606.1	1405.9	667.5	5144.9
湖 南	Hunan	15659	14358.5	6820.7	1915.7	1631.5	743.8	6588.7
重 庆	Chongqing	5443	8080.0	4174.2	1412.9	800.5	344.7	4322.4
四 川	Sichuan	10981	12594.7	6634.7	1915.5	1557.7	673.4	6482.3
贵 州	Guizhou	3158	3224.0	1684.7	449.7	359.7	160.0	2021.6
云 南	Yunnan	2921	4370.8	2398.2	519.3	564.3	251.7	2753.0

13-3 续表 continued

单位: 亿元 (100 million yuan)

地 区	Region	营业收入 Business Revenue	营业成本 Business Cost	销售费用 Selling Expenses	管理费用 Management Expenses	财务费用 Financial Expenses	利润总额 Total Profits	平均用工人数(万人) Annual Average Employees (10 000 Persons)
全 国	**National Total**	413564.0	351705.6	11356.7	21954.8	3718.9	23800.5	3574.4
上 海	Shanghai	5934.1	4677.0	272.1	547.9	42.9	471.3	49.7
江 苏	Jiangsu	50815.7	43457.3	1237.9	3139.0	475.0	2581.7	418.3
浙 江	Zhejiang	38801.8	32521.2	1163.8	2693.4	466.0	2186.3	456.6
安 徽	Anhui	14413.9	12388.6	381.5	759.6	118.4	770.8	136.2
江 西	Jiangxi	19301.7	16555.2	422.3	757.9	109.6	1448.3	132.8
湖 北	Hubei	18006.6	15261.6	516.9	886.5	163.3	1091.5	131.7
湖 南	Hunan	24736.7	19838.6	831.7	1779.5	210.3	1681.9	215.5
重 庆	Chongqing	9935.1	8125.3	274.2	549.4	70.4	879.8	93.8
四 川	Sichuan	20526.9	17198.5	708.9	865.1	163.7	1323.8	140.4
贵 州	Guizhou	3004.9	2479.9	117.9	163.5	31.1	171.2	29.8
云 南	Yunnan	4318.2	3747.6	117.2	191.2	50.8	203.5	33.9

13-4 外商投资和港澳台商投资工业企业主要指标（2020年）
Main Indicators of Industrial Enterprises with Hong Kong, Macao, Taiwan and Foreign Funds（2020）

单位：亿元 (100 million yuan)

地 区	Region	企业单位数(个) Number of Enterprises (unit)	资产总计 Total Assets	流动资产合计 Current Assets	应收账款 Accounts Receivable	存货 Inventories	#产成品 Finished Goods	负债合计 Total Liabilities
全 国	**National Total**	**43026**	**248426.9**	**149146.4**	**45399.7**	**27714.3**	**10616.4**	**133713.8**
上 海	Shanghai	3057	20116.3	12968.2	3635.9	2690.2	978.5	10738.3
江 苏	Jiangsu	8584	43520.3	26915.1	9702.1	5357.6	2024.3	21158.9
浙 江	Zhejiang	4315	19324.0	12091.5	3388.8	2204.5	914.2	9548.8
安 徽	Anhui	814	5483.3	3635.8	1900.0	457.2	148.4	3472.7
江 西	Jiangxi	702	3428.2	1645.6	484.8	319.9	153.7	1711.9
湖 北	Hubei	780	6757.7	3950.4	1044.2	485.6	172.6	4128.0
湖 南	Hunan	470	3765.8	1666.8	603.5	212.4	100.5	1865.3
重 庆	Chongqing	430	4316.2	2673.0	1175.3	432.4	153.8	2821.5
四 川	Sichuan	557	6038.2	3484.7	1421.2	447.0	160.8	4062.9
贵 州	Guizhou	105	844.7	277.8	64.7	32.5	9.7	478.2
云 南	Yunnan	150	816.0	389.4	69.0	73.1	24.0	339.2

13-4 续表 continued

单位：亿元 (100 million yuan)

地 区	Region	营业收入 Business Revenue	营业成本 Business Cost	销售费用 Selling Expenses	管理费用 Management Expenses	财务费用 Financial Expenses	利润总额 Total Profits	平均用工人数(万人) Annual Average Employees (10 000 Persons)
全 国	**National Total**	**243188.6**	**202461.0**	**8146.0**	**12518.0**	**1276.8**	**18167.4**	**1672.0**
上 海	Shanghai	21592.8	17523.9	796.2	1596.9	19.2	1551.0	92.7
江 苏	Jiangsu	43026.5	35983.9	1324.2	2413.2	224.1	3075.4	299.9
浙 江	Zhejiang	15974.3	13143.1	588.9	999.2	131.5	1323.1	117.4
安 徽	Anhui	5279.7	4600.1	149.8	216.9	21.7	271.2	26.4
江 西	Jiangxi	3442.6	2881.5	77.9	154.1	27.9	288.9	29.0
湖 北	Hubei	7159.7	5942.5	228.0	344.0	20.5	483.7	35.9
湖 南	Hunan	2617.2	2059.1	73.9	171.8	49.8	198.8	28.2
重 庆	Chongqing	5704.1	5112.8	146.9	195.2	6.4	225.9	25.9
四 川	Sichuan	5961.5	5356.3	93.5	148.7	22.3	320.1	33.4
贵 州	Guizhou	414.0	320.8	18.1	17.7	8.6	48.7	4.3
云 南	Yunnan	467.8	348.4	34.5	29.7	3.9	50.4	3.8

13-5 大中型工业企业主要指标（2020年）
Main Indicators of Large and Medium-sized Industrial Enterprises (2020)

单位：亿元 (100 million yuan)

地　区	Region	企业单位数（个）Number of Enterprises (unit)	资产总计 Total Assets	流动资产合计 Current Assets	应收账款 Accounts Receivable	存货 Inventories	#产成品 Finished Goods	负债合计 Total Liabilities
全　国	**National Total**	**47045**	**897779.2**	**428512.6**	**98509.7**	**81448.0**	**28358.8**	**498299.2**
上　海	Shanghai	1110	36583.7	20124.0	4562.1	3816.0	1144.4	17695.8
江　苏	Jiangsu	5279	83845.0	47883.7	14915.3	9701.1	3673.1	43401.9
浙　江	Zhejiang	4426	56621.4	29546.1	8149.2	5676.9	2274.4	28998.6
安　徽	Anhui	1405	28791.6	14272.1	4254.1	2308.4	778.1	15856.6
江　西	Jiangxi	1309	16598.4	8227.1	2006.1	1812.7	604.9	8858.3
湖　北	Hubei	1652	29730.3	14060.5	3064.9	2613.5	794.1	15742.7
湖　南	Hunan	1728	20824.8	10582.1	3032.4	2276.0	738.7	11414.1
重　庆	Chongqing	1070	15229.4	8077.1	2572.2	1383.0	511.2	8722.7
四　川	Sichuan	1784	33614.4	15065.7	3535.0	2935.6	932.6	18479.7
贵　州	Guizhou	442	11734.9	5307.9	654.5	1053.9	197.8	6752.9
云　南	Yunnan	499	15136.2	5489.8	745.8	1743.1	302.6	7663.7

13-5 续表 continued

单位：亿元 (100 million yuan)

地 区	Region	营业收入 Business Revenue	营业成本 Business Cost	销售费用 Selling Expenses	管理费用 Management Expenses	财务费用 Financial Expenses	利润总额 Total Profits	平 均 用工人数 (万人) Annual Average Employees (10 000 Persons)
全 国	**National Total**	**695028.4**	**573691.0**	**20402.5**	**36719.4**	**7144.6**	**47198.6**	**4582.6**
上 海	Shanghai	28245.7	22762.3	974.5	2048.1	20.8	2042.5	110.0
江 苏	Jiangsu	77208.3	64328.7	2502.7	4129.6	517.4	5150.0	473.1
浙 江	Zhejiang	43579.6	35356.7	1438.1	2567.0	402.1	3887.6	313.9
安 徽	Anhui	21244.2	17761.0	534.8	1094.5	191.0	1475.3	136.5
江 西	Jiangxi	18334.3	15477.0	374.6	757.1	139.2	1351.9	122.4
湖 北	Hubei	22115.1	17917.4	647.3	1247.3	153.5	1558.9	147.5
湖 南	Hunan	18935.2	14520.3	626.7	1307.5	191.3	1398.8	154.7
重 庆	Chongqing	15492.3	13191.4	432.6	753.2	91.9	895.7	96.1
四 川	Sichuan	27069.6	22064.2	887.0	1211.4	240.6	2121.0	176.8
贵 州	Guizhou	5793.7	3773.1	182.2	335.9	132.2	951.1	48.4
云 南	Yunnan	9910.4	7402.8	260.6	423.8	157.2	822.8	48.6

13-6 工业产品产量（2020年）
Output of Industrial Products（2020）

地区	Region	原煤(亿吨) Coal (100 million tons)	天然气(亿立方米) Natural Gas (100 million cu.m)	原盐(万吨) Salt (10 000 tons)	成品糖(万吨) Refined Sugar (10 000 tons)	啤酒(万千升) Beer (10 000 kiloliter)	卷烟(亿支) Cigarettes (100 million pieces)	布(亿米) Cloth (100 million m)
全国	**National Total**	**39.02**	**1924.95**	**5852.68**	**1431.30**	**3411.11**	**23863.73**	**459.19**
上海	Shanghai		15.11			28.88	878.08	1.03
江苏	Jiangsu	0.10	4.24	581.93	6.93	173.75	1039.45	87.25
浙江	Zhejiang				0.64	259.64	920.43	113.09
安徽	Anhui	1.11	2.24	155.35		75.99	1203.47	7.41
江西	Jiangxi	0.03		212.30	1.52	69.97	630.71	7.81
湖北	Hubei		1.01	426.58		97.54	1330.46	41.34
湖南	Hunan	0.11	0.03	330.46	1.36	66.64	1624.96	1.65
重庆	Chongqing	0.09	79.96	372.16	0.80	65.54	557.50	1.70
四川	Sichuan	0.22	463.34	514.10	2.67	217.97	895.22	14.92
贵州	Guizhou	1.21	5.04		3.58	100.50	1160.07	0.33
云南	Yunnan	0.55		160.30	257.18	69.65	3515.88	

13-6 续表 1 continued

地 区	Region	机制纸及纸板(万吨) Machine-made Paper and Paperboards (10 000 tons)	焦 炭(万吨) Coke (10 000 tons)	硫 酸(万吨) Sulfuric Acid (10 000 tons)	烧 碱(万吨) Caustic Soda (10 000 tons)	纯 碱(万吨) Soda Ash (10 000 tons)	乙 烯(万吨) Ethylene (10 000 tons)	农用氮、磷、钾化肥(万吨) Chemical Nitrogenous, Phosphate and Potash Fertilizers for Agricultural Use (10 000 tons)
全 国	**National Total**	**12700.63**	**47116.12**	**9238.18**	**3673.87**	**2812.37**	**2159.96**	**5495.97**
上 海	Shanghai	42.33	540.58	5.53	70.70		206.09	0.96
江 苏	Jiangsu	1411.25	1312.87	252.91	261.77	484.07	220.33	200.77
浙 江	Zhejiang	1452.75	213.23	274.33	208.35	29.59	204.20	63.96
安 徽	Anhui	406.64	1228.35	673.87	85.49	88.81		268.00
江 西	Jiangxi	291.06	688.50	287.52	179.99	40.16	0.61	23.43
湖 北	Hubei	467.54	801.18	1330.48	85.69	173.29	69.78	490.03
湖 南	Hunan	316.10	603.99	207.55	59.74	32.86	0.64	65.09
重 庆	Chongqing	402.48	279.70	59.36	35.12	117.64		167.20
四 川	Sichuan	365.83	1074.23	513.05	120.42	128.93		359.13
贵 州	Guizhou	32.79	428.43	597.80				338.91
云 南	Yunnan	74.29	1093.32	1566.39	22.87	9.54		224.33

13-6 续表 2 continued

地　区	Region	化学农药原药(万吨) Chemical Pesticide (10 000 tons)	初级形态塑料(万吨) Primary Plastics (10 000 tons)	化学纤维(万吨) Chemical Fiber (10 000 tons)	水泥(万吨) Cement (10 000 tons)	平板玻璃(万重量箱) Plate Glass (10 000 weight cases)	生铁(万吨) Pig Iron (10 000 tons)	粗钢(万吨) Crude Steel (10 000 tons)	钢材(万吨) Rolled Steel (10 000 tons)
全　国	**National Total**	**214.80**	**10542.20**	**6124.68**	**239470.83**	**95227.79**	**88897.61**	**106476.68**	**132489.18**
上　海	Shanghai	1.35	421.62	37.93	398.89		1411.33	1575.60	1879.61
江　苏	Jiangsu	58.20	1135.60	1534.12	15275.13	1757.21	10022.92	12108.20	15004.86
浙　江	Zhejiang	19.19	1132.52	2964.24	13260.00	4270.37	852.84	1457.03	3806.68
安　徽	Anhui	16.07	328.09	51.46	14189.26	4466.23	2537.32	3696.69	3607.46
江　西	Jiangxi	1.36	84.68	86.90	10030.74	488.37	2332.07	2682.07	3093.92
湖　北	Hubei	14.91	174.51	32.54	9826.63	9566.46	2727.44	3557.23	3649.11
湖　南	Hunan	13.02	60.20	6.95	11043.16	4318.31	2105.44	2612.90	2729.73
重　庆	Chongqing	0.21	48.08	17.96	6524.41	1596.50	637.84	899.95	1309.95
四　川	Sichuan	27.61	284.79	79.01	14517.47	5902.06	2136.79	2792.63	3437.18
贵　州	Guizhou		4.73	1.37	10820.86	1648.07	368.63	461.94	741.09
云　南	Yunnan	0.12	34.56	4.01	13130.31	2459.27	1873.25	2233.02	2640.72

13-6 续表 3 continued

地　区	Region	金属切削机床(万台) Metal-cutting Machine Tools (10 000 units)	大中型拖拉机(万台) Large and Medium-sized Tractors (10 000 units)	汽　车(万辆) Motor Vehicles (10 000 units)	#轿　车 Cars	发电机组(万千瓦) Power Generation Equipment (10 000 kW)	家用电冰箱(万台) Household Refrigerators (10 000 units)	房间空气调节器(万台) Air Conditioners (10 000 units)
全　国	**National Total**	**43.89**	**34.52**	**2532.49**	**923.98**	**13384.46**	**9014.71**	**21035.25**
上　海	Shanghai	0.41		264.68	145.48	1882.25	21.15	231.23
江　苏	Jiangsu	5.37	7.74	75.21	30.14	1365.86	1265.22	401.51
浙　江	Zhejiang	11.04	1.79	90.43	52.35	757.38	592.71	1583.33
安　徽	Anhui	1.97	0.09	116.07	13.24		2437.87	3009.70
江　西	Jiangxi	0.35	0.02	45.20	0.73	34.54	78.14	486.56
湖　北	Hubei	0.83	0.54	209.34	84.95	113.91	570.06	1760.31
湖　南	Hunan	0.33		39.13	7.83	493.97		622.75
重　庆	Chongqing	0.77		158.00	28.78	102.67	148.70	1696.19
四　川	Sichuan	0.85	0.01	71.34	2.26	2589.29	111.13	210.80
贵　州	Guizhou	0.19		7.52			157.08	
云　南	Yunnan	3.49	0.27	2.00		40.08		

13-6 续表 4 continued

地 区	Region	家用洗衣机(万台) Household Washing Machines (10 000 units)	移动通信手持机(万台) Mobile Phones (10 000 units)	微型计算机设备(万台) Micro-Computer Equipment (10 000 units)	集成电路(亿块) Integrated Circuit (100 million units)	彩色电视机(万台) Color Television Sets (10 000 units)	发电量(亿千瓦小时) Electricity Generation (100 million kWh)	#水电 Hydropower
全 国	**National Total**	**8041.87**	**146961.78**	**37800.41**	**2614.23**	**19626.24**	**77790.60**	**13552.09**
上 海	Shanghai	133.96	3686.58	1799.51	288.67	158.74	861.74	
江 苏	Jiangsu	2238.61	5527.48	5029.46	836.45	796.37	5217.54	32.17
浙 江	Zhejiang	907.21	3704.59	139.21	174.10	1.11	3531.31	209.09
安 徽	Anhui	2380.40	91.35	3097.13	9.18	1611.76	2808.98	66.21
江 西	Jiangxi	20.45	5649.09	2188.45	3.31	84.24	1444.71	144.89
湖 北	Hubei		2667.01	1720.01	0.57	178.78	3015.84	1647.22
湖 南	Hunan		2369.20	184.51	17.85		1554.43	573.66
重 庆	Chongqing	523.40	13450.47	9130.26	45.49		840.52	281.00
四 川	Sichuan	14.76	13319.83	7527.01	106.37	970.10	4182.28	3541.38
贵 州	Guizhou		1352.91	0.07	0.69	183.62	2305.44	831.16
云 南	Yunnan		574.74	82.57	5.15	26.74	3674.44	2959.99

十四、建筑　Construction

14-1 建筑业劳动生产率（2020年）
Labor Productivity of Construction Industry (2020)

单位：元/人　　(yuan/person)

地 区	Region	按建筑业总产值计算的劳动生产率 Labor Productivity in Terms of Total Output Value of Construction	#国 有 State-owned Enterprises	#集 体 Collective-owned Enterprises
全 国	**National Average**	**422898**	**635664**	**318885**
上 海	Shanghai	667640	863192	246039
江 苏	Jiangsu	361942	473940	335444
浙 江	Zhejiang	359809	561864	296359
安 徽	Anhui	458066	820629	326192
江 西	Jiangxi	488057	761404	405563
湖 北	Hubei	752079	1961286	312709
湖 南	Hunan	391485	517163	290688
重 庆	Chongqing	367064	656759	345270
四 川	Sichuan	342207	407832	242514
贵 州	Guizhou	435615	527444	382324
云 南	Yunnan	358947	748247	301916

14-2 按登记注册类型分建筑业企业单位数（2020年）
Number of Construction Enterprises by Registration Status（2020）

单位：个 (unit)

地 区	Region	合 计 Total	内资企业 Domestic Invested Enterprises	#国 有 State-owned Enterprises	#集 体 Collective-owned Enterprises	港澳台商投资企业 Enterprises with Investment from Hong Kong, Macao and Taiwan	#港澳台商独资企业 Sole-proprietorship Enterprises	外商投资企 业 Foreign Invested Enterprises	#外商独资企业 Sole-proprietorship Enterprises
全 国	**National Total**	116722	116304	3746	2180	235	74	183	69
上 海	Shanghai	2365	2281	72	22	46	22	38	23
江 苏	Jiangsu	11000	10934	200	68	28	9	38	18
浙 江	Zhejiang	8004	7986	88	61	13	4	5	2
安 徽	Anhui	5692	5687	117	57	5	3		
江 西	Jiangxi	3751	3745	109	130	4		2	
湖 北	Hubei	4633	4626	212	55	3		4	
湖 南	Hunan	3338	3334	179	128	3	1	1	1
重 庆	Chongqing	3335	3329	96	42	3	1	3	1
四 川	Sichuan	7067	7064	304	95	2	1	1	
贵 州	Guizhou	1770	1769	138	41	1	1		
云 南	Yunnan	3449	3449	95	94				

14-3 按登记注册类型分建筑业企业从业人员（2020年）
Number of Employed Persons in Construction Enterprises by Registration Status（2020）

单位：人 (person)

地 区	Region	合 计 Total	内资企业 Domestic Invested Enterprises	#国 有 State-owned Enterprises	#集 体 Collective-owned Enterprises	港澳台商投资企业 Enterprises with Investment from Hong Kong, Macao and Taiwan	#港澳台商独资企业 Sole-proprietorship Enterprises	外商投资企 业 Foreign Invested Enterprises	#外商独资企业 Sole-proprietorship Enterprises
全 国	**National Total**	**53669756**	**53411537**	**4322673**	**1034711**	**180454**	**28596**	**77765**	**25646**
上 海	Shanghai	786316	772774	219349	5009	6821	2082	6721	4437
江 苏	Jiangsu	8550040	8527842	282739	24419	4287	2282	17911	4572
浙 江	Zhejiang	5433345	5379157	38516	32083	38872	9195	15316	187
安 徽	Anhui	2034450	2033974	148423	26830	476	289		
江 西	Jiangxi	1649700	1611249	71509	76499	37836		615	
湖 北	Hubei	2176338	2170206	211446	20439	528		5604	
湖 南	Hunan	2819295	2810338	364917	81733	4128	782	4829	4829
重 庆	Chongqing	2166222	2165381	80994	31436	220	120	621	34
四 川	Sichuan	3933296	3933113	461570	101306	148	98	35	
贵 州	Guizhou	811042	810786	127095	12980	256	256		
云 南	Yunnan	1357532	1357532	58435	34678				

14-4 建筑业企业技术装备情况(2020年)
Machinery and Equipment Owned by Construction Enterprises (2020)

地 区	Region	自有施工机械设备年末总台数(台) Number of Machinery and Equipment Owned (set)	自有施工机械设备年末总功率(万千瓦) Total Power of Machinery and Equipment Owned (10 000 kW)	自有施工机械设备年末净值(万元) Year-end Net Value of Machinery and Equipment Owned (10 000 yuan)	技术装备率(元/人) Value of Machinery per Worker (yuan/person)	动力装备率(千瓦/人) Power of Machines per Worker (kW/person)
全 国	**National Total**	**8166436**	**27321.8**	**52494828**	**9781**	**5.1**
上 海	Shanghai	47617	202.6	961337	12226	2.6
江 苏	Jiangsu	1717379	5204.7	10853178	12694	6.1
浙 江	Zhejiang	670593	1557.9	3388138	6236	2.9
安 徽	Anhui	207255	472.2	1106852	5441	2.3
江 西	Jiangxi	245107	600.2	1233788	7479	3.6
湖 北	Hubei	381954	1694.8	2550228	11718	7.8
湖 南	Hunan	611196	1012.2	1987291	7049	3.6
重 庆	Chongqing	131113	355.6	911335	4207	1.6
四 川	Sichuan	299738	970.0	2041085	5189	2.5
贵 州	Guizhou	80437	332.9	501282	6181	4.1
云 南	Yunnan	148985	516.9	1064539	7842	3.8

14-5 建筑业总产值（2020年）
Total Output Value of Construction (2020)

单位：亿元 (100 million yuan)

地 区	Region	建筑业总产值 Total Output Value of Construction	建筑工程产值 Output Value of Construction	安装工程产值 Output Value of Installation	其 他 Others
全 国	**National Total**	**263947**	**232717**	**22080**	**9149**
上 海	Shanghai	8277	7029	1002	247
江 苏	Jiangsu	35252	32679	2181	392
浙 江	Zhejiang	20939	18576	1874	488
安 徽	Anhui	9365	7964	679	722
江 西	Jiangxi	8649	7437	652	560
湖 北	Hubei	16136	14292	1265	578
湖 南	Hunan	11864	10111	973	780
重 庆	Chongqing	8975	8112	591	272
四 川	Sichuan	15613	13607	1323	682
贵 州	Guizhou	4080	3449	402	230
云 南	Yunnan	6725	6091	370	264

14-6 按登记注册类型分建筑业总产值（2020年）
Total Output Value of Construction by Registration Status（2020）

单位：万元 (10 000 yuan)

地区	Region	合计 Total	内资企业 Domestic Invested Enterprises	#国有 State-owned Enterprises	#集体 Collective-owned Enterprises	港澳台商投资企业 Enterprises with Investment from Hong Kong, Macao and Taiwan	#港澳台商独资企业 Sole-proprietorship Enterprises	外商投资企业 Foreign Invested Enterprises	#外商独资企业 Sole-proprietorship Enterprises
全国	**National Total**	**2639473929**	**2617735985**	**348821675**	**34572554**	**12114778**	**1462810**	**9623166**	**3725476**
上海	Shanghai	82770378	81180954	26403483	222616	753678	237058	835746	556177
江苏	Jiangsu	352516381	348376373	17291456	1237790	270458	119763	3869550	663351
浙江	Zhejiang	209386134	206818838	2780270	994018	2128675	249704	438621	83104
安徽	Anhui	93651164	93596064	12719826	905149	55099	42267		
江西	Jiangxi	86491592	85529202	5240970	3262636	951720		10670	
湖北	Hubei	161361079	160794925	40175170	573384	10716		555439	
湖南	Hunan	118640283	118281631	19214196	2566256	221045	36132	137606	137606
重庆	Chongqing	89749662	89569723	6668014	1102207	122024	114684	57915	504
四川	Sichuan	156126956	156113597	24983939	2884077	13138	3819	221	
贵州	Guizhou	40802409	40794759	9145724	601013	7650	7650		
云南	Yunnan	67248237	67248237	7360353	1104410				

14-7 按行业分建筑业总产值(2020年)
Total Output Value of Construction by Branch (2020)

单位:万元 (10 000 yuan)

地 区	Region	建筑业总产值 Total Output Value of Construction	房屋建筑业 Construction of Buildings	土木工程建筑业 Civil Engineering	建筑安装业 Building Installation	建筑装饰、装修和其他建筑业 Building Decoration and Other Construction
全 国	**National Total**	**2639473929**	**1618770806**	**753642252**	**140577490**	**126483381**
上 海	Shanghai	82770378	45610577	23009457	6479451	7670894
江 苏	Jiangsu	352516381	252968998	54121575	24781650	20644158
浙 江	Zhejiang	209386134	140511023	48287949	9212840	11374321
安 徽	Anhui	93651164	51623053	33420692	4747845	3859573
江 西	Jiangxi	86491592	55273626	24870078	2760847	3587041
湖 北	Hubei	161361079	95586481	57494007	4898091	3382501
湖 南	Hunan	118640283	84863625	26613401	4766792	2396465
重 庆	Chongqing	89749662	62710813	19761521	3177946	4099381
四 川	Sichuan	156126956	107169765	40455076	5144020	3358096
贵 州	Guizhou	40802409	25240860	12726388	1979035	856126
云 南	Yunnan	67248237	41832245	21846121	2132926	1436945

14-8 建筑业企业签订合同和承包工程完成情况（2020年）
Contracts Signed and Completion of Contracted Projects by Construction Enterprises（2020）

单位：万元 (10 000 yuan)

地 区	Region	合同总额 Total Value of Contracts	上年结转合同额 Value from Contracts Signed in Last Year	本年新签合同额 Value from New Contracts Signed in This Year	直接从建设单位承揽工程完成的产值 Completed Output Value of Projects Contracted Directly from Investors	自行完成施工产值 Own-completed Output Value	分包出去工程的产值 Output Value of Out-subcontracted Projects	从建设单位以外承揽工程完成的产值 Completed Output Value of Projects Contracted from Non-investors
全 国	**National Total**	**5955383717**	**2704026097**	**3251357620**	**2591054892**	**2491990200**	**99064692**	**147483729**
上 海	Shanghai	303108341	166876626	136231715	89053241	70868394	18184848	11901985
江 苏	Jiangsu	580503775	234465135	346038640	330047546	328276121	1771426	24240260
浙 江	Zhejiang	442072536	212583851	229488685	204135827	199444086	4691741	9942048
安 徽	Anhui	204221798	83364179	120857619	91426518	90001303	1425215	3649861
江 西	Jiangxi	140369104	52677802	87691302	84026525	82701215	1325310	3790377
湖 北	Hubei	435923808	215364897	220558911	160009111	159092344	916768	2268736
湖 南	Hunan	252678837	114764850	137913987	115436186	114648864	787322	3991419
重 庆	Chongqing	165037632	71783304	93254328	88376897	85819977	2556920	3929685
四 川	Sichuan	366684733	165095121	201589612	151299450	146685094	4614356	9441862
贵 州	Guizhou	117938202	61820309	56117893	40192343	39945599	246744	856810
云 南	Yunnan	137480671	57495210	79985461	64477414	63725189	752225	3523048

14-9 按登记注册类型分建筑业企业实收资本（2020年）
Paid-in Capitals of Construction Enterprises by Registration Status（2020）

单位：万元 (10 000 yuan)

地区	Region	合计 Total	内资企业 Domestic Invested Enterprises	#国有 State-owned Enterprises	#集体 Collective-owned Enterprises	港澳台商投资企业 Enterprises with Investment from Hong Kong, Macao and Taiwan	#港澳台商独资企业 Sole-proprietorship Enterprises	外商投资企业 Foreign Invested Enterprises	#外商独资企业 Sole-proprietorship Enterprises
全 国	**National Total**	**430003411**	**426474006**	**53839054**	**3992109**	**1987011**	**740482**	**1542395**	**785415**
上 海	Shanghai	14190972	13807663	2866913	38927	250760	114808	132549	100837
江 苏	Jiangsu	39796915	39255215	1929208	120964	74826	29269	466874	88726
浙 江	Zhejiang	27065561	26857997	457266	161348	185600	18672	21964	5788
安 徽	Anhui	13011210	12996853	1214046	57303	14357	9237		
江 西	Jiangxi	12520540	12401285	639038	280806	108747		10509	
湖 北	Hubei	19658437	19590448	4296989	106867	7170		60820	
湖 南	Hunan	13674490	13661401	2411401	260222	7398	698	5691	5691
重 庆	Chongqing	10248235	10059541	1322317	79743	174883	173000	13810	810
四 川	Sichuan	24965171	24954425	4648483	184762	10686	586	60	
贵 州	Guizhou	6781734	6781708	2224273	86374	26	26		
云 南	Yunnan	20491815	20491815	993676	141909				

14-10 建筑业企业资产（2020年）
Assets of Construction Enterprises（2020）

单位：万元 (10 000 yuan)

地 区	Region	资产总计 Total Assets	#流动资产 Current Assets	#固定资产 Fixed Assets	#在建工程 Projects Under Construction
全 国	**National Total**	**2830325536**	**2216957880**	**211710939**	**35067147**
上 海	Shanghai	122997381	102637993	7776678	440451
江 苏	Jiangsu	244860272	207416925	23742160	2885921
浙 江	Zhejiang	158459963	133334786	14045325	1191384
安 徽	Anhui	83421948	67044343	6752913	986433
江 西	Jiangxi	59227936	48811774	4860259	1113531
湖 北	Hubei	158178995	119839926	14500557	4045354
湖 南	Hunan	79861193	59633161	7780966	1911825
重 庆	Chongqing	70489549	56660732	4762361	1227121
四 川	Sichuan	150390380	114665036	9940660	4094530
贵 州	Guizhou	78291864	64686054	2194773	1804190
云 南	Yunnan	89298941	57598151	5528477	573623

14-11 建筑业企业负债及所有者权益（2020年）
Liabilities and Owners' Equity of Construction Enterprises（2020）

单位：万元 (10 000 yuan)

地区	Region	负债合计 Total Liabilities	流动负债合计 Current Liabilities	非流动负债合计 Non-current Liabilities	所有者权益 Owners' Equity	#实收资本 Paid-in Capitals
全国	**National Total**	**1979346782**	**1784669915**	**154824252**	**851002376**	**430003411**
上海	Shanghai	95613795	92563150	2431722	27383586	14190972
江苏	Jiangsu	146203607	136725011	6543197	98656804	39796915
浙江	Zhejiang	107602276	103168881	3561844	50857687	27065561
安徽	Anhui	58596959	52401673	3841568	24826120	13011210
江西	Jiangxi	38273126	34036945	2338196	20954810	12520540
湖北	Hubei	107544116	91749325	13786972	50635241	19658437
湖南	Hunan	53059436	45332469	6009712	26801756	13674490
重庆	Chongqing	50319115	43746597	4085249	20169167	10248235
四川	Sichuan	106859090	90000438	13206714	43537450	24965171
贵州	Guizhou	59650511	50096567	7585967	18641353	6781734
云南	Yunnan	57529816	47515156	8864419	31769125	20491815

14-12 按登记注册类型分建筑业企业资产（2020年）
Assets of Construction Enterprises by Registration Status (2020)

单位：万元 (10 000 yuan)

地 区	Region	合 计 Total	内资企业 Domestic Invested Enterprises	#国 有 State-owned Enterprises	#集 体 Collective-owned Enterprises	港澳台商投资企业 Enterprises with Investment from Hong Kong, Macao and Taiwan	#港澳台商独资企业 Sole-proprietorship Enterprises	外商投资企业 Foreign Invested Enterprises	#外商独资企业 Sole-proprietorship Enterprises
全 国	**National Total**	**2830325536**	**2786391015**	**524779142**	**22541019**	**23963733**	**3736902**	**19970788**	**10756262**
上 海	Shanghai	122997381	119296425	32730730	177954	1926272	526116	1774684	1414397
江 苏	Jiangsu	244860272	238410591	21452669	822156	360608	114569	6089072	671301
浙 江	Zhejiang	158459963	157262700	4410306	838601	1025173	145502	172091	67991
安 徽	Anhui	83421948	83336237	12857558	366388	85711	58220		
江 西	Jiangxi	59227936	56798225	5487635	1594105	2384435		45277	
湖 北	Hubei	158178995	157953043	68901466	286275	20381		205572	
湖 南	Hunan	79861193	79553186	15366770	819110	85543	5658	222464	222464
重 庆	Chongqing	70489549	69493437	10323910	304435	877027	858436	119085	3771
四 川	Sichuan	150390380	150361440	44098732	783882	28740	1202	201	
贵 州	Guizhou	78291864	78290558	30048053	558854	1306	1306		
云 南	Yunnan	89298941	89298941	9158206	635181				

14-13 按登记注册类型分建筑业企业负债（2020年）
Liabilities of Construction Enterprises by Registration Status (2020)

单位：万元　　(10 000 yuan)

地　区	Region	合　计 Total	内资企业 Domestic Invested Enterprises	#国　有 State-owned Enterprises	#集　体 Collective-owned Enterprises	港澳台商投资企业 Enterprises with Investment from Hong Kong, Macao and Taiwan	#港澳台商独资企业 Sole-proprietorship Enterprises	外商投资企业 Foreign Invested Enterprises	#外商独资企业 Sole-proprietorship Enterprises
全　国	**National Total**	**1979346782**	**1946770788**	**405545057**	**15058856**	**18258048**	**2437590**	**14317946**	**8306804**
上　海	Shanghai	95613795	92913183	25880128	111228	1285639	320407	1414974	1147089
江　苏	Jiangsu	146203607	142289630	16642100	446498	195976	65841	3718001	414238
浙　江	Zhejiang	107602276	106786965	3479936	567846	711787	122036	103524	60047
安　徽	Anhui	58596959	58540293	10775445	186667	56665	44565		
江　西	Jiangxi	38273126	36116331	4433690	1001843	2131365		25430	
湖　北	Hubei	107544116	107430664	50957492	112663	5103		108349	
湖　南	Hunan	53059436	52893035	11303256	443117	66466	4405	99936	99936
重　庆	Chongqing	50319115	49622742	8065045	193748	607089	594117	89283	655
四　川	Sichuan	106859090	106842349	33894070	459899	16601	382	141	
贵　州	Guizhou	59650511	59649520	22471379	398687	992	992		
云　南	Yunnan	57529816	57529816	6316520	349782				

14-14 按登记注册类型分建筑业企业所有者权益（2020年）
Owners' Equity of Construction Enterprises by Registration Status（2020）

单位：万元 (10 000 yuan)

地 区	Region	合 计 Total	内资企业 Domestic Invested Enterprises	#国 有 State-owned Enterprises	#集 体 Collective-owned Enterprises	港澳台商投资企业 Enterprises with Investment from Hong Kong, Macao and Taiwan	#港澳台商独资企业 Sole-proprietorship Enterprises	外商投资企业 Foreign Invested Enterprises	#外商独资企业 Sole-proprietorship Enterprises
全 国	**National Total**	**851002376**	**839643850**	**119234085**	**7482790**	**5705684**	**1299312**	**5652841**	**2449458**
上 海	Shanghai	27383586	26383242	6850603	66726	640633	205709	359710	267308
江 苏	Jiangsu	98656804	96121100	4810569	375659	164632	48728	2371072	257063
浙 江	Zhejiang	50857687	50475735	930370	270756	313386	23467	68567	7944
安 徽	Anhui	24826120	24797074	2082112	179721	29046	13656		
江 西	Jiangxi	20954810	20681894	1053945	592262	253069		19847	
湖 北	Hubei	50635241	50522741	17943974	173612	15278		97222	
湖 南	Hunan	26801756	26660151	4063514	375993	19077	1253	122528	122528
重 庆	Chongqing	20169167	19869427	2258865	110688	269938	264319	29802	3116
四 川	Sichuan	43537450	43525251	10204662	323983	12139	820	60	
贵 州	Guizhou	18641353	18641038	7576674	160167	315	315		
云 南	Yunnan	31769125	31769125	2841686	285399				

14–15 建筑业企业营业收入（2020年）
Business Revenue of Construction Enterprises（2020）

单位：万元 (10 000 yuan)

地 区	Region	营业收入 Business Revenue	主营业务收入 Revenue from Principal Business	#主营业务成本 Costs of Principal Business	#主营业务利润 Profits from Principal Business	其他业务收入 Revenue from Other Businesses	#其他业务利润 Profits from Other Businesses
全 国	**National Total**	**2448644980**	**2412673878**	**2216879171**	**81874129**	**35971102**	**2173359**
上 海	Shanghai	107603947	107093348	100247204	1929350	510599	149541
江 苏	Jiangsu	307949852	306134391	280321746	13055997	1815461	223612
浙 江	Zhejiang	178196447	176747472	165007783	4049827	1448975	171872
安 徽	Anhui	76009944	74282827	68056077	2333807	1727117	65976
江 西	Jiangxi	65606216	63925927	58677212	2326711	1680289	45669
湖 北	Hubei	148022490	146178839	132108736	5842287	1843651	65524
湖 南	Hunan	102781389	102086709	92905520	3329663	694680	36053
重 庆	Chongqing	72295830	70869984	63994935	3034236	1425847	53290
四 川	Sichuan	132166047	128885392	117027982	4862222	3280655	77275
贵 州	Guizhou	39695702	38974455	36305751	1305520	721248	28044
云 南	Yunnan	55722180	54493209	49419012	2287581	1228971	59604

14-16 按登记注册类型分建筑业企业营业收入（2020年）
Business Revenue of Construction Enterprises by Registration Status（2020）

单位：万元　　(10 000 yuan)

地 区	Region	合 计 Total	内资企业 Domestic Invested Enterprises	#国 有 State-owned Enterprises	#集 体 Collective-owned Enterprises	港澳台商投资企业 Enterprises with Investment from Hong Kong, Macao and Taiwan	#港澳台商独资企业 Sole-proprietorship Enterprises	外商投资企 业 Foreign Invested Enterprises	#外商独资企业 Sole-proprietorship Enterprises
全 国	**National Total**	**2448644980**	**2425099932**	**352428136**	**30720634**	**13060629**	**1789278**	**10484419**	**4420207**
上 海	Shanghai	107603947	105107230	34018226	382186	1171095	297455	1325622	1024968
江 苏	Jiangsu	307949852	303457897	16197482	989324	264688	117328	4227266	773918
浙 江	Zhejiang	178196447	176196028	2627473	897619	1737248	149571	263171	78414
安 徽	Anhui	76009944	75955854	11022390	787472	54090	41258		
江 西	Jiangxi	65606216	64772689	4196722	2433751	777012		56514	
湖 北	Hubei	148022490	147681555	44108001	512730	11430		329506	
湖 南	Hunan	102781389	102477175	15666586	2016870	166608	36132	137606	137606
重 庆	Chongqing	72295830	72073674	6137504	760703	141530	134368	80626	469
四 川	Sichuan	132166047	132158202	24834579	2344947	7624	2853	221	
贵 州	Guizhou	39695702	39688684	8417912	705351	7018	7018		
云 南	Yunnan	55722180	55722180	6215747	935024				

14-17 建筑业企业利税总额(2020年)
Total Pre-tax Profits of Construction Enterprises (2020)

地 区	Region	利税总额 合计 (万元) Total Pre-tax Profits (10 000 yuan)	利润总额 Total Profits	税金总额 Total Tax	产值利税率 (%) Ratio of Pre-tax Profits to Output Value (%)	资产利税率 (%) Ratio of Pre-tax Profits to Assets (%)
全 国	**National Total**	**154165698**	**84477398**	**69688300**	**5.8**	**5.4**
上 海	Shanghai	3788312	2190375	1597938	4.6	3.1
江 苏	Jiangsu	23562656	13255785	10306872	6.7	9.6
浙 江	Zhejiang	9327649	4329014	4998635	4.5	5.9
安 徽	Anhui	4583433	2449212	2134221	4.9	5.5
江 西	Jiangxi	4513564	2378129	2135435	5.2	7.6
湖 北	Hubei	10386379	5905623	4480756	6.4	6.6
湖 南	Hunan	7114647	3346685	3767962	6.0	8.9
重 庆	Chongqing	5686040	3100997	2585043	6.3	8.1
四 川	Sichuan	9135598	4980760	4154839	5.9	6.1
贵 州	Guizhou	2305400	1349621	955779	5.7	2.9
云 南	Yunnan	4361717	2320748	2040969	6.5	4.9

14-18 按登记注册类型分建筑业企业税金总额（2020年）
Taxes of Construction Enterprises by Registration Status (2020)

单位：万元 (10 000 yuan)

地 区	Region	合 计 Total	内资企业 Domestic Invested Enterprises	#国 有 State-owned Enterprises	#集 体 Collective-owned Enterprises	港澳台商投资企业 Enterprises with Investment from Hong Kong, Macao and Taiwan	#港澳台商独资企业 Sole-proprietorship Enterprises	外商投资企业 Foreign Invested Enterprises	#外商独资企业 Sole-proprietorship Enterprises
全 国	**National Total**	**69688300**	**69209279**	**6935780**	**1794757**	**199158**	**35426**	**279863**	**101783**
上 海	Shanghai	1597938	1559315	292817	14713	18015	8543	20608	14020
江 苏	Jiangsu	10306872	10189699	393215	46009	6832	3247	110341	8411
浙 江	Zhejiang	4998635	4944262	55738	30285	46604	3230	7768	1778
安 徽	Anhui	2134221	2132529	232216	48920	1692	922		
江 西	Jiangxi	2135435	2114647	123452	141225	20233		556	
湖 北	Hubei	4480756	4473685	982852	28672	243		6829	
湖 南	Hunan	3767962	3757947	459584	139042	4977	712	5038	5038
重 庆	Chongqing	2585043	2582293	121613	37062	370	168	2381	22
四 川	Sichuan	4154839	4154817	501035	167051	14	5	8	
贵 州	Guizhou	955779	955543	196416	49609	236	236		
云 南	Yunnan	2040969	2040969	148307	77322				

14-19 按登记注册类型分建筑业企业利润总额（2020年）
Total Profits of Construction Enterprises by Registration Status (2020)

单位：万元 (10 000 yuan)

地区	Region	合计 Total	内资企业 Domestic Invested Enterprises	#国有 State-owned Enterprises	#集体 Collective-owned Enterprises	港澳台商投资企业 Enterprises with Investment from Hong Kong, Macao and Taiwan	#港澳台商独资企业 Sole-proprietorship Enterprises	外商投资企业 Foreign Invested Enterprises	#外商独资企业 Sole-proprietorship Enterprises
全 国	**National Total**	**84477398**	**83054068**	**10894757**	**1011367**	**718433**	**207683**	**704897**	**252145**
上 海	Shanghai	2190375	2089877	823888	3125	32518	11386	67980	63487
江 苏	Jiangsu	13255785	12857396	627521	44429	13648	4021	384741	63102
浙 江	Zhejiang	4329014	4295389	89631	17085	29907	2217	3719	2254
安 徽	Anhui	2449212	2442379	266999	24075	6833	2972		
江 西	Jiangxi	2378129	2337580	85901	93798	35220		5329.4	
湖 北	Hubei	5905623	5885168	1725349	28821	10		20445	
湖 南	Hunan	3346685	3311912	457423	77340	1562	488	33211	33211
重 庆	Chongqing	3100997	3012538	171796	36328	87978	83844	481	-218
四 川	Sichuan	4980760	4980512	1300454	83193	244	63	4	
贵 州	Guizhou	1349621	1349373	375951	13776	248	248		
云 南	Yunnan	2320748	2320748	281835	42590				

14-20 按登记注册类型分建筑业企业主营业务利润（2020年）
Profits from Principal Business of Construction Enterprises by Registration Status（2020）

单位：万元 (10 000 yuan)

地 区	Region	合 计 Total	内资企业 Domestic Invested Enterprises	#国有 State-owned Enterprises	#集体 Collective-owned Enterprises	港澳台商投资企业 Enterprises with Investment from Hong Kong, Macao and Taiwan	#港澳台商独资企业 Sole-proprietorship Enterprises	外商投资企业 Foreign Invested Enterprises	#外商独资企业 Sole-proprietorship Enterprises
全 国	**National Total**	**81874129**	**80483877**	**10360484**	**976329**	**679440**	**200256**	**710812**	**268904**
上 海	Shanghai	1929350	1847872	751940	2692	19186	12792	62292	59273
江 苏	Jiangsu	13055997	12659598	611936	43875	12065	3189	384333	70627
浙 江	Zhejiang	4049827	4019418	85816	12959	26743	1579	3666	2219
安 徽	Anhui	2333807	2326993	252244	23761	6814	2965		
江 西	Jiangxi	2326711	2285934	75231	94606	35488		5289	
湖 北	Hubei	5842287	5821798	1702883	28786	12		20478	
湖 南	Hunan	3329663	3294372	454824	75265	1588	497	33703	33703
重 庆	Chongqing	3034236	2946575	165289	33727	87598	83465	63	-226
四 川	Sichuan	4862222	4862043	1256025	82197	175	35	4	
贵 州	Guizhou	1305520	1305320	340320	12671	200	200		
云 南	Yunnan	2287581	2287581	262144	38129				

14-21 建筑业企业房屋建筑面积（2020年）
Floor Space of Buildings Constructed by Construction Enterprises（2020）

单位：万平方米 (10 000 sq.m)

地区	Region	房屋建筑面积 Floor Space of Buildings Constructed		#国有 State-owned		#集体 Collective-owned	
		施工面积 Floor Space under Construction	竣工面积 Floor Space Completed	施工面积 Floor Space under Construction	竣工面积 Floor Space Completed	施工面积 Floor Space under Construction	竣工面积 Floor Space Completed
全 国	**National Total**	**1494753.7**	**384821.5**	**173139.5**	**24141.7**	**22992.6**	**9836.1**
上 海	Shanghai	53798.6	8150.8	17638.3	1623.2	84.4	39.4
江 苏	Jiangsu	267407.7	77802.9	9898.4	1861.2	716.0	232.0
浙 江	Zhejiang	180786.2	40742.2	177.0	31.4	1237.4	260.4
安 徽	Anhui	49377.0	14441.8	7242.4	709.5	389.3	262.1
江 西	Jiangxi	34235.5	13911.9	1332.7	417.1	2041.7	1102.1
湖 北	Hubei	85268.2	26559.5	18687.0	3288.2	407.9	261.2
湖 南	Hunan	67978.8	21236.8	10049.3	1761.5	2204.0	1226.6
重 庆	Chongqing	38122.6	14050.1	1219.7	275.2	313.3	232.2
四 川	Sichuan	67655.1	22572.8	11268.3	2090.3	782.2	575.4
贵 州	Guizhou	17167.5	3951.7	2194.9	216.0	491.1	120.8
云 南	Yunnan	20128.8	6238.4	946.6	116.3	406.2	194.9

14–22 勘察设计单位基本情况（2020年）
Conditions of Prospecting and Designing Institutions（2020）

地 区	Region	单位数（个）Number of Institutions (unit)	年末从业人员数（人）Number of Employed Persons at Year-end (person)	#高级职称 Senior Title	#中级职称 Middle Title	#初级职称 Junior Title	营业收入（万元）Business Revenue (10 000 yuan)
全 国	**National Total**	**23741**	**4399733**	**462065**	**767455**	**600011**	**724966801**
上 海	Shanghai	1259	296195	32394	67777	66984	87117556
江 苏	Jiangsu	2091	468323	27695	55544	49645	61031832
浙 江	Zhejiang	1077	445421	24074	42328	41733	47438165
安 徽	Anhui	905	231047	14914	28159	32644	36472482
江 西	Jiangxi	498	171384	6915	12321	9549	14368712
湖 北	Hubei	1238	201490	29313	45302	36177	42621644
湖 南	Hunan	636	124468	12997	27212	15916	33991037
重 庆	Chongqing	516	53782	10459	14688	8038	5086143
四 川	Sichuan	971	202972	26484	41446	27628	25016510
贵 州	Guizhou	376	37190	7276	8793	6400	6707254
云 南	Yunnan	800	61567	10549	14430	10713	8261586

14-23 工程招标代理机构基本情况（2020年）
Conditions of Project Bidding Agencies（2020）

地 区	Region	企业单位数(个) Number of Enterprises (unit)	期末企业人员(人) Personnel of Enterprises at Year-end (person)	#专业技术人员 Technical Personnel	#年末注册执业人数 Registered Professionals	#招标代理人员 Project Bidding Personnel	营业收入(万元) Business Revenue (10 000 yuan)
全 国	**National Total**	**9106**	**620041**	**456545**	**183241**	**96667**	**42753348**
上 海	Shanghai	166	34917	27909	9836	2674	1763148
江 苏	Jiangsu	459	42480	31469	18113	5207	11221998
浙 江	Zhejiang	311	47412	37243	14699	4824	3036601
安 徽	Anhui	376	22136	16105	7302	3870	644703
江 西	Jiangxi	223	10751	8176	3364	1816	273904
湖 北	Hubei	139	8313	6261	2493	1501	202023
湖 南	Hunan	260	19013	13729	5197	2841	473112
重 庆	Chongqing	34	5930	4870	2457	519	165557
四 川	Sichuan	450	36872	22371	15129	5233	1205585
贵 州	Guizhou	76	6273	4115	1647	833	362354
云 南	Yunnan	534	11653	8789	2771	4084	278910

14-24 建设工程监理企业基本情况（2020年）
Conditions of Construction Project Supervision Enterprises（2020）

地 区	Region	企业单位数（个）Number of Enterprises (unit)	年末从业人数（人）Employed Persons (year-end) (person)	#高、中级职称人员 Persons with Senior or Middle Certificates	年末注册执业人数（人）Registered Professionals (year-end) (person)	#注册监理工程师 Registered Supervisory Engineers	营业收入（万元）Business Revenue (10 000 yuan)
全 国	**National Total**	**9900**	**1393595**	**592337**	**400872**	**201204**	**71781592**
上 海	Shanghai	239	58561	23810	16662	8747	4185043
江 苏	Jiangsu	814	108107	48694	46954	20889	7080817
浙 江	Zhejiang	664	92571	34927	30675	17162	4997773
安 徽	Anhui	621	56323	20086	15721	7443	2242194
江 西	Jiangxi	219	32936	8681	6987	3550	1892968
湖 北	Hubei	302	39104	19972	11797	5990	1682006
湖 南	Hunan	294	54857	25673	13638	6962	2781006
重 庆	Chongqing	146	34322	14357	9876	4408	1513478
四 川	Sichuan	559	110313	40710	33593	14807	6791661
贵 州	Guizhou	167	17513	8166	5306	2329	1485061
云 南	Yunnan	194	23241	9950	5776	2896	1231011

十五、批发零售 Wholesale and Retail Trades

15-1 限额以上批发业企业主要指标（2020年）
Main Indicators of Enterprises above Designated Size of Wholesale Trade（2020）

单位：亿元 (100 million yuan)

地 区	Region	法人企业(个) Number of Corporate Enterprises (unit)	年末从业人数(人) Employed Persons at Year-end (person)	商品购进额 Total Purchases Value	#进口 Imports	商品销售额 Total Sales Value	#出口 Exports	期末商品库存额 Stock (year-end)
全 国	**National Total**	**168738**	**5957306**	**689230.3**	**50884.0**	**733272.8**	**27464.2**	**40336.2**
上 海	Shanghai	12666	683655	115860.0	14712.9	123456.2	4432.9	6127.3
江 苏	Jiangsu	20743	558157	69206.2	4145.2	72909.2	4192.2	5110.4
浙 江	Zhejiang	18851	495061	76340.4	3844.5	79992.3	5565.1	2935.5
安 徽	Anhui	3305	126358	9874.2	849.5	11009.3	246.1	564.2
江 西	Jiangxi	2020	92723	4542.5	42.7	5341.9	264.8	265.7
湖 北	Hubei	3479	165461	10369.1	106.0	11175.6	314.2	775.9
湖 南	Hunan	3134	129799	6870.5	227.5	7106.5	150.4	441.0
重 庆	Chongqing	2783	110087	10363.1	232.1	11346.9	285.2	493.4
四 川	Sichuan	4251	189704	12995.6	125.6	14137.5	124.3	871.1
贵 州	Guizhou	1440	64762	4106.9	6.5	5455.7	89.6	286.3
云 南	Yunnan	1575	83982	8994.8	346.3	9966.5	264.8	844.3

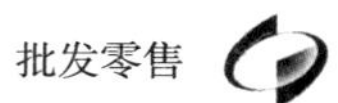

15-1 续表 continued

单位：亿元 (100 million yuan)

地 区	Region	资产总计 Total Assets	#流动资产合计 Total Current Assets	#固定资产净额 Net Value of Fixed Assets	负债合计 Total Liabilities	所有者权益合计 Total Owners' Equities	营业收入 Business Revenue	营业成本 Business Cost	税金及附加 Taxes and Other Charges	利润总额 Total Profits
全 国	**National Total**	**344736.4**	**267969.5**	**8633.1**	**250154.2**	**94534.2**	**658881.0**	**620118.5**	**2849.7**	**13167.2**
上 海	Shanghai	45882.7	37067.4	719.5	32065.7	13814.8	109625.7	102133.4	145.2	2405.5
江 苏	Jiangsu	30909.4	24825.2	905.9	23208.0	7715.8	65917.6	62261.9	196.4	1176.7
浙 江	Zhejiang	30572.5	23899.8	683.3	22547.5	8013.9	72578.5	69523.4	198.5	1247.6
安 徽	Anhui	5124.1	4172.1	159.7	3650.5	1475.2	9886.7	9069.2	99.7	214.3
江 西	Jiangxi	2807.8	2252.4	156.8	2078.0	728.0	4858.4	4342.0	75.0	148.2
湖 北	Hubei	5502.9	4333.5	248.2	4026.5	1476.1	10067.7	9191.7	106.8	277.7
湖 南	Hunan	3153.9	2440.7	171.3	2097.9	1116.4	6528.8	5789.4	133.5	246.5
重 庆	Chongqing	4612.2	3843.4	156.5	3209.2	1403.3	10228.9	9441.2	110.0	307.9
四 川	Sichuan	7127.0	5684.4	218.8	5301.7	1824.9	12787.7	11805.1	131.4	347.6
贵 州	Guizhou	3666.0	3130.1	82.0	2195.3	1506.9	4911.0	3799.3	70.0	795.8
云 南	Yunnan	5114.9	3603.2	150.1	2930.7	2183.5	9050.1	8459.0	93.3	272.3

15-2 限额以上零售业企业主要指标（2020年）
Main Indicators of Enterprises above Designated Size of Retail Trade (2020)

单位：亿元 (100 million yuan)

地区	Region	法人企业(个) Number of Corporate Enterprises (unit)	年末从业人数(人) Employed Persons at Year-end (person)	商品购进额 Total Purchases Value	#进口 Imports	商品销售额 Total Sales Value	#出口 Exports	期末商品库存额 Stock (year-end)
全　国	**National Total**	**107761**	**6392395**	**111068.6**	**3278.1**	**130988.4**	**89.4**	**12646.7**
上　海	Shanghai	2828	375931	8143.0	573.9	10334.4	2.1	970.1
江　苏	Jiangsu	9946	498272	10295.8	208.4	12005.4	5.2	946.7
浙　江	Zhejiang	6106	350549	7961.8	358.3	9452.6	6.8	1477.0
安　徽	Anhui	5087	248711	3726.8	80.1	4605.4	9.2	489.8
江　西	Jiangxi	3864	163093	2185.5	45.1	2620.2	2.3	249.7
湖　北	Hubei	5170	287598	3997.7	90.4	4711.6	2.0	696.4
湖　南	Hunan	7217	305640	4024.4	64.4	5159.0	1.1	348.9
重　庆	Chongqing	3435	190411	2910.7	81.4	3432.3	0.6	253.8
四　川	Sichuan	5038	317221	6107.6	132.9	6779.5	0.4	473.0
贵　州	Guizhou	2365	104092	1743.4	40.8	2240.4	0.5	233.5
云　南	Yunnan	2332	130287	1814.5	49.3	2283.3	23.2	462.9

15-2 续表 continued

单位：亿元 (100 million yuan)

地 区	Region	资产总计 Total Assets	#流动资产合计 Total Current Assets	#固定资产净额 Net Value of Fixed Assets	负债合计 Total Liabilities	所有者权益合计 Total Owners' Equities	营业收入 Business Revenue	营业成本 Business Cost	税金及附加 Taxes and Other Charges	利润总额 Total Profits
全 国	**National Total**	**67336.9**	**47292.7**	**6215.5**	**47705.1**	**19491.3**	**118869.3**	**103094.5**	**424.2**	**2123.8**
上 海	Shanghai	5392.3	4129.8	360.4	3886.5	1504.2	9502.4	7301.2	41.4	359.1
江 苏	Jiangsu	6585.6	4551.7	626.8	4502.9	2072.4	10997.0	9619.8	32.3	233.9
浙 江	Zhejiang	4134.3	2916.4	432.4	3044.3	1090.1	8154.1	7088.7	25.7	160.2
安 徽	Anhui	2181.3	1513.5	214.7	1339.1	713.4	4080.5	3578.8	12.0	78.7
江 西	Jiangxi	1536.2	1062.3	110.2	1048.0	483.3	2437.4	2142.9	10.0	64.3
湖 北	Hubei	2336.8	1474.8	263.3	1618.6	704.2	4350.0	3760.0	19.2	108.4
湖 南	Hunan	2413.3	1305.1	316.0	1423.8	977.8	4711.9	4046.6	36.0	143.2
重 庆	Chongqing	1533.9	1010.8	167.0	1140.8	383.6	3065.1	2658.4	12.2	81.3
四 川	Sichuan	2631.1	1753.8	264.9	1729.6	894.6	6204.9	5517.1	18.6	114.4
贵 州	Guizhou	1391.6	905.0	111.5	991.2	438.4	2034.5	1800.5	4.5	70.4
云 南	Yunnan	1094.2	684.2	126.5	717.5	376.1	2097.2	1852.8	4.7	45.9

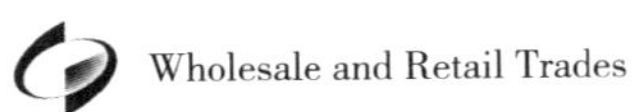

15-3 连锁零售企业基本情况（2020年）
Main Indicators of Chain Retail Enterprises (2020)

地 区	Region	总店数 (个) Number of Head Stores (unit)	门店总数 (个) Number of Stores (unit)	年末从业人数 (万人) Employed Persons at Year-end (10 000 persons)	年末零售营业面积 (万平方米) Operating Area of Retail Enterprises at Year-end (10 000 sq.m)	商品销售额 (亿元) Total Sales of Commodities (100 million yuan)	商品购进总额 (亿元) Total Purchases Value (100 million yuan)	统一配送商品购进额 (亿元) Centralized Purchase and Delivery (100 million yuan)
全 国	**National Total**	**3082**	**269345**	**220.2**	**18276.6**	**33903.9**	**27830.2**	**20250.8**
上 海	Shanghai	137	22548	25.6	1151.3	3938.6	3379.2	2551.7
江 苏	Jiangsu	178	21080	15.2	1269.7	2988.6	2636.9	2502.5
浙 江	Zhejiang	222	23495	10.5	1064.1	2117.0	1895.1	1591.8
安 徽	Anhui	93	8995	9.1	727.5	1509.3	1385.2	896.4
江 西	Jiangxi	65	6676	4.5	391.1	1049.8	536.6	451.7
湖 北	Hubei	146	10894	10.6	491.1	1327.0	1086.2	795.4
湖 南	Hunan	98	10977	12.0	988.1	1305.7	800.7	684.2
重 庆	Chongqing	61	6984	7.0	569.8	1021.1	804.3	709.7
四 川	Sichuan	237	17065	11.6	504.3	1052.5	885.7	611.0
贵 州	Guizhou	28	2020	1.3	61.4	102.5	94.4	79.4
云 南	Yunnan	24	6828	3.3	143.7	453.7	306.7	278.0

注：门店总数全国总计中包括开设在港澳台地区和国外的门店。
a) Total number of stores includes those located in Hong Kong, Macao and Taiwan province and foreign countries.

15-4 亿元以上商品交易市场基本情况（2020年）
Main Indicators of Commodity Exchange Markets with Transaction Value over 100 Million Yuan（2020）

地 区	Region	市场数量(个) Number of Markets (unit)	摊位数(个) Number of Booths (unit)	营业面积(万平方米) Operating Area (10 000 sq.m)	成交额(亿元) Turnover (100 million yuan)	批发市场 Wholesale	零售市场 Retail
全 国	**National Total**	**3891**	**2877393**	**29114.7**	**105748.7**	**93874.6**	**11874.1**
上 海	Shanghai	113	47207	411.7	9476.8	8901.1	575.7
江 苏	Jiangsu	420	308956	3711.3	21291.4	19732.0	1559.4
浙 江	Zhejiang	644	385473	3201.6	16621.0	14133.7	2487.3
安 徽	Anhui	104	104794	1239.1	2811.3	2440.4	370.9
江 西	Jiangxi	107	91849	843.0	1833.4	1542.8	290.6
湖 北	Hubei	108	68122	723.3	2090.0	1651.7	438.3
湖 南	Hunan	285	163560	1155.5	4439.9	3442.3	997.6
重 庆	Chongqing	142	90038	796.1	3361.6	3008.1	353.5
四 川	Sichuan	111	134703	1212.8	3249.2	3044.2	205.0
贵 州	Guizhou	50	36348	492.0	1437.0	1246.0	191.0
云 南	Yunnan	29	44241	203.6	405.2	350.6	54.6

15-5 社会消费品零售总额
Total Retail Sales of Consumer Goods

地 区	Region	2019		2020	
		社会消费品零售总额 (亿元) Total Retail Sales of Consumer Goods (100 million yuan)	增 长 (%) Growth Rate (%)	社会消费品零售总额 (亿元) Total Retail Sales of Consumer Goods (100 million yuan)	增 长 (%) Growth Rate (%)
全 国	**National Total**	**408017.2**	**8.0**	**391980.6**	**-3.9**
上 海	Shanghai	15847.6	6.5	15932.5	0.5
江 苏	Jiangsu	37672.5	6.2	37086.1	-1.6
浙 江	Zhejiang	27343.8	8.7	26629.8	-2.6
安 徽	Anhui	17862.1	10.6	18334.0	2.6
江 西	Jiangxi	10068.1	11.3	10371.8	3.0
湖 北	Hubei	22722.3	10.3	17984.9	-20.8
湖 南	Hunan	16683.9	10.2	16258.1	-2.6
重 庆	Chongqing	11631.7	8.7	11787.2	1.3
四 川	Sichuan	21343.0	10.4	20824.9	-2.4
贵 州	Guizhou	7468.2	5.1	7833.4	4.9
云 南	Yunnan	10158.2	10.4	9792.9	-3.6

15-6 网上零售额（2020年）
Online Retail Sales（2020）

地 区	Region	网上零售额 Online Retail Sales		#实物商品网上零售额 Online Retail Sales in Goods	
		绝对值 (亿元) Value (100 million yuan)	增 长 (%) Growth Rate (%)	绝对值 (亿元) Value (100 million yuan)	增 长 (%) Growth Rate (%)
全 国	**National Total**	**117601.3**	**10.9**	**97590.3**	**14.8**
上 海	Shanghai	11991.9	13.8	10128.9	20.7
江 苏	Jiangsu	10602.4	10.0	9232.6	13.9
浙 江	Zhejiang	17799.9	8.6	14068.1	9.6
安 徽	Anhui	2775.8	20.1	2375.1	24.3
江 西	Jiangxi	1641.7	7.7	1375.3	7.5
湖 北	Hubei	2866.6	1.6	2448.9	4.6
湖 南	Hunan	1977.3	17.7	1591.1	21.6
重 庆	Chongqing	1180.3	13.1	869.6	25.8
四 川	Sichuan	3743.1	11.1	3087.7	23.7
贵 州	Guizhou	491.8	18.9	316.8	28.6
云 南	Yunnan	906.5	18.6	618.1	41.0

十六、运输、邮电和软件业
Transport, Postal and Telecommunication Services, and Software Industry

16-1 交通运输、仓储和邮政业就业人员数（2020年底）
Number of Employed Persons in Transport, Storage and Post (End of 2020)

单位：人 (person)

地区	Region	铁路运输业 Railway Transport	道路运输业 Road Transport	水上运输业 Water Transport	航空运输业 Air Transport	管道运输业 Pipeline Transport	多式联运和运输代理业 Multimodal and Forwarding Agencies	装卸搬运和仓储业 Loading, Unloading and Storage	邮政业 Post
全国	**National Total**	**1886517**	**3596333**	**294025**	**602532**	**24830**	**320601**	**496132**	**901029**
上海	Shanghai	33528	154830	30266	81526	974	95580	34662	46135
江苏	Jiangsu	49072	217154	39982	16981	7076	19403	61515	43739
浙江	Zhejiang	32929	179187	28163	14416	66	16400	22812	58347
安徽	Anhui	42931	114238	7376	4005	16	4294	14328	21155
江西	Jiangxi	54909	92085	3733	3968	600	938	9338	20526
湖北	Hubei	77826	151464	10747	6571	676	3299	14168	26956
湖南	Hunan	75361	126316	3219	7685	615	2418	13824	26354
重庆	Chongqing	26806	120106	14045	15032	40	2956	6484	27670
四川	Sichuan	70389	183598	1275	37440	207	5602	15155	32001
贵州	Guizhou	32970	59832	266	11410	127	742	4849	21720
云南	Yunnan	39180	73723	214	26545	276	2463	7504	11934

16-2 运输线路长度（2020年底）
Length of Transport Routes (End of 2020)

单位：公里 (km)

地区	Region	铁路营业里程 Length of Railways in Operation	内河航道里程 Length of Navigable Inland Waterways	公路里程 Total Length of Highways	等级公路 Expressway and Class I to IV Highways	#高速 Expressway	#一级 Class I	#二级 Class II	等外公路 Highways Below Class IV
全国	**National Total**	**146330**	**127686**	**5198120**	**4944489**	**160980**	**123101**	**418300**	**253632**
上海	Shanghai	491	1654	12917	12917	845	470	3792	
江苏	Jiangsu	4174	24372	158101	158101	4925	15819	24252	
浙江	Zhejiang	3159	9758	123080	123080	5096	7760	10680	
安徽	Anhui	5287	5651	236483	236424	4904	5773	13188	59
江西	Jiangxi	4917	5638	210641	205122	6234	3070	12320	5520
湖北	Hubei	5185	8488	289612	282705	7230	7060	24625	6907
湖南	Hunan	5646	11496	241138	229192	6951	2723	15749	11946
重庆	Chongqing	2356	4352	180796	164865	3402	1047	9439	15931
四川	Sichuan	5312	10881	394371	379260	8140	4252	17045	15111
贵州	Guizhou	3873	3954	206693	183245	7607	1438	10283	23448
云南	Yunnan	4220	4589	292479	272273	8406	1649	13021	20206

16-3 客运量（2020年）
Passenger Traffic（2020）

单位：万人 (10 000 persons)

地 区	Region	合 计 Total	铁 路 Railways	公 路 Highways	水 路 Waterways
全 国	**National Total**	**966540**	**220350**	**689425**	**14987**
上 海	Shanghai	9234	7605	1332	297
江 苏	Jiangsu	85310	16084	67664	1562
浙 江	Zhejiang	58075	15854	38861	3360
安 徽	Anhui	32366	9479	22776	111
江 西	Jiangxi	41913	8157	33643	113
湖 北	Hubei	30112	8148	21731	233
湖 南	Hunan	56376	11392	44144	840
重 庆	Chongqing	37205	5232	31450	523
四 川	Sichuan	57508	11296	45258	954
贵 州	Guizhou	40137	5536	33584	1017
云 南	Yunnan	24177	4440	19232	505

16-4 旅客周转量（2020年）
Passenger-kilometers（2020）

单位：亿人公里 (100 million passenger-km)

地区	Region	合计 Total	铁路 Railways	公路 Highways	水路 Waterways
全国	**National Total**	**19251.46**	**8266.19**	**4641.01**	**32.99**
上海	Shanghai	114.56	69.59	44.47	0.50
江苏	Jiangsu	943.15	527.64	414.22	1.29
浙江	Zhejiang	674.09	464.73	204.84	4.53
安徽	Anhui	697.29	528.99	168.15	0.15
江西	Jiangxi	631.35	450.29	180.89	0.18
湖北	Hubei	522.92	390.31	131.60	1.01
湖南	Hunan	834.61	607.89	224.84	1.89
重庆	Chongqing	271.11	128.36	140.60	2.14
四川	Sichuan	560.29	269.44	289.81	1.04
贵州	Guizhou	524.47	224.98	295.84	3.65
云南	Yunnan	263.72	124.51	138.47	0.74

16-5 货运量（2020年）
Freight Traffic（2020）

单位：万吨 (10 000 tons)

地 区	Region	合 计 Total	铁 路 Railways	公 路 Highways	水 路 Waterways
全 国	**National Total**	**4729579**	**455236**	**3426413**	**761630**
上 海	Shanghai	138839	494	46051	92294
江 苏	Jiangsu	276640	8549	174624	93467
浙 江	Zhejiang	300276	4500	189582	106194
安 徽	Anhui	374503	7735	243529	123239
江 西	Jiangxi	157149	4553	141899	10697
湖 北	Hubei	160422	5363	114346	40713
湖 南	Hunan	200878	4592	176442	19844
重 庆	Chongqing	121692	2194	99679	19819
四 川	Sichuan	171896	7771	157598	6527
贵 州	Guizhou	86444	5801	79412	1231
云 南	Yunnan	121058	4919	115620	519

16-6 货物周转量（2020年）
Freight Ton-kilometers（2020）

单位：亿吨公里 (100 million ton-km)

地 区	Region	合 计 Total	铁 路 Railways	公 路 Highways	水 路 Waterways
全 国	**National Total**	**202211.34**	**30514.46**	**60171.85**	**105834.44**
上 海	Shanghai	32795.00	15.85	684.60	32094.55
江 苏	Jiangsu	10895.72	332.63	3524.51	7038.58
浙 江	Zhejiang	12324.24	231.15	2209.95	9883.14
安 徽	Anhui	10241.67	733.67	3412.24	6095.76
江 西	Jiangxi	4010.78	497.30	3247.08	266.40
湖 北	Hubei	5294.95	915.10	1639.91	2739.94
湖 南	Hunan	2602.20	856.36	1350.55	395.28
重 庆	Chongqing	3527.39	200.90	1055.45	2271.04
四 川	Sichuan	2861.32	951.83	1617.73	291.76
贵 州	Guizhou	1265.11	617.79	609.80	37.53
云 南	Yunnan	1579.74	471.02	1101.54	7.18

16–7 国家铁路地区间货物交流（2020年）
Cross-region Freight Transport of National Railways (2020)

单位：万吨 (10 000 tons)

发送省 Sender \ 到达省 Receiver		合计 Total	北京 Beijing	天津 Tianjin	河北 Hebei	山西 Shanxi	内蒙古 Inner Mongolia	辽宁 Liaoning	吉林 Jilin	黑龙江 Heilongjiang	上海 Shanghai
全　国	**National Total**	**357627**	**1559**	**12810**	**72936**	**12396**	**16922**	**28495**	**11421**	**13050**	**641**
上　海	Shanghai	478	7	3	3	6	2	7	8	2	1
江　苏	Jiangsu	6720	1	2	12	371	31	11	14	9	118
浙　江	Zhejiang	3988	4	1	5	14	29	13	16	18	129
安　徽	Anhui	7734	0	0	27	14	9	22	4	5	13
江　西	Jiangxi	4489	1	2	1	1	14	1	2	1	28
湖　北	Hubei	4685	6	5	31	6	17	29	36	45	13
湖　南	Hunan	4450	4	3	4	2	24	3	1	2	7
重　庆	Chongqing	1878	1	3	2	3	8	8	0	1	2
四　川	Sichuan	6033	6	2	18	9	11	6	16	9	27
贵　州	Guizhou	5800	0	1	12	25	16	3	4	43	1
云　南	Yunnan	4634	0	4	43	12	24	8	12	27	24

16-7 续表1 continued

单位：万吨 (10 000 tons)

发送省 Sender	到达省 Receiver	江苏 Jiangsu	浙江 Zhejiang	安徽 Anhui	福建 Fujian	江西 Jiangxi	山东 Shandong	河南 Henan	湖北 Hubei	湖南 Hunan	广东 Guangdong	广西 Guangxi
全 国	**National Total**	**7825**	**5089**	**10778**	**3696**	**8002**	**29293**	**16987**	**9740**	**8821**	**7045**	**8749**
上 海	Shanghai	50	45	19	9	15	15	21	24	15	47	5
江 苏	Jiangsu	1320	50	1399	10	130	87	1535	55	64	61	11
浙 江	Zhejiang	37	2530	47	30	560	18	28	9	18	86	23
安 徽	Anhui	956	365	4686	45	401	166	340	245	80	37	40
江 西	Jiangxi	30	342	25	459	2326	2	2	136	541	253	36
湖 北	Hubei	34	74	273	77	72	67	250	1599	250	249	155
湖 南	Hunan	21	64	7	8	137	13	10	108	2747	729	217
重 庆	Chongqing	2	21	3	3	1	12	7	3	17	17	115
四 川	Sichuan	14	21	17	6	16	34	34	66	30	91	247
贵 州	Guizhou	8	64	6	111	80	33	92	225	108	263	726
云 南	Yunnan	55	31	11	18	13	77	15	20	38	120	636

16-7 续表2 continued

单位：万吨 (10 000 tons)

发送省 Sender \ 到达省 Receiver		海南 Hainan	重庆 Chongqing	四川 Sichuan	贵州 Guizhou	云南 Yunnan	西藏 Tibet	陕西 Shaanxi	甘肃 Gansu	青海 Qinghai	宁夏 Ningxia	新疆 Xinjiang
全　国	**National Total**	**1183**	**6426**	**14426**	**6192**	**9742**	**763**	**7832**	**7471**	**2411**	**1313**	**13615**
上　海	Shanghai	1	22	67	11	17	3	21	8	2	1	22
江　苏	Jiangsu	2	36	205	55	95	11	588	304	37	3	94
浙　江	Zhejiang	3	56	61	33	51	5	20	33	2	2	108
安　徽	Anhui	1	28	62	44	48	3	31	14	5	1	41
江　西	Jiangxi	1	58	42	97	54	1	6	3	1	4	18
湖　北	Hubei	8	159	473	188	137	7	273	50	8	7	85
湖　南	Hunan	3	61	45	121	66	1	9	5	2	4	23
重　庆	Chongqing	1	429	985	98	61	2	13	10	1	0	51
四　川	Sichuan	2	764	3444	166	764	16	52	33	5	2	105
贵　州	Guizhou	4	740	658	1286	1024	0	70	92	11	2	90
云　南	Yunnan	7	89	647	256	2241	0	29	40	12	18	106

16-8 民用汽车拥有量（2020年）
Possession of Civil Vehicles（2020）

地 区	Region	民用汽车总计(万辆) Total (10 000 units)	载客汽车(万辆) Passenger Vehicles (10 000 units)	大 型 Large	中 型 Medium	小 型 Small	微 型 Minicar	载货汽车(万辆) Trucks (10 000 units)
全 国	**National Total**	**27340.92**	**24166.18**	**157.01**	**68.29**	**23782.77**	**158.12**	**3042.64**
上 海	Shanghai	442.34	408.14	4.62	2.23	400.47	0.82	31.79
江 苏	Jiangsu	2038.04	1887.90	11.26	3.66	1865.25	7.73	140.00
浙 江	Zhejiang	1773.38	1605.96	7.39	3.06	1586.27	9.24	161.41
安 徽	Anhui	986.54	848.95	5.54	2.26	838.42	2.73	132.64
江 西	Jiangxi	656.04	567.14	3.02	1.31	560.99	1.82	85.38
湖 北	Hubei	931.98	824.93	5.97	2.61	814.75	1.60	101.19
湖 南	Hunan	952.19	858.48	6.01	3.97	845.94	2.55	89.53
重 庆	Chongqing	503.83	450.98	3.09	1.03	446.25	0.61	50.56
四 川	Sichuan	1289.94	1158.40	7.37	2.07	1141.40	7.55	126.23
贵 州	Guizhou	578.26	504.02	3.05	1.74	497.80	1.42	71.63
云 南	Yunnan	802.15	681.18	3.15	1.97	671.78	4.28	117.40

16-8 续表 continued

地区	Region	载货汽车(万辆) Trucks (10 000 units) 重型 Heavy	中型 Medium	轻型 Light	微型 Mini	其他汽车(万辆) Others (10 000 units)	机动车驾驶员(万人) Number of Motor Drivers (10 000 persons)	#汽车驾驶员 Automobile Drivers
全国	**National Total**	**840.64**	**106.19**	**2092.72**	**3.09**	**132.09**	**45702.49**	**41794.89**
上海	Shanghai	20.59	3.55	7.64		2.41	828.15	814.51
江苏	Jiangsu	56.71	10.85	72.42	0.02	10.13	3084.94	2927.07
浙江	Zhejiang	30.18	3.71	127.21	0.32	6.01	2429.09	2331.68
安徽	Anhui	45.49	3.47	83.66	0.02	4.94	1700.34	1623.39
江西	Jiangxi	28.81	3.53	53.04	0.01	3.52	1490.51	1232.31
湖北	Hubei	26.49	5.46	69.21	0.02	5.85	1812.49	1656.20
湖南	Hunan	20.06	4.60	64.84	0.03	4.18	1748.28	1522.97
重庆	Chongqing	16.78	2.28	31.50	0.00	2.30	961.07	842.50
四川	Sichuan	32.42	5.70	88.09	0.02	5.31	2536.33	2166.78
贵州	Guizhou	9.94	2.49	59.20	0.00	2.62	1110.51	905.83
云南	Yunnan	18.14	4.21	95.04	0.01	3.57	1626.09	1184.97

16-9 私人汽车拥有量（2020年）
Possession of Private Vehicles（2020）

单位：万辆 (10 000 units)

地　区	Region	汽车总计 Total	载客汽车 Passenger Vehicles	大　型 Large	中　型 Medium	小　型 Small	微　型 Minicar
全　国	**National Total**	**24291.19**	**22333.81**	**3.82**	**17.65**	**22165.13**	**147.21**
上　海	Shanghai	347.59	346.68	0.08	0.59	345.25	0.76
江　苏	Jiangsu	1742.05	1675.71	0.02	0.65	1668.19	6.86
浙　江	Zhejiang	1559.34	1460.84	0.06	0.56	1452.66	7.56
安　徽	Anhui	869.01	798.55	0.05	0.43	795.46	2.62
江　西	Jiangxi	588.56	538.88	0.02	0.12	537.02	1.72
湖　北	Hubei	840.09	770.61	0.03	0.31	768.73	1.53
湖　南	Hunan	885.85	810.82	0.05	0.47	807.92	2.38
重　庆	Chongqing	441.54	414.05	0.02	0.12	413.44	0.48
四　川	Sichuan	1139.26	1059.58	0.04	0.21	1053.12	6.21
贵　州	Guizhou	532.13	472.29	0.02	0.13	470.81	1.33
云　南	Yunnan	739.57	637.50	0.03	0.16	633.21	4.10

16-9 续表 continued

单位：万辆 (10 000 units)

地 区	Region	载货汽车 Trucks	重 型 Heavy	中 型 Medium	轻 型 Light	微 型 Mini	其他汽车 Others
全 国	**National Total**	**1907.28**	**222.62**	**55.58**	**1626.49**	**2.60**	**50.10**
上 海	Shanghai	0.64	0.27	0.10	0.27		0.27
江 苏	Jiangsu	62.89	18.44	4.42	40.01	0.02	3.44
浙 江	Zhejiang	96.93	3.16	1.10	92.38	0.29	1.57
安 徽	Anhui	68.46	3.74	1.36	63.34	0.02	1.99
江 西	Jiangxi	48.59	3.70	1.90	42.98	0.01	1.10
湖 北	Hubei	67.22	9.60	3.50	54.10	0.02	2.26
湖 南	Hunan	72.94	12.48	3.69	56.75	0.02	2.09
重 庆	Chongqing	26.75	1.24	0.95	24.55	0.00	0.74
四 川	Sichuan	77.55	6.58	2.77	68.19	0.01	2.12
贵 州	Guizhou	58.58	4.40	1.61	52.58	0.00	1.26
云 南	Yunnan	100.31	10.84	3.35	86.11	0.01	1.76

16-10 新注册民用汽车数量（2020年）
Statistics on New Registrations of Civil Vehicles（2020）

单位：辆 (unit)

地区	Region	民用汽车总计 Total	载客汽车 Passenger Vehicles	大型 Large	中型 Medium	小型 Small	微型 Minicar
全国	**National Total**	**24001366**	**19724444**	**86902**	**23424**	**19608897**	**5221**
上海	Shanghai	561330	509649	4371	955	504184	139
江苏	Jiangsu	1904638	1653648	7204	1309	1644918	217
浙江	Zhejiang	1617322	1375090	6933	1826	1366121	210
安徽	Anhui	935144	762542	3719	528	758173	122
江西	Jiangxi	672143	557708	2028	358	555277	45
湖北	Hubei	843274	720297	2362	559	717336	40
湖南	Hunan	938583	821900	2337	1187	818317	59
重庆	Chongqing	502576	432338	2268	409	429641	20
四川	Sichuan	1213967	1022190	2838	1154	1018059	139
贵州	Guizhou	604065	507082	1410	627	504947	98
云南	Yunnan	720226	556774	1318	788	554091	577

16-10 续表 continued

单位：辆 (unit)

地 区	Region	载货汽车 Trucks	重 型 Heavy	中 型 Medium	轻 型 Light	微 型 Mini	其他汽车 Others
全 国	**National Total**	**4102293**	**1436723**	**58835**	**2606241**	**494**	**174629**
上 海	Shanghai	49043	36257	2893	9893		2638
江 苏	Jiangsu	235145	111966	7922	115247	10	15845
浙 江	Zhejiang	234138	69205	3525	161398	10	8094
安 徽	Anhui	166036	66021	1910	98094	11	6566
江 西	Jiangxi	109969	45209	1673	63078	9	4466
湖 北	Hubei	114406	32596	2548	79258	4	8571
湖 南	Hunan	111123	28086	2145	80892		5560
重 庆	Chongqing	67605	24882	1792	40929	2	2633
四 川	Sichuan	184812	53143	3403	128258	8	6965
贵 州	Guizhou	94513	13871	1130	79510	2	2470
云 南	Yunnan	158354	26010	611	131730	3	5098

16-11 公路营运汽车拥有量（2020年）
Possession of Vehicles for Highway Transport Business（2020）

地区	Region	汽车总计(万辆) Total (10 000 units)	载客汽车 Passenger Vehicles		载货汽车 Trucks			
			辆数(万辆) Number (10 000 units)	客位(万客位) Number of Seats (10 000 seats)	辆数(万辆) Number (10 000 units)	#普通载货汽车 Ordinary Trucks	吨位(万吨) Capacity (10 000 tons)	#普通载货汽车 Ordinary Trucks
全　国	**National Total**	**1171.54**	**61.26**	**1840.89**	**1110.28**	**414.14**	**15784.17**	**4660.76**
上　海	Shanghai	21.00	0.84	37.88	20.17	6.45	284.31	68.86
江　苏	Jiangsu	78.93	3.41	142.42	75.52	36.31	1036.62	399.39
浙　江	Zhejiang	36.36	1.86	69.01	34.49	13.33	499.22	167.30
安　徽	Anhui	62.63	1.96	63.25	60.68	15.11	906.46	208.98
江　西	Jiangxi	32.48	1.22	37.73	31.26	13.17	425.24	160.73
湖　北	Hubei	33.34	2.91	73.41	30.43	14.41	427.81	171.52
湖　南	Hunan	28.12	3.43	86.57	24.69	12.43	344.87	139.04
重　庆	Chongqing	28.23	1.59	41.25	26.63	17.27	301.39	163.14
四　川	Sichuan	46.55	4.68	111.64	41.87	24.83	539.19	268.66
贵　州	Guizhou	10.71	2.49	59.12	8.22	6.02	90.38	62.21
云　南	Yunnan	29.44	4.04	74.27	25.40	18.68	289.54	185.56

注：小轿车包括在载客汽车中。
a) Passenger vehicles include cars.

16-12 民用运输船舶拥有量（2020年）
Possession of Civil Transport Vessels（2020）

地 区	Region	机动船 Motor Vessels				驳船 Barges		
		艘数（艘）Number (unit)	净载重量（吨位）Dead Weight Tonnage (ton)	载客量（客位）Passenger Capacity (seat)	拖船功率（千瓦）Drawing Power (kW)	艘数（艘）Number (unit)	净载重量（吨位）Dead Weight Tonnage (ton)	载客量（客位）Passenger Capacity (seat)
全 国	**National Total**	**126805**	**270601580**	**859944**	**1586411**	**8874**	**7463162**	**2846**
上 海	Shanghai	1463	28349999	36319	200018	11	43223	
江 苏	Jiangsu	29122	37065203	41038	374956	2649	2388410	
浙 江	Zhejiang	13479	31264297	90138	166572			
安 徽	Anhui	24539	51426530	13905	30197	782	407602	
江 西	Jiangxi	2273	3476468	13893	8960	2	1730	
湖 北	Hubei	3321	7413337	36219	38539	94	196349	
湖 南	Hunan	4551	4359313	62091	2398	239	34267	1924
重 庆	Chongqing	2592	8099935	36014	17986	37	58472	
四 川	Sichuan	4718	1349890	43170	14325	694	62731	
贵 州	Guizhou	2033	142963	55278		2	308	
云 南	Yunnan	1236	190233	28813	676	4	325	

16-13 内河港口码头泊位数(2020年底)
Number of Berths in Ports of Inland Rivers (End of 2020)

名称	Name	总计 Total 码头长度(米) Length of Quay Line (m)	泊位个数(个) Number of Berths (unit)	#万吨级 10 000 Ton Class	生产用 For Productive Use 码头长度(米) Length of Quay Line (m)	泊位个数(个) Number of Berths (unit)	#万吨级 10 000 Ton Class	非生产用 For Non-productive Use 码头长度(米) Length of Quay Line (m)	泊位个数(个) Number of Berths (unit)
总计	**Total**	**1142202**	**17297**	**454**	**1102597**	**16681**	**454**	**39605**	**616**
#重庆	Chongqing	78878	927		59411	610		19467	317
宜昌	Yichang	22924	185		22924	185			
武汉	Wuhan	19746	184		18078	163		1668	21
黄石	Huangshi	7336	54		7336	54			
九江	Jiujiang	16204	146		15963	144		241	2
安庆	Anqing	3924	39		3485	33		439	6
池州	Chizhou	8385	79		8385	79			
铜陵	Tongling	7414	74	3	7369	73	3	45	1
芜湖	Wuhu	12515	115	12	12515	115	12		
马鞍山	Maanshan	9793	117	1	9793	117	1		
南京	Nanjing	24263	187	58	24263	187	58		
镇江	Zhenjiang	24263	218	49	24143	216	49	120	2
泰州	Taizhou	21158	148	62	21158	148	62		
扬州	Yangzhou	9370	49	29	9370	49	29		
江阴	Jiangyin	16514	107	39	16514	107	39		
常州	Changzhou	3746	27	9	3746	27	9		
南通	Nantong	26515	156	65	25960	150	65	555	6
上海(内河)	Shanghai(Inland Rivers)	38745	759		38395	754		350	5

16-14 邮政和电信业务量（2020年）
Business Volume of Postal Services and Telecommunication Services（2020）

地 区	Region	邮政业务总量(亿元) Business Volume of Postal Services (100 million yuan)	电信业务总量(亿元) Business Volume of Telecommunication Services (100 million yuan)	函 件(亿件) Letters (100 million pcs)	包 裹(万件) Packages (10 000 pcs)	报刊期发数(万份) Issue of Newspapers and Magazines (10 000 copies)
全 国	**National Total**	**21053.16**	**136763.33**	**14.18**	**2030.6**	**11210.4**
上 海	Shanghai	848.14	2824.19	3.14	221.0	430.8
江 苏	Jiangsu	1699.51	9188.72	1.52	133.1	805.6
浙 江	Zhejiang	4310.94	8309.99	1.13	162.0	618.5
安 徽	Anhui	608.43	5053.59	0.24	51.1	486.6
江 西	Jiangxi	311.34	3537.88	0.12	36.7	322.0
湖 北	Hubei	471.77	4205.17	0.31	31.2	372.5
湖 南	Hunan	429.22	5671.25	0.16	19.4	522.5
重 庆	Chongqing	202.10	3190.23	0.22	21.6	272.7
四 川	Sichuan	537.70	7526.73	0.23	70.3	669.1
贵 州	Guizhou	85.48	5077.83	0.38	6.5	193.9
云 南	Yunnan	158.10	5647.84	0.09	21.3	236.6

16-14 续表1 continued

地 区	Region	订销报纸累计数(万份) Cumulative Number of Newspaper Subscribed and Sold (10 000 copies)	订销杂志累计数(万份) Cumulative Number of Magazines Subscribed and Sold (10 000 copies)	汇 兑(万笔) Postal Remittance Transactions (10 000 times)	纪特邮票(万枚) Commemorative and Special Stamps (10 000 pieces)	快 递(万件) Express Deliveries (10 000 pcs)	快递业务收入(万元) Revenue from Express Delivery Service (10 000 yuan)
全 国	**National Total**	**1654230.4**	**71321.3**	**960.7**	**71371.8**	**8335789.4**	**87954342.4**
上 海	Shanghai	68332.5	1851.5	129.4	3365.1	336330.7	14281909.1
江 苏	Jiangsu	136136.9	4962.5	102.7	5145.4	697680.5	7089350.4
浙 江	Zhejiang	106412.0	3339.6	53.8	2571.2	1794621.1	10706012.3
安 徽	Anhui	59500.4	3167.7	15.4	2467.9	220228.2	1749872.7
江 西	Jiangxi	51013.7	2149.5	23.4	1941.4	112004.3	1146634.8
湖 北	Hubei	61488.1	2501.6	21.1	2947.3	178505.5	1786869.8
湖 南	Hunan	61615.5	3917.2	14.8	2762.3	147131.6	1296865.0
重 庆	Chongqing	25241.0	2771.2	13.4	1546.1	73105.4	830284.2
四 川	Sichuan	102347.0	3585.4	48.1	2330.3	215158.9	2231638.1
贵 州	Guizhou	36766.5	1770.4	21.3	1773.0	28157.0	522105.3
云 南	Yunnan	43266.7	1461.4	47.8	1174.0	62974.1	737532.4

16-14 续表2 continued

地 区	Region	移动短信业务量(亿条) Short Message Service (100 million messages)	移动电话用户(万户) Number of Mobile Phone Subscribers (10 000 subscribers)	#3G移动电话用户 3G Mobile Phone Subscribers	#4G移动电话用户 4G Mobile Phone Subscribers
全 国	**National Total**	**17795.7**	**159407.0**	**3357.0**	**128876.4**
上 海	Shanghai	840.4	4277.6	176.3	3246.2
江 苏	Jiangsu	1132.9	9897.1	118.8	8046.3
浙 江	Zhejiang	1010.6	8585.2	102.4	6876.7
安 徽	Anhui	712.8	6025.6	101.1	4752.2
江 西	Jiangxi	269.5	4249.4	51.0	3300.6
湖 北	Hubei	448.7	5681.1	101.7	4615.4
湖 南	Hunan	531.8	6719.4	99.4	5417.2
重 庆	Chongqing	373.8	3640.1	55.2	2929.5
四 川	Sichuan	1303.9	9124.6	129.6	7115.7
贵 州	Guizhou	244.9	4093.5	44.5	3360.9
云 南	Yunnan	364.8	4953.4	37.0	3834.5

16-14 续表3 continued

地区	Region	移动电话通话时长(亿分钟) Length of Calls of Mobile Phone Subscribers (100 million minutes)	#去话通话时长 Length of Outgoing Calls	固定电话用户(万户) Number of Fixed Telephone Subscribers (10 000 subscribers)	#住宅电话用户 Household Fixed Telephone Subscribers
全　国	**National Total**	**44964.5**	**22448.5**	**18190.8**	**3979.8**
上　海	Shanghai	841.8	434.4	636.5	72.9
江　苏	Jiangsu	2708.6	1340.2	1265.3	80.0
浙　江	Zhejiang	2419.2	1206.6	1264.8	84.5
安　徽	Anhui	1433.4	692.1	559.5	52.7
江　西	Jiangxi	1118.3	548.5	482.4	24.3
湖　北	Hubei	1466.0	715.3	481.6	35.9
湖　南	Hunan	1962.8	964.1	592.4	24.7
重　庆	Chongqing	1197.4	606.9	600.1	49.2
四　川	Sichuan	2379.8	1220.6	1885.0	42.1
贵　州	Guizhou	1430.3	717.7	223.1	6.2
云　南	Yunnan	1715.3	850.9	274.6	16.9

16-15 邮政业网点及邮递线路（2020年底）
Postal Offices and Postal Delivery Routes（End of 2020）

地 区	Region	营业网点 (处) Number of Offices (unit)	信筒信箱 (个) Number of Post Boxes (unit)	农村投递路线 (公里) Rural Delivery Routes (km)	城市投递路线 (公里) Urban Delivery Routes (km)
全 国	**National Total**	**349075**	**99582**	**4104128**	**2193834**
上 海	Shanghai	5919	2557	38821	88607
江 苏	Jiangsu	24643	4934	271789	149417
浙 江	Zhejiang	25229	13762	229269	115583
安 徽	Anhui	15022	2177	138536	75924
江 西	Jiangxi	10491	2108	90281	46830
湖 北	Hubei	14261	2276	175879	79434
湖 南	Hunan	12061	2771	202390	84162
重 庆	Chongqing	10164	1984	60229	44331
四 川	Sichuan	28160	8963	245762	70769
贵 州	Guizhou	11565	1945	122683	41381
云 南	Yunnan	11767	1880	189615	45884

16-15 续表 continued

地 区	Region	邮路总长度(公里) Length of Postal Routes (km)	#航空邮路 Air Mail Routes	#铁路邮路 Railway Routes	#汽车邮路 Highway Routes
全 国	**National Total**	**11874423**	**8257969**	**240879**	**3364561**
上 海	Shanghai	129808	47429	19302	62421
江 苏	Jiangsu	484977	235084		249893
浙 江	Zhejiang	741879	410808	50325	280681
安 徽	Anhui	185916		1109	184807
江 西	Jiangxi	113741		9870	103845
湖 北	Hubei	308739	195401		113334
湖 南	Hunan	388557	251416	5080	132005
重 庆	Chongqing	119926	51002	2523	66401
四 川	Sichuan	439046	264613	2121	167293
贵 州	Guizhou	175412	92562	1922	80928
云 南	Yunnan	262836	128409	10269	124155

16–16 电信主要通信能力（2020年底）
Main Communication Capacity of Telecommunications（End of 2020）

地 区	Region	局 用 交换机容量 (万门) Capacity of Office Telephone Exchanges (10 000 lines)	移动电话 交换机容量 (万户) Capacity of Mobile Phone Exchanges (10 000 subscribers)	移动电话基站 (万个) Base Stations of Mobile Phones (10 000)	光缆线路长度 (公里) Length of Optical Cable Lines (km)	#长途光缆线路长度 Length of Long Distance Optical Cable Lines
全 国	**National Total**	**6923.8**	**274567.1**	**931.0**	**51692051**	**1117923**
上 海	Shanghai	167.9	6464.0	17.8	697997	5034
江 苏	Jiangsu	65.3	22838.1	61.6	3990069	40429
浙 江	Zhejiang	228.3	15414.3	59.7	3497879	27024
安 徽	Anhui	54.9	8224.3	31.0	2371261	35551
江 西	Jiangxi	98.7	7285.9	26.2	2146725	33442
湖 北	Hubei	45.0	8592.3	32.5	1980710	32139
湖 南	Hunan	68.0	10695.0	36.6	2143014	42650
重 庆	Chongqing	43.6	5285.0	24.2	1291878	6067
四 川	Sichuan	188.1	16869.6	48.3	3535457	125048
贵 州	Guizhou	29.2	6702.0	27.9	1230460	35463
云 南	Yunnan	494.7	6194.0	33.1	2222145	59529

注：电话交换机容量不包括用户交换机容量。
a) The capacity of exchanges in this table do not includes the capacity of exchanges owned by users.

16-17 电信通信服务水平（2020年底）
Telecommunication Services Available（End of 2020）

地 区	Region	电话普及率(包括移动电话)(部/百人) Popularization Rate of Telephones (Include Mobile Phones) (set/100 persons)	固定电话普及率 Popularization Rate of Fixed Line Telephones	移动电话普及率 Popularization Rate of Mobile Phones
全 国	**National Total**	**125.80**	**12.89**	**112.91**
上 海	Shanghai	197.58	25.59	171.99
江 苏	Jiangsu	131.71	14.93	116.78
浙 江	Zhejiang	152.55	19.59	132.96
安 徽	Anhui	107.90	9.17	98.74
江 西	Jiangxi	104.71	10.67	94.04
湖 北	Hubei	106.71	8.34	98.37
湖 南	Hunan	110.04	8.92	101.13
重 庆	Chongqing	132.28	18.72	113.56
四 川	Sichuan	131.58	22.53	109.05
贵 州	Guizhou	111.94	5.79	106.15
云 南	Yunnan	110.74	5.82	104.92

16-18 邮政通信服务水平（2020年底）
Postal Services Available（End of 2020）

地 区	Region	平均每一营业网点服务面积(平方公里) Average Area Served by Each Postal Office (sq.km)	平均每一营业网点服务人口(万人) Average Population Served by Each Postal Office (10 000 persons)	平均每人每年发函件数(件) Annual Average Number of Letters Mailed per Capita (piece)	平均每百人每年订报刊数(份) Annual Average Number of Newspaper and Magazine Subscribed per 100 Persons (piece)	已通邮的行政村比重(%) Percentage of Administrative Villages with Access to Postal Service (%)
全 国	**National Total**	**27.5**	**0.44**	**1.00**	**7.9**	**100.0**
上 海	Shanghai	1.0	0.45	12.63	17.3	100.0
江 苏	Jiangsu	4.1	0.39	1.79	9.5	100.0
浙 江	Zhejiang	4.0	0.24	1.75	9.6	100.0
安 徽	Anhui	8.7	0.47	0.40	8.0	100.0
江 西	Jiangxi	15.3	0.51	0.26	7.1	100.0
湖 北	Hubei	12.6	0.42	0.54	6.4	100.0
湖 南	Hunan	17.4	0.58	0.25	7.9	100.0
重 庆	Chongqing	8.1	0.36	0.70	8.5	100.0
四 川	Sichuan	17.0	0.34	0.27	8.0	100.0
贵 州	Guizhou	14.7	0.38	0.99	5.0	100.0
云 南	Yunnan	32.3	0.46	0.19	5.0	100.0

16-19 互联网主要指标发展情况(2020年底)
Main Indicators on Internet Development (End of 2020)

地 区	Region	域名数 (万个) Number of Domain Names (10 000)	网页数 (万个) Number of Webpages (10 000 pages)	IPv4地址数 (万个) IPv4 Addresses (10 000)	互联网宽带接入端口 (万个) Broadband Subscribers Port of Internet (10 000 ports)	移动互联网用户 (万户) Mobile Internet Subscribers (10 000 subscribers)
全 国	**National Total**	**4197.8**	**31550109.8**	**34066.8**	**94604.7**	**134851.9**
上 海	Shanghai	140.7	2239088.2	1539.8	2322.0	3365.7
江 苏	Jiangsu	206.7	1416309.6	1621.6	7224.9	8428.7
浙 江	Zhejiang	167.5	3704249.3	2204.1	6031.5	7041.1
安 徽	Anhui	154.8	275910.1	562.1	3543.7	5010.5
江 西	Jiangxi	130.7	254496.4	589.4	2532.9	3599.3
湖 北	Hubei	180.4	292523.1	817.6	3221.4	4789.7
湖 南	Hunan	184.8	175974.9	804.0	3242.4	5771.2
重 庆	Chongqing	86.6	52792.4	572.3	2368.8	3117.2
四 川	Sichuan	219.0	546960.0	943.7	6284.7	7521.4
贵 州	Guizhou	110.1	11949.1	149.9	1744.5	3597.4
云 南	Yunnan	89.9	172690.3	333.9	2218.0	3945.4

注:各地区IPv4地址数是根据各地区占全国的比例推算数据。

a) The number of IPv4 addresses in each region is calculated according to the proportion of the regions in the whole country.

16-19 续表 continued

地 区	Region	移动互联网接入流量(万GB) Flow Accessed to Mobile Internet (10 000 GB)	互联网宽带接入用户(万户) Broadband Subscribers of Internet (10 000 subscribers)	#城市宽带接入用户 Urban Broadband Subscribers	#农村宽带接入用户 Rural Broadband Subscribers	#家庭宽带接入用户 Household Broadband Subscribers	#政企宽带接入用户 Government and Enterprise Broadband Subscribers
全 国	**National Total**	**16556817.2**	**48355.0**	**34165.3**	**14189.7**	**41833.9**	**6521.1**
上 海	Shanghai	309548.1	919.0	916.2	2.7	811.8	107.2
江 苏	Jiangsu	1090420.1	3756.8	2340.4	1416.4	3219.8	537.0
浙 江	Zhejiang	1011058.1	2938.8	2046.1	892.7	2366.0	572.8
安 徽	Anhui	614702.3	2093.0	1290.9	802.1	1687.4	405.6
江 西	Jiangxi	429567.4	1510.5	992.0	518.5	1280.0	230.5
湖 北	Hubei	506671.9	1870.2	1299.9	570.3	1566.0	304.2
湖 南	Hunan	708985.8	2113.2	1411.5	701.6	1856.7	256.5
重 庆	Chongqing	383996.9	1228.4	975.4	253.0	1085.2	143.2
四 川	Sichuan	900789.3	2975.5	1866.2	1109.2	2551.8	423.6
贵 州	Guizhou	638807.0	1002.4	778.1	224.3	873.9	128.5
云 南	Yunnan	712404.1	1278.1	874.1	404.0	1054.7	223.4

16-20 软件和信息技术服务业主要经济指标（2020年）
Main Indicators on Software and Information Technology Services（2020）

地 区	Region	软件业务收入(亿元) Income from Software Related Business (100 million yuan)	#软件产品收入 Income from Software Products	#信息技术服务收入 Income from IT Services	#信息安全收入 Income from Information Safety	#嵌入式系统软件收入 Income from Embedded Systems and Software	其中：软件业务出口(亿美元) Of which: Export of Software (100 million USD)
全 国	**National Total**	**81585.91**	**21045.01**	**52588.01**	**1293.78**	**6659.12**	**620.17**
上 海	Shanghai	6571.32	1369.73	5192.15	6.84	2.61	45.12
江 苏	Jiangsu	10818.11	2941.60	6219.96	163.58	1492.96	148.97
浙 江	Zhejiang	7037.65	1667.93	4848.00	28.05	493.67	45.17
安 徽	Anhui	784.48	320.19	360.67	9.69	93.93	1.75
江 西	Jiangxi	215.78	105.64	101.32	1.57	7.25	0.78
湖 北	Hubei	1927.76	683.48	1130.75	64.84	48.69	2.70
湖 南	Hunan	941.87	261.14	538.63	9.41	132.68	3.40
重 庆	Chongqing	2011.06	489.17	1239.75	39.72	242.42	2.34
四 川	Sichuan	4248.16	1219.62	2618.31	98.88	311.36	25.35
贵 州	Guizhou	267.83	30.38	228.94	4.83	3.68	0.29
云 南	Yunnan	107.55	10.61	94.67	1.08	1.20	

注：本表统计口径为主营业务收入500万元以上的软件和信息技术服务业等企业。
a) Data in the table cover software and IT service enterprises with revenue from principal business of over 5 million yuan.

16–21 企业信息化及电子商务情况（2020年）
Informatization and E-Commerce of Enterprises（2020）

地区	Region	企业数（个）Number of Enterprises (unit)	期末使用计算机数（台）Computers Used at the End of Period (unit)	每百人使用计算机数（台）Computers Used Per 100 Persons (unit)	企业拥有网站数（个）Websites of All Enterprises (unit)	每百家企业拥有网站数（个）Websites Per 100 Enterprises (unit)	有电子商务交易活动 With E-commerce Transactions		电子商务销售额（亿元）Sales Through E-commerce (100 million yuan)	电子商务采购额（亿元）Purchases Through E-commerce (100 million yuan)
							企业数（个）Enterprises (unit)	比重（%）Proportion (%)		
全 国	**National Total**	**1125204**	**57782891**	**34**	**553466**	**49**	**124552**	**11.1**	**189334.7**	**109133.4**
上 海	Shanghai	48541	4511223	63	27643	57	5434	11.2	23624.8	14097.3
江 苏	Jiangsu	120188	5751294	29	66556	55	12511	10.4	13189.1	7713.0
浙 江	Zhejiang	103362	4719793	32	49142	48	12563	12.2	12124.5	4377.1
安 徽	Anhui	42843	1547722	27	24581	57	5698	13.3	6281.1	2734.4
江 西	Jiangxi	32067	1077845	24	15605	49	3259	10.2	3294.2	1585.2
湖 北	Hubei	40973	1828064	30	24141	59	4545	11.1	5078.7	2946.9
湖 南	Hunan	44240	1482739	25	20982	47	4834	10.9	4185.8	2820.2
重 庆	Chongqing	23414	1197952	27	10928	47	3199	13.7	5810.3	2148.4
四 川	Sichuan	46540	2359810	29	22806	49	5876	12.6	5901.6	4405.0
贵 州	Guizhou	16052	560259	29	6505	41	1697	10.6	1628.1	772.3
云 南	Yunnan	17693	787004	34	6748	38	2055	11.6	2324.4	1358.1

十七、住宿、餐饮业和旅游 Hotels, Catering Services and Tourism

17-1 限额以上住宿业企业主要指标（2020年）
Main Indicators of Enterprises above Designated Size of Hotels (2020)

单位：亿元 (100 million yuan)

地区	Region	法人企业(个) Number of Corporate Enterprises (unit)	年末从业人数(人) Employed Persons at Year-end (person)	营业额 Business Revenue	#客房收入 From Hotel Rooms	#餐费收入 From Meals	资产总计 Total Assets	#流动资产合计 Total Current Assets	#固定资产净额 Net Value of Fixed Assets
全国	**National Total**	**25281**	**1666224**	**3329.7**	**1777.8**	**1100.0**	**15974.6**	**6801.8**	**4548.5**
上海	Shanghai	1104	71323	225.9	127.2	48.7	1268.5	575.1	349.3
江苏	Jiangsu	1362	96653	205.8	98.8	85.9	989.5	329.4	347.5
浙江	Zhejiang	1735	136471	302.1	146.6	121.9	1278.9	525.2	395.4
安徽	Anhui	716	47037	81.3	37.8	31.9	297.6	101.7	94.7
江西	Jiangxi	798	41062	78.6	43.5	29.2	303.7	106.2	84.9
湖北	Hubei	934	47565	96.6	57.2	30.8	320.6	100.1	91.9
湖南	Hunan	1102	65079	149.0	80.2	54.7	428.6	175.6	110.1
重庆	Chongqing	534	33973	80.2	45.4	26.4	314.6	139.6	80.8
四川	Sichuan	1512	83015	163.7	90.2	58.2	698.2	284.1	164.1
贵州	Guizhou	808	37691	73.6	49.0	17.4	372.0	164.9	79.5
云南	Yunnan	771	48041	73.9	48.1	17.7	354.2	130.9	112.7

17-1 续表 continued

单位：亿元 (100 million yuan)

地 区	Region	负债合计 Total Liabilities	所有者权益合计 Total Owners' Equities	营业收入 Business Revenue	营业成本 Business Cost	税金及附加 Taxes and Other Charges	利润总额 Total Profits
全 国	**National Total**	**12350.0**	**3600.1**	**3292.6**	**1501.7**	**56.5**	**–414.5**
上 海	Shanghai	892.3	378.3	227.9	104.9	5.5	-38.8
江 苏	Jiangsu	701.8	290.9	197.8	81.5	1.0	-29.8
浙 江	Zhejiang	1042.8	238.2	291.8	112.7	1.8	-34.8
安 徽	Anhui	236.0	61.1	78.7	37.8	1.1	-6.7
江 西	Jiangxi	210.6	90.9	78.0	40.5	1.3	-2.2
湖 北	Hubei	239.8	79.9	93.2	45.0	1.2	-4.9
湖 南	Hunan	302.0	123.8	145.1	84.9	2.6	-2.5
重 庆	Chongqing	265.3	46.3	77.5	42.6	1.1	-5.7
四 川	Sichuan	550.8	146.5	160.0	82.7	2.1	-10.3
贵 州	Guizhou	246.0	124.3	82.7	49.2	0.9	-4.3
云 南	Yunnan	251.7	100.9	71.7	37.3	0.8	-9.0

17-2 限额以上餐饮业企业主要指标（2020年）
Main Indicators of Enterprises above Designated Size of Catering Services（2020）

单位：亿元　　(100 million yuan)

地 区	Region	法人企业(个) Number of Corporate Enterprises (unit)	年末从业人数(人) Employed Persons at Year-end (person)	营业额 Business Revenue	#餐费收入 From Meals	资产总计 Total Assets	#流动资产合计 Total Current Assets	#固定资产净额 Net Value of Fixed Assets
全 国	**National Total**	**32901**	**2576586**	**6037.3**	**5445.7**	**6177.6**	**3150.8**	**1191.4**
上 海	Shanghai	2508	298170	889.6	840.3	650.5	422.4	73.9
江 苏	Jiangsu	2510	234836	542.5	478.0	660.3	317.4	186.7
浙 江	Zhejiang	2163	164265	431.2	386.2	465.3	203.8	110.6
安 徽	Anhui	1359	89955	184.5	163.3	227.7	100.3	44.3
江 西	Jiangxi	796	32914	66.3	57.1	98.8	44.0	24.9
湖 北	Hubei	1421	100311	229.8	201.8	265.8	119.3	46.9
湖 南	Hunan	1493	74012	185.3	161.3	163.6	58.8	35.3
重 庆	Chongqing	1181	60568	161.7	144.5	121.1	53.1	27.1
四 川	Sichuan	1795	163984	319.9	293.3	452.5	224.0	72.6
贵 州	Guizhou	645	23416	46.9	41.8	48.8	31.3	4.8
云 南	Yunnan	770	30157	64.6	58.8	77.5	44.6	15.5

17-2 续表 continued

单位: 亿元 (100 million yuan)

地 区	Region	负债合计 Total Liabilities	所有者权益合计 Total Owners' Equities	营业收入 Business Revenue	营业成本 Business Cost	税金及附加 Taxes and Other Charges	利润总额 Total Profits
全 国	**National Total**	**4509.7**	**1657.6**	**5852.5**	**3223.7**	**19.3**	**100.9**
上 海	Shanghai	483.2	170.8	865.9	414.5	0.6	3.8
江 苏	Jiangsu	485.3	174.9	527.6	290.1	1.2	14.3
浙 江	Zhejiang	383.4	79.9	406.7	220.5	0.7	8.7
安 徽	Anhui	128.0	97.8	180.3	105.5	0.9	7.1
江 西	Jiangxi	62.7	35.9	65.6	40.6	0.5	4.0
湖 北	Hubei	190.7	78.5	220.5	130.8	1.5	10.1
湖 南	Hunan	89.8	71.0	179.4	114.7	1.9	12.3
重 庆	Chongqing	57.9	61.7	157.3	108.6	1.4	12.5
四 川	Sichuan	298.4	150.2	308.6	162.8	1.4	43.9
贵 州	Guizhou	31.9	16.6	44.8	31.7	0.2	1.1
云 南	Yunnan	44.6	32.8	62.7	41.0	0.4	2.7

17-3 连锁餐饮企业基本情况（2020年）
Main Indicators of Chain Catering Enterprises（2020）

地区	Region	总店数 (个) Number of Head Stores (unit)	门店总数 (个) Number of Stores (unit)	年末从业人数 (万人) Employed Persons at Year-end (10 000 persons)	年末餐饮营业面积 (万平方米) Operating Area of Catering Enterprises at Year-end (10 000 sq.m)	餐位数 (万个) Number of Dining-seats (10 000 units)	营业额 (亿元) Business Revenue (100 million yuan)	商品购进总额 (亿元) Total Purchases Value (100 million yuan)	统一配送商品购进额 (亿元) Centralized Purchase and Delivery (100 million yuan)
全国	**National Total**	**504**	**37217**	**97.2**	**1216.2**	**381.2**	**2019.29**	**655.92**	**464.85**
上海	Shanghai	65	7378	14.7	179.5	50.6	367.08	103.14	63.97
江苏	Jiangsu	16	1835	5.7	49.1	16.0	119.74	51.84	23.40
浙江	Zhejiang	29	2241	5.2	69.8	24.2	141.53	48.78	37.88
安徽	Anhui	13	1135	2.8	31.9	15.1	51.41	17.74	13.83
江西	Jiangxi	NA	196	0.5	5.7	1.9	10.80	5.36	5.29
湖北	Hubei	31	1836	4.1	54.3	15.9	72.31	33.04	12.03
湖南	Hunan	17	1107	4.0	59.3	23.0	55.30	18.42	16.55
重庆	Chongqing	9	1177	3.6	59.9	15.2	66.63	21.43	10.91
四川	Sichuan	15	1955	8.1	90.2	33.3	147.18	20.79	13.07
贵州	Guizhou	NA	15	0.0	1.7	0.3	0.57	0.21	0.21
云南	Yunnan	5	278	0.7	6.0	2.8	13.09	4.30	2.52

注：门店总数全国总计中包括开设在港澳台地区和国外的门店。
a) Total number of stores includes those located in Hong Kong, Macao and Taiwan province and in foreign countries.

17-4 国际旅游收入
Earnings from International Tourism

单位:百万美元 (USD million)

地 区	Region	1995	2000	2005	2010	2015	2018	2019
上 海	Shanghai	939.42	1612.67	3555.88	6340.92	5860.44	7261.39	8243.51
江 苏	Jiangsu	259.88	723.84	2259.74	4783.43	3527.29	4648.36	4743.56
浙 江	Zhejiang	235.91	513.97	1716.26	3930.20	6788.47	2595.79	2668.24
安 徽	Anhui	31.39	86.21	185.58	708.98	2262.87	3187.57	3387.69
江 西	Jiangxi	24.99	62.34	103.95	346.03	567.00	745.38	865.38
湖 北	Hubei	73.17	145.72	276.36	751.16	1671.90	2379.69	2654.16
湖 南	Hunan	64.93	220.78	390.24	906.22	857.72	1520.41	2250.87
重 庆	Chongqing		138.40	264.36	703.20	1468.57	2189.89	2524.83
四 川	Sichuan	125.32	121.87	315.95	354.09	1180.87	1511.65	2023.79
贵 州	Guizhou	28.98	60.92	101.41	129.58	231.33	317.63	345.03
云 南	Yunnan	165.03	339.02	528.01	1323.65	2875.50	4418.00	5147.36

17-5 接待入境过夜游客
Number of Overnight Inbound Visitor Arrivals

单位：万人次 (10 000 person-times)

地区	Region	2000		2005		2010		2018		2019	
		总计 Total	#外国人 Foreigners	总计 Total	#外国人 Foreigners	总计 Total	#外国人 Foreigners	总计 Total	#外国人 Foreigners	总计 Total	#外国人 Foreigners
上 海	Shanghai	181.40	143.90	444.54	379.93	733.72	593.12	742.04	601.99	734.69	599.16
江 苏	Jiangsu	160.95	98.15	378.30	262.15	653.55	473.50	400.85	264.69	399.46	266.46
浙 江	Zhejiang	112.59	64.75	348.05	232.92	684.71	447.41	456.76	323.41	467.11	329.83
安 徽	Anhui	31.84	16.79	63.29	41.06	198.42	117.40	370.75	218.79	379.74	210.74
江 西	Jiangxi	16.31	5.54	37.25	13.63	113.97	39.92	191.78	57.25	197.17	61.14
湖 北	Hubei	45.08	35.74	82.57	62.68	181.74	138.55	405.11	307.03	450.02	349.94
湖 南	Hunan	45.40	15.79	71.98	60.88	189.87	103.30	365.08	178.74	466.95	250.14
重 庆	Chongqing	26.61	19.29	52.39	41.81	137.02	103.96	279.98	159.00	297.11	169.72
四 川	Sichuan	46.20	19.97	106.28	68.27	104.93	74.97	369.82	276.47	414.78	313.09
贵 州	Guizhou	18.39	7.12	27.62	9.26	50.01	18.61	39.69	17.53	47.18	23.50
云 南	Yunnan	100.11	66.59	150.28	99.65	329.15	231.23	706.08	549.94	739.02	586.50

十八、金融业 Financial Intermediation

18-1 原保险保费收入和赔付支出情况（2020年）
Premium of Primary Insurance and Claim Payment（2020）

单位：亿元 (100 million yuan)

地 区	Region	原保险保费收入 Premium of Primary Insurance			赔付支出 Claim Payment		
		小计 Sub-total	财产险业务 Property Insurance	人身险业务 Life Insurance	小计 Sub-total	财产险业务 Property Insurance	人身险业务 Life Insurance
全 国	**National Total**	**45257.34**	**11928.58**	**33328.76**	**13907.10**	**6954.79**	**6952.31**
上 海	Shanghai	1864.99	509.28	1355.71	630.70	278.46	352.24
江 苏	Jiangsu	4015.10	993.34	3021.75	1081.41	563.33	518.08
浙 江	Zhejiang	2476.94	765.98	1710.96	759.35	468.44	290.91
#宁 波	Ningbo	390.72	174.12	216.59	148.70	109.36	39.34
安 徽	Anhui	1403.53	470.95	932.58	477.39	279.64	197.75
江 西	Jiangxi	927.86	277.47	650.39	311.22	152.55	158.68
湖 北	Hubei	1854.38	370.25	1484.14	518.15	218.15	300.01
湖 南	Hunan	1513.06	408.92	1104.14	482.38	233.97	248.41
重 庆	Chongqing	987.62	230.22	757.40	295.43	125.48	169.95
四 川	Sichuan	2273.57	548.12	1725.45	687.75	320.86	366.89
贵 州	Guizhou	511.77	225.49	286.28	196.06	127.72	68.35
云 南	Yunnan	756.45	295.82	460.63	277.68	153.82	123.86

注：本表数据为各公司上报中国保险统计信息系统年报数据，未经审计。

a) Data in this table are collected through China Insurance Statistical Information System reported by insurance companies, and have not been audited.

十九、房地产 Real Estate

19-1 房地产开发企业个数（2020年）
Number of Enterprises for Real Estate Development（2020）

单位：个 (unit)

地 区	Region	企业个数 Number of Enterprises	内资企业 Domestic Invested Enterprises	#国 有 State-owned Enterprises	#集 体 Collective-owned Enterprises	港、澳、台投资企业 Enterprises with Investment from Hong Kong, Macao and Taiwan	外商投资企业 Foreign Invested Enterprises
全 国	**National Total**	**103262**	**99150**	**1133**	**227**	**2759**	**1353**
上 海	Shanghai	2588	2220	67	12	261	107
江 苏	Jiangsu	7003	6404	105	15	443	156
浙 江	Zhejiang	7095	6767	26	8	175	153
安 徽	Anhui	4143	4082	53	1	44	17
江 西	Jiangxi	2855	2789	33	1	52	14
湖 北	Hubei	4186	4091	75	6	60	35
湖 南	Hunan	4768	4676	48	3	61	31
重 庆	Chongqing	2278	2173	23		71	34
四 川	Sichuan	4593	4513	22	2	51	29
贵 州	Guizhou	2862	2833	25	2	18	11
云 南	Yunnan	2962	2915	32	3	33	14

19-2 房地产开发企业从业人员数（2020年）
Number of Employed Persons in Enterprises for Real Estate Development（2020）

单位：人 (person)

地 区	Region	平均从业人数 Average Number of Employed Persons	内资企业 Domestic Invested Enterprises	#国有 State-owned Enterprises	#集体 Collective-owned Enterprises	港、澳、台投资企业 Enterprises with Investment from Hong Kong, Macao and Taiwan	外商投资企业 Foreign Invested Enterprises
全 国	**National Total**	**2901253**	**2746467**	**36517**	**4953**	**101924**	**52862**
上 海	Shanghai	58933	44447	961	193	11501	2985
江 苏	Jiangsu	175123	154283	2223	268	15100	5740
浙 江	Zhejiang	129503	121824	475	78	4002	3677
安 徽	Anhui	120768	118253	1202	7	1594	921
江 西	Jiangxi	92797	90598	1159	20	1867	332
湖 北	Hubei	127127	123018	2854	285	2231	1878
湖 南	Hunan	154721	150425	1824	50	2629	1667
重 庆	Chongqing	102439	97160	1547		3580	1699
四 川	Sichuan	164459	160102	958	89	3307	1050
贵 州	Guizhou	108805	107786	781	14	772	247
云 南	Yunnan	105879	102847	1144	57	2356	676

19-3 房地产开发企业土地开发及购置（2020年）
Land Development and Purchase of Enterprises for Real Estate Development（2020）

地 区	Region	待开发 土地面积 (万平方米) Area of Land Pending for Development (10 000 sq.m)	本年土地 购置面积 (万平方米) Area of Land Purchased in the Year (10 000 sq.m)	本年土地 成交价款 (亿元) Transaction Value of Land in the Year (100 million yuan)
全 国	**National Total**	**43514.51**	**25536.28**	**17268.83**
上 海	Shanghai	325.38	270.74	352.88
江 苏	Jiangsu	3764.66	2388.17	2245.59
浙 江	Zhejiang	1372.46	2042.81	2916.61
安 徽	Anhui	3107.21	2981.93	1367.64
江 西	Jiangxi	1016.85	551.99	278.77
湖 北	Hubei	2416.43	710.80	475.74
湖 南	Hunan	2346.40	921.95	320.84
重 庆	Chongqing	2106.26	812.95	320.01
四 川	Sichuan	2102.03	988.00	620.71
贵 州	Guizhou	1448.56	348.57	170.63
云 南	Yunnan	1751.27	1055.27	361.06

19-4 房地产开发企业投资总规模及完成情况（2020年）
Total Size and Completed Investment of Enterprises for Real Estate Development (2020)

单位：亿元 (100 million yuan)

地区	Region	计划总投资 Total Investment Planned	自开始建设至本年底累计完成投资 Accumulative Investment Completed from Starting of Construction Till the End of the Year	本年完成投资 Investment Completed in the Year	建筑安装工程 Construction and Installation	设备工器具购置 Purchase of Equipment and Instruments	其他费用 Others	土地购置费 Value of Land Purchased
全 国	**National Total**	**948886.63**	**613192.25**	**141442.95**	**87754.74**	**1442.94**	**52245.27**	**44451.87**
上 海	Shanghai	35518.99	23570.13	4698.75	2053.41	19.04	2626.30	2325.53
江 苏	Jiangsu	89088.33	55587.79	13171.27	7345.99	158.02	5667.26	5199.10
浙 江	Zhejiang	67980.28	41646.86	11413.66	5073.71	56.00	6283.94	5192.07
安 徽	Anhui	43628.35	29467.94	7042.29	4571.51	73.60	2397.18	2216.25
江 西	Jiangxi	19699.98	10875.34	2378.08	1713.17	61.23	603.68	534.42
湖 北	Hubei	44216.10	22301.68	4888.87	3349.54	69.19	1470.14	1150.41
湖 南	Hunan	32651.66	20975.40	4880.44	3880.97	109.50	889.97	741.58
重 庆	Chongqing	31016.34	25027.89	4351.96	2596.10	59.16	1696.70	1422.69
四 川	Sichuan	40131.96	23490.82	7315.31	5613.89	105.52	1595.90	1426.94
贵 州	Guizhou	22193.29	13651.53	3418.75	2696.11	17.03	705.60	612.27
云 南	Yunnan	24005.70	16729.97	4505.19	3376.67	19.01	1109.51	974.00

19-5 按用途分房地产开发企业完成投资（2020年）
Investment Completed by Enterprises for Real Estate Development by Use（2020）

单位:亿元 (100 million yuan)

地区	Region	本年完成投资 Investment Completed in the Year	住宅 Residential Buildings	办公楼 Office Buildings	商业营业用房 Buildings for Business Use	其他 Others
全国	**National Total**	**141442.95**	**104445.73**	**6494.10**	**13076.06**	**17427.05**
上海	Shanghai	4698.75	2418.79	833.08	559.85	887.03
江苏	Jiangsu	13171.27	10416.03	379.08	1019.74	1356.42
浙江	Zhejiang	11413.66	8089.57	479.74	802.22	2042.12
安徽	Anhui	7042.29	5636.78	145.21	701.68	558.63
江西	Jiangxi	2378.08	1808.76	98.61	316.89	153.83
湖北	Hubei	4888.87	3715.43	271.57	447.22	454.65
湖南	Hunan	4880.44	3615.06	175.30	605.24	484.84
重庆	Chongqing	4351.96	3189.05	89.54	446.19	627.17
四川	Sichuan	7315.31	5330.14	296.72	828.67	859.77
贵州	Guizhou	3418.75	2572.34	67.46	426.60	352.34
云南	Yunnan	4505.19	3317.55	153.04	494.51	540.08

19-6 房地产开发企业实际到位资金（2020年）
Actual Funds in Place of Enterprises for Real Estate Development（2020）

单位:亿元 (100 million yuan)

地 区	Region	本年实际到位资金 Actual Funds in Place in the Year	国内贷款 Domestic Loans	利用外资 Foreign Investment	自筹资金 Self-raised Funds	定金及预收款 Deposit and Advance Payment	个人按揭贷款 Individual Mortgage Loans	其他到位资金 Others
全 国	**National Total**	193114.85	26675.94	192.00	63376.65	66546.83	29975.81	6347.62
上 海	Shanghai	5516.14	1345.92	5.76	1975.50	1729.42	275.04	184.51
江 苏	Jiangsu	23398.24	3842.96	41.09	5217.37	9253.34	4072.50	970.97
浙 江	Zhejiang	19658.89	3428.99	39.68	5489.69	7857.52	2421.88	421.13
安 徽	Anhui	8951.99	893.06	4.59	2420.08	3107.85	2155.03	371.39
江 西	Jiangxi	3777.88	375.90	1.44	905.57	1317.80	1118.58	58.59
湖 北	Hubei	5947.60	766.43	2.11	2039.31	1951.19	927.88	260.67
湖 南	Hunan	6138.86	696.48		2065.86	1916.26	1269.48	190.79
重 庆	Chongqing	5780.45	1019.14		1310.98	2092.61	971.54	386.18
四 川	Sichuan	10173.17	1144.33	5.60	3291.37	3874.28	1761.01	96.58
贵 州	Guizhou	2961.78	114.02		1050.00	854.09	850.98	92.69
云 南	Yunnan	4086.07	294.97	18.71	1197.16	1379.76	974.24	221.24

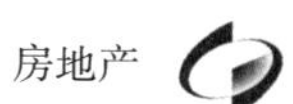

19-7 房地产开发企业房屋建筑面积和造价（2020年）
Floor Space and Cost of Buildings Constructed by Enterprises for Real Estate Development（2020）

地区	Region	房屋施工面积（万平方米）Floor Space of Buildings under Construction (10 000 sq.m)	房屋竣工面积（万平方米）Floor Space of Buildings Completed (10 000 sq.m)	房屋建筑面积竣工率（%）Rate of Floor Space of Buildings Completed (%)	房屋竣工价值（亿元）Value of Buildings Completed (100 million yuan)	房屋竣工造价（元/平方米）Cost of Buildings Completed (yuan/sq.m)
全国	**National Total**	**926759.19**	**91218.23**	**9.8**	**34493.83**	**3781**
上海	Shanghai	15740.34	2877.78	18.3	1875.14	6516
江苏	Jiangsu	67889.46	11151.04	16.4	5499.88	4932
浙江	Zhejiang	56725.08	6692.70	11.8	3140.08	4692
安徽	Anhui	44974.60	5100.86	11.3	1682.60	3299
江西	Jiangxi	23580.80	2238.50	9.5	647.25	2891
湖北	Hubei	35419.40	2646.83	7.5	1084.84	4099
湖南	Hunan	40757.41	3963.94	9.7	1260.08	3179
重庆	Chongqing	27368.16	3774.33	13.8	1685.75	4466
四川	Sichuan	50755.54	4545.86	9.0	1615.23	3553
贵州	Guizhou	26922.73	862.28	3.2	204.84	2376
云南	Yunnan	25801.30	1637.76	6.3	515.37	3147

19-8 按用途分房地产开发企业房屋新开工面积（2020年）
Floor Space of Buildings Started in the Year by Enterprises for Real Estate Development by Use（2020）

单位：万平方米 (10 000 sq.m)

地 区	Region	本年房屋新开工面积 Floor Space of Buildings Started in the Year	住 宅 Residential Buildings	办公楼 Office Buildings	商业营业用房 Buildings for Business Use	其 他 Others
全 国	**National Total**	224433.13	164328.53	6603.71	18012.32	35488.57
上 海	Shanghai	3440.62	1756.37	421.09	331.70	931.45
江 苏	Jiangsu	17672.82	13538.15	453.81	1407.88	2272.98
浙 江	Zhejiang	15875.49	10443.67	506.53	1059.94	3865.34
安 徽	Anhui	11785.64	9243.72	181.56	964.66	1395.69
江 西	Jiangxi	5301.79	4170.08	111.31	507.92	512.47
湖 北	Hubei	8452.55	6514.21	358.50	619.59	960.26
湖 南	Hunan	10916.16	8307.19	211.14	1066.29	1331.55
重 庆	Chongqing	5947.70	4106.57	110.69	453.36	1277.08
四 川	Sichuan	13939.74	9631.06	477.06	1221.75	2609.87
贵 州	Guizhou	5441.06	4009.19	51.27	541.58	839.03
云 南	Yunnan	7538.09	5286.82	224.29	686.57	1340.41

19-9 按用途分商品房销售面积（2020年）
Floor Space of Commercial Buildings Sold by Use（2020）

单位：万平方米 (10 000 sq.m)

地 区	Region	商品房销售面积 Floor Space of Commercial Buildings Sold	住 宅 Residential Buildings	办公楼 Office Buildings	商业营业用房 Buildings for Business Use	其 他 Others
全 国	**National Total**	176086.22	154878.47	3334.33	9288.46	8584.97
上 海	Shanghai	1789.16	1434.07	101.68	83.74	169.68
江 苏	Jiangsu	15426.99	13855.72	277.21	754.26	539.81
浙 江	Zhejiang	10250.30	8832.38	288.33	430.18	699.41
安 徽	Anhui	9534.13	8695.35	123.44	479.71	235.63
江 西	Jiangxi	6732.71	5853.05	148.02	554.62	177.02
湖 北	Hubei	6587.83	5960.08	129.26	254.33	244.17
湖 南	Hunan	9437.44	8506.65	110.69	541.28	278.82
重 庆	Chongqing	6143.47	4814.49	106.73	519.27	702.97
四 川	Sichuan	13257.75	10902.37	335.71	931.35	1088.32
贵 州	Guizhou	5552.51	4929.93	38.48	409.39	174.72
云 南	Yunnan	4857.26	4175.88	63.21	292.27	325.90

19-10 按用途分商品房销售额（2020年）
Sales of Commercial Buildings by Use（2020）

单位:亿元 (100 million yuan)

地 区	Region	商品房销售额 Total Sale of Commercial Buildings	住 宅 Residential Buildings	办公楼 Office Buildings	商业营业用房 Buildings for Business Use	其 他 Others
全 国	**National Total**	173612.66	154566.96	5047.47	9888.91	4109.32
上 海	Shanghai	6046.97	5268.85	469.57	198.57	109.97
江 苏	Jiangsu	19408.89	18027.33	314.86	803.83	262.87
浙 江	Zhejiang	17145.01	15584.82	466.67	644.85	448.67
安 徽	Anhui	7346.15	6760.86	96.29	414.14	74.86
江 西	Jiangxi	5222.78	4425.19	134.52	567.84	95.23
湖 北	Hubei	6087.90	5447.32	223.02	304.32	113.23
湖 南	Hunan	5947.06	5223.56	121.84	482.26	119.40
重 庆	Chongqing	5071.34	4293.18	128.06	440.20	209.90
四 川	Sichuan	10394.25	8766.96	319.87	970.67	336.75
贵 州	Guizhou	3224.23	2760.73	29.04	378.10	56.36
云 南	Yunnan	3969.91	3452.00	66.99	309.61	141.31

19-11 按用途分商品房平均销售价格（2020年）
Average Selling Price of Commercial Buildings by Use（2020）

单位：元/平方米 (yuan/sq.m)

地区	Region	商品房平均销售价格 Average Selling Price of Commercial Buildings	住宅 Residential Buildings	办公楼 Office Buildings	商业营业用房 Buildings for Business Use	其他 Others
全国	**National Total**	9860	9980	15138	10646	4787
上海	Shanghai	33798	36741	46181	23714	6481
江苏	Jiangsu	12581	13011	11358	10657	4870
浙江	Zhejiang	16726	17645	16185	14990	6415
安徽	Anhui	7705	7775	7800	8633	3177
江西	Jiangxi	7757	7560	9088	10238	5380
湖北	Hubei	9241	9140	17254	11966	4637
湖南	Hunan	6302	6141	11007	8910	4282
重庆	Chongqing	8255	8917	11998	8477	2986
四川	Sichuan	7840	8041	9528	10422	3094
贵州	Guizhou	5807	5600	7546	9236	3226
云南	Yunnan	8173	8267	10598	10593	4336

19-12 房地产开发企业资产负债（2020年）
Assets and Liabilities of Enterprises for Real Estate Development（2020）

单位:亿元 (100 million yuan)

地 区	Region	实收资本 Paid-in Capital	资产总计 Total Assets	累计折旧 Total Depreciation	#本年折旧 Depreciation in the Year	负债合计 Total Liabilities	所有者权益合计 Total Owners' Equity	资产负债率(%) Ratio of Liabilities to Assets(%)
全 国	**National Total**	116652.02	1062327.43	4845.32	842.32	857043.72	205283.71	80.7
上 海	Shanghai	11867.25	69087.12	601.71	77.92	47308.32	21778.80	68.5
江 苏	Jiangsu	14844.69	93594.73	361.39	68.65	72428.24	21166.49	77.4
浙 江	Zhejiang	10079.49	80818.81	271.80	49.74	65198.50	15620.31	80.7
安 徽	Anhui	3707.96	34731.26	147.60	24.97	27915.53	6815.73	80.4
江 西	Jiangxi	1718.18	19087.39	70.15	17.21	15418.77	3668.61	80.8
湖 北	Hubei	4189.27	40436.35	167.77	31.08	32532.21	7904.14	80.5
湖 南	Hunan	2360.35	25324.66	118.35	25.35	21117.68	4206.97	83.4
重 庆	Chongqing	3398.86	35894.76	112.40	18.03	27785.31	8109.44	77.4
四 川	Sichuan	3780.01	42517.80	224.65	31.63	35432.48	7085.33	83.3
贵 州	Guizhou	1570.34	20239.73	65.24	11.96	16887.04	3352.69	83.4
云 南	Yunnan	2279.54	25357.53	129.37	26.75	21385.38	3972.15	84.3

19-13 房地产开发企业经营情况（2020年）
Operating Statistics on Enterprises for Real Estate Development（2020）

单位:亿元 (100 million yuan)

地 区	Region	主营业务收入 Revenue from Principal Business	土地转让收入 Revenue from Land Transfer	商品房销售收入 Revenue from Commercial Buildings Sold	房屋出租收入 Revenue from House Leasing	其他收入 Others	税金及附加 Taxes and Other Charges	营业利润 Operating Profit
全 国	**National Total**	118582.08	747.84	112267.54	1504.88	4061.83	6925.34	14022.99
上 海	Shanghai	5663.16	37.92	4905.40	415.32	304.52	502.02	1282.09
江 苏	Jiangsu	15525.89	116.89	15057.38	79.81	271.81	618.61	1934.25
浙 江	Zhejiang	11946.87	41.26	11514.84	92.27	298.51	556.38	1411.09
安 徽	Anhui	5474.19	6.93	5306.95	16.88	143.43	160.20	443.65
江 西	Jiangxi	2745.68	12.05	2641.10	8.46	84.07	108.50	372.64
湖 北	Hubei	4119.98	30.54	3894.74	27.84	166.86	226.88	554.64
湖 南	Hunan	3546.40	39.48	3367.65	17.93	121.34	198.64	260.62
重 庆	Chongqing	4067.81	48.21	3862.89	48.36	108.36	143.60	625.80
四 川	Sichuan	5858.34	30.92	5665.14	43.49	118.79	311.24	676.27
贵 州	Guizhou	1659.96	24.12	1539.35	11.25	85.24	85.31	54.94
云 南	Yunnan	2120.80	11.02	2005.31	27.20	77.27	129.81	104.29

19-14 按项目规模分房地产开发完成投资(2020年)
Investment Completed by Enterprises for Real Estate Development by Size of Projects (2020)

单位:亿元 (100 million yuan)

地 区	Region	500万元以下 Less Than 5 Million Yuan	500-1000万元 5-10 Million Yuan	1000-3000万元 10-30 Million Yuan	3000-5000万元 30-50 Million Yuan	5000万-1亿元 50-100 Million Yuan	1-5亿元 100-500 Million Yuan	5-10亿元 500-1000 Million Yuan	10亿元以上 1 Billion Yuan and More
全 国	**National Total**	0.33	5.96	100.22	247.78	1242.23	19925.40	26793.22	93127.81
上 海	Shanghai			0.03	0.52	0.64	97.21	428.02	4172.33
江 苏	Jiangsu		0.02	2.05	5.12	34.94	922.60	1941.73	10264.81
浙 江	Zhejiang		0.15	2.70	7.13	39.96	856.91	1816.08	8690.71
安 徽	Anhui	0.03	0.32	2.42	6.87	30.52	860.69	1750.40	4391.05
江 西	Jiangxi	0.04	0.13	1.77	8.74	42.31	556.37	628.86	1139.87
湖 北	Hubei		0.13	2.11	7.13	37.92	692.37	784.61	3364.60
湖 南	Hunan	0.03	0.41	8.31	18.60	112.08	1079.07	1213.01	2448.93
重 庆	Chongqing		0.02	1.06	3.25	15.56	286.63	570.44	3475.00
四 川	Sichuan		0.11	3.06	9.62	47.21	1162.92	2099.29	3993.10
贵 州	Guizhou		0.04	1.11	4.30	29.50	866.00	764.13	1753.68
云 南	Yunnan		0.21	4.17	11.82	57.36	757.94	833.82	2839.88

19-15 房地产开发企业成套住宅竣工与销售情况（2020年）
Number of Flats of Residential Buildings Completed and Sold by Enterprises for Real Estate Development（2020）

单位：套 (sets)

地 区	Region	住宅竣工套数合计 Total Number of Flats of Residential Buildings Completed	住宅销售套数合计 Total Number of Flats of Residential Buildings Sold
全 国	**National Total**	5976595	13555925
上 海	Shanghai	175500	145572
江 苏	Jiangsu	794618	1159388
浙 江	Zhejiang	376975	762918
安 徽	Anhui	336749	760693
江 西	Jiangxi	153272	498752
湖 北	Hubei	187178	512012
湖 南	Hunan	240398	687391
重 庆	Chongqing	237523	451736
四 川	Sichuan	290046	1028190
贵 州	Guizhou	45370	425432
云 南	Yunnan	81256	337296

19-16 长江经济带大中城市主要指标完成情况（2020年）
Main Indicators of Real Estate Projects in Large and Medium-sized Cities of Yangtze River Economic Zone（2020）

城 市	City	本年完成投资(亿元) Investment Completed in the Year (100 million yuan)	#住宅 Residential Buildings	#办公楼 Office Buildings	#商业营业用房 Buildings for Business Use	房屋施工面积(万平方米) Floor Space of Buildings under Construction (10 000 sq.m)	房屋竣工面积(万平方米) Floor Space of Buildings Completed (10 000 sq.m)	#住宅 Residential Buildings
上 海	Shanghai	4698.75	2418.79	833.08	559.85	15740.34	2877.78	1627.61
南 京	Nanjing	2631.40	1862.72	136.74	241.86	8663.99	1448.42	1004.90
杭 州	Hangzhou	3575.33	2215.60	311.45	297.81	13315.09	1799.08	933.73
宁 波	Ningbo	1818.88	1204.01	78.56	154.69	10575.61	1706.92	1075.19
合 肥	Hefei	1546.99	1237.37	69.38	99.83	7998.95	1613.70	1130.21
南 昌	Nanchang	971.57	683.19	85.64	129.46	6068.95	846.27	622.90
武 汉	Wuhan	2777.15	1959.01	252.41	259.83	15565.89	777.86	611.73
长 沙	Changsha	1869.88	1205.91	147.38	270.73	12746.11	1259.09	846.59
重 庆	Chongqing	4351.96	3189.05	89.54	446.19	27368.16	3774.33	2585.26
成 都	Chengdu	2847.64	1870.91	226.01	322.83	19122.23	1430.24	851.87
贵 阳	Guiyang	1291.37	934.14	45.32	157.12	7875.40	359.33	221.15
昆 明	Kunming	2263.71	1648.96	128.79	224.23	11359.07	293.04	195.04

19-16 续表 continued

城 市	City	商品房销售面积(万平方米) Floor Space of Commercial Buildings Sold (10 000 sq.m)	#住宅 Residential Buildings	商品房平均销售价格(元/平方米) Average Selling Price of Commercial Buildings (yuan/sq.m)	#住宅 Residential Buildings	本年土地购置面积(万平方米) Area of Land Purchased in the Year (10 000 sq.m)
上 海	Shanghai	1789.16	1434.07	33798	36741	270.74
南 京	Nanjing	1324.67	1213.81	24682	25175	223.09
杭 州	Hangzhou	1699.34	1471.62	27043	27448	280.17
宁 波	Ningbo	1858.20	1571.44	16411	17657	288.69
合 肥	Hefei	1486.11	1297.40	14321	15265	539.47
南 昌	Nanchang	1770.83	1367.24	10978	10866	228.54
武 汉	Wuhan	2646.37	2252.39	14244	14672	203.44
长 沙	Changsha	2377.43	2046.55	9238	9112	244.92
重 庆	Chongqing	6143.47	4814.49	8255	8917	812.95
成 都	Chengdu	3680.30	2826.74	12148	13231	358.67
贵 阳	Guiyang	1235.75	1105.76	9315	9157	169.14
昆 明	Kunming	1878.80	1527.10	11325	12212	280.09

二十、科学技术 Science and Technology

20-1 规模以上工业企业研究与试验发展(R&D)活动及专利情况(2020年) Statistics on R&D Activities and Patents of Industrial Enterprises above Designated Size (2020)

地区	Region	R&D人员全时当量(人年) Full-time Equivalent of R&D Personnel (man-year)	R&D经费(万元) Expenditure on R&D (10 000 yuan)	R&D项目数(项) R&D Projects (unit)	专利申请数(件) Number of Patent Applications (piece)		有效发明专利数(件) Number of Effective Inventions (piece)
						#发明专利 Inventions	
全国	**National Total**	**3460409**	**152712905**	**714527**	**1243927**	**446069**	**1447950**
上海	Shanghai	87957	6350087	14903	40630	17544	62147
江苏	Jiangsu	538781	23816885	103567	196799	62892	224512
浙江	Zhejiang	480493	13958988	118007	138589	35319	93159
安徽	Anhui	139988	6394211	29928	66677	27083	70467
江西	Jiangxi	100473	3460219	23056	30838	6949	18715
湖北	Hubei	125066	6109588	20626	44035	18798	49197
湖南	Hunan	121470	6645286	25510	36209	15169	39805
重庆	Chongqing	69843	3725610	16167	19736	6300	20650
四川	Sichuan	90128	4276383	22242	34536	13439	42114
贵州	Guizhou	26261	1053574	5068	7227	3475	8487
云南	Yunnan	28894	1451454	6065	9451	3131	9515

20–2 规模以上工业企业新产品开发及生产情况（2020年）
New Products Development and Production of Industrial Enterprises above Designated Size（2020）

地 区	Region	新产品开发项目数(项) Projects for New Products Development (unit)	新产品开发经费支出(万元) Expenditure on New Products Development (10 000 yuan)	新产品销售收入(万元) Sales Revenue of New Products (10 000 yuan)	#出 口 Exports
全 国	**National Total**	**788125**	**186237781**	**2380736642**	**438532723**
上 海	Shanghai	22755	8689077	101592157	14694288
江 苏	Jiangsu	102826	28223651	394428431	89402034
浙 江	Zhejiang	133346	17652995	283024993	57204310
安 徽	Anhui	32863	7494349	120543819	14336688
江 西	Jiangxi	23138	4669998	72213414	9353771
湖 北	Hubei	20290	7280674	95968820	6763431
湖 南	Hunan	26253	7509542	83879023	5907820
重 庆	Chongqing	16907	3972680	58806719	11941326
四 川	Sichuan	22133	4874121	49699120	4371971
贵 州	Guizhou	4993	960411	8760932	294623
云 南	Yunnan	5532	1153684	12160954	164127

20-3 三种专利申请数和授权数（2020年）
Three Kinds of Domestic Patent Applications and Granted（2020）

单位：件 (piece)

地 区	Region	申请数 Applications	发 明 Inventions	实用新型 Utility Models	外观设计 Designs	授权数 Granted	发 明 Inventions	实用新型 Utility Models	外观设计 Designs
全 国	**National Total**	**5016030**	**1344817**	**2918874**	**752339**	**3520901**	**440691**	**2368651**	**711559**
上 海	Shanghai	210293	81042	104791	24460	139780	24208	92249	23323
江 苏	Jiangsu	719452	177995	489165	52292	499167	45975	405885	47307
浙 江	Zhejiang	507050	129708	267768	109574	391700	49888	231693	110119
安 徽	Anhui	202298	69663	117727	14908	119696	21432	84609	13655
江 西	Jiangxi	109738	20285	64034	25419	80239	4407	51326	24506
湖 北	Hubei	163613	47767	102936	12910	110102	17555	80229	12318
湖 南	Hunan	128573	48530	60879	19164	78723	11537	49052	18134
重 庆	Chongqing	83826	22273	53616	7937	55377	7637	40021	7719
四 川	Sichuan	160036	41417	97251	21368	108386	14187	73927	20272
贵 州	Guizhou	49200	10693	33180	5327	34971	2268	27714	4989
云 南	Yunnan	45153	9753	31684	3716	28943	2458	23095	3390

20-4 国家级高新区企业主要经济指标（2020年）
Major Indicators of Enterprises in High-Technology Industrial Development Zones（2020）

开发区	Development Area	企业数（个）Number of Enterprises (unit)	从业人员（人）Number of Persons Employed (person)	营业收入（万元）Business Revenue (10 000 yuan)	出口总额（万元）Exports (10 000 yuan)
全 国	**National Total**	**165357**	**23835165**	**4279980585**	**447266487**
上海张江高新技术产业开发区	Shanghai Zhangjiang High-tech Park	11645	1661721	349601568	31027019
上海紫竹高新技术产业开发区	Shanghai Zizhu High-tech Industrial Development Zone	309	40977	9197660	573071
南京高新技术产业开发区	Nanjing High-tech Industrial Development Zone	8004	678084	104328229	11307068
无锡国家高新技术产业开发区	Wuxi High-tech Industrial Development Zone	1412	285293	48002664	14879136
江阴高新技术产业开发区	Jiangyin High-tech Industrial Development Zone	525	96603	20075091	2993913
徐州高新技术产业开发区	Xuzhou High-tech Industrial Development Zone	273	66409	13947585	663956
常州高新技术产业开发区	Changzhou High-tech Industrial Development Zone	1712	224600	31073773	4451660
武进国家高新技术产业开发区	Wujin High-tech Industrial Development Zone	614	157777	22385132	2273940
苏州国家高新技术产业开发区	Suzhou High-tech Industrial Development Zone	1706	229271	40075800	17265318
昆山高新技术产业开发区	Kunshan High-tech Industrial Development Zone	1088	189972	20720325	6010860
苏州工业园区	Suzhou Industrial Park	3492	307193	60580666	21151133
常熟高新技术产业开发区	Changshu High-tech Industrial Development Zone	635	82187	12773131	2803809
南通高新技术产业开发区	Nantong High-tech Industrial Development Zone	510	103093	25993783	3582775
连云港高新技术产业开发区	Lianyungang High-tech Industrial Development Zone	204	49371	7650780	383329
淮安高新技术产业开发区	Huaian High-tech Industrial Development Zone	174	18888	1741562	72873
盐城高新技术产业开发区	Yancheng High-tech Industrial Development Zone	419	64659	7180115	925246
扬州高新技术产业开发区	Yangzhou High-tech Industrial Development Zone	315	38018	4225772	573621
镇江高新技术产业开发区	Zhenjiang High-tech Industrial Development Zone	392	45295	5556987	560486
泰州医药高新技术产业开发区	Taizhou Medical High-tech Industrial Development Zone	544	85268	11845559	663047
宿迁高新技术产业开发区	Suqian Medicine High-tech Industrial Development Zone	210	35679	3841522	439142
杭州高新技术产业开发区	Hangzhou High-tech Industrial Development Zone	2589	399252	78510842	5765635
萧山临江高新技术产业开发区	Xiaoshan Linjiang High-tech Industrial Development Zone	1195	201104	35078212	4106244
宁波国家高新技术产业开发区	Ningbo High-tech Industrial Development Zone	1690	304681	55003979	8894928
温州高新技术产业开发区	Wenzhou High-tech Industrial Development Zone	714	146329	12095722	1452776

20-4 续表 1 continued

开发区	Development Area	企业数（个）Number of Enterprises (unit)	从业人员（人）Number of Persons Employed (person)	营业收入（万元）Business Revenue (10 000 yuan)	出口总额（万元）Exports (10 000 yuan)
嘉兴秀洲高新技术产业开发区	Jiaxing Xiuzhou High-tech Industrial Development Zone	192	66753	8958725	1723228
莫干山高新技术产业开发区	Moganshan High-tech Industrial Development Zone	346	55621	6670794	1340026
绍兴国家高新技术产业开发区	Shaoxing High-tech Industrial Development Zone	583	83705	10099196	1750154
衢州高新技术开发区	Quzhou High-tech Industrial Development Zone	331	58731	10939120	971365
合肥高新技术产业开发区	Hefei High-tech Industrial Development Zone	2689	336904	73032150	11953833
芜湖国家高新技术产业开发区	Wuhu High-tech Industrial Development Zone	315	96422	15527801	1338601
蚌埠国家高新技术产业开发区	Bengbu High-tech Industrial Development Zone	421	84044	13981068	284884
淮南高新技术产业开发区	Huainan High-tech Industrial Development Zone	139	17666	1961542	30545
马鞍山慈湖高新技术产业开发区	Maanshan Cihu High-tech Industrial Development Zone	231	40368	14430010	483768
铜陵狮子山高新技术产业开发区	Tongling Shizishan High-tech Industrial Development Zone	117	13257	3902158	229335
南昌高新技术产业开发区	Nanchang High-tech Industrial Development Zone	731	167735	40339828	3314182
景德镇高新技术产业开发区	Jingdezhen High-tech Industrial Development Zone	292	68256	9268492	773087
九江共青城高新技术产业开发区	Jiujiang Gongqingcheng High-tech Industrial Development Zone	236	27249	3488894	247840
新余高新技术企业开发区	Xinyu High-tech Industrial Development Zone	281	82829	16277437	798214
鹰潭国家高新技术产业开发区	Yingtan High-tech Industrial Development Zone	182	26101	6975638	278894
赣州高新技术产业开发区	Ganzhou High-tech Industrial Development Zone	207	19015	3202450	231279
吉安高新技术产业开发区	Jian High-tech Industrial Development Zone	169	41836	5611782	3244526
宜春丰城高新技术产业开发区	Yichun Fengcheng High-tech Industrial Development Zone	203	28128	6185866	156749
抚州高新技术产业开发区	Fuzhou High-tech Industrial Development Zone	216	40337	6808019	297959
武汉东湖新技术开发区	Wuhan Donghu New Technology Development Zone	3757	604500	124052313	10459243
黄石大冶湖高新技术产业开发区	Huangshi Dazhi High-tech Industrial Development Zone	529	75106	10118397	304034
宜昌高新技术产业开发区	Yichang High-tech Industrial Development Zone	500	148314	20403102	1460031
襄阳高新技术产业开发区	Xiangyang High-tech Industrial Development Zone	910	196959	33198026	642944
荆门高新技术产业开发区	Jingmen High-tech Industrial Development Zone	493	97645	14402046	663368
孝感高新技术产业开发区	Xiaogan High-tech Industrial Development Zone	553	107539	16017827	323111
荆州高新技术产业开发区	Jingzhou High-tech Industrial Development Zone	97	12732	1629356	42661
黄冈高新技术产业开发区	Huanggang High-tech Industrial Development Zone	560	81907	8220473	361571
咸宁高新技术产业开发区	Xianning High-tech Industrial Development Zone	465	81658	11029873	398283
随州高新技术产业开发区	Suizhou High-tech Industrial Development Zone	344	55083	7221605	495483
仙桃高新技术产业开发区	Xiantao High-tech Industrial Development Zone	392	69748	8068626	1521888
潜江高新技术产业开发区	Qianjiang High-tech Industrial Development Zone	60	12385	4316379	74530

20-4 续表 2 continued

开发区	Development Area	企业数(个) Number of Enterprises (unit)	从业人员(人) Number of Persons Employed (person)	营业收入(万元) Business Revenue (10 000 yuan)	出口总额(万元) Exports (10 000 yuan)
长沙高新技术产业开发区	Changsha High-tech Industrial Development Zone	1961	318877	51702008	3293789
株洲高新技术产业开发区	Zhuzhou High-tech Industrial Development Zone	523	173512	28908290	981156
湘潭高新技术产业开发区	Xiangtan High-tech Industrial Development Zone	373	91855	15606071	770345
衡阳高新技术产业开发区	Hengyang High-tech Industrial Development Zone	239	52521	8113187	1042269
常德高新技术产业开发区	Changde High-tech Industrial Development Zone	450	48288	6644525	73697
益阳高新技术产业开发区	Yiyang High-tech Industrial Development Zone	419	53542	8974233	482091
郴州高新技术产业开发区	Chenzhou High-tech Industrial Development Zone	125	23850	2911620	673923
怀化高新技术产业开发区	Huaihua High-tech Industrial Development Zone	193	15330	1376145	23461
重庆高新技术产业开发区	Chongqing High-tech Industrial Development Zone	1591	281509	42103257	11596293
璧山高新技术产业开发区	Bishan High-tech Industrial Development Zone	347	69862	5837090	732097
荣昌高新技术产业开发区	Rongchang High-tech Industrial Development Zone	295	57460	6031145	383275
永川高新技术产业开发区	Yongchuan High-tech Industrial Development Zone	318	83674	11652059	493341
成都高新技术产业开发区	Chengdu High-tech Industrial Development Zone	3208	466361	90420845	27017186
自贡高新技术产业开发区	Zigong High-tech Industrial Development Zone	346	49455	6762323	309227
攀枝花高新技术产业开发区	Panzhihua High-tech Industrial Development Zone	159	21307	5053762	57690
泸州高新技术产业开发区	Luzhou High-tech Industrial Development Zone	458	53560	8138215	260706
德阳高新技术产业开发区	Deyang High-tech Industrial Development Zone	250	41142	6153336	83386
绵阳国家高新技术产业开发区	Mianyang High-tech Industrial Development Zone	327	119213	16402520	1964189
内江高新技术产业开发区	Neijiang High-tech Industrial Development Zone	148	19626	2974001	155165
乐山高新技术产业开发区	Leshan High-tech Industrial Development Zone	330	53859	7908244	343158
贵阳国家高新技术产业开发区	Guiyang High-tech Industrial Development Zone	1030	207030	26903354	492843
安顺高新技术产业开发区	Anshun High-tech Industrial Development Zone	173	26635	2516347	51749
昆明国家高新技术产业开发区	Kunming High-tech Industrial Development Zone	463	95566	24926898	283628
玉溪高新技术产业开发区	Yuxi High-tech Industrial Development Zone	114	28383	9762855	33767
楚雄高新技术产业开发区	Chuxiong High-tech Industrial Development Zone	81	10436	1953337	6327

20-5 技术市场成交额
Transaction Value in Technical Markets

单位：万元 (10 000 yuan)

地 区	Region	2013	2014	2015	2016	2017	2018	2019	2020
全 国	**National Total**	**74691254**	**85771790**	**98357896**	**114069816**	**134242245**	**176974213**	**223983882**	**282515092**
上 海	Shanghai	5316804	5924481	6637838	7809858	8106177	12251857	14223539	15832248
江 苏	Jiangsu	5275020	5431585	5729178	6356425	7784223	9914475	14715193	20878468
浙 江	Zhejiang	814958	872527	980966	1983716	3247310	5906641	8880078	14033228
安 徽	Anhui	1308253	1698313	1904669	2173748	2495697	3213131	4496068	6595728
江 西	Jiangxi	430552	507593	648484	790077	962096	1158231	1486137	2334099
湖 北	Hubei	3976158	5806801	7893407	9038371	10330773	12040937	14298358	16658080
湖 南	Hunan	772098	979342	1050578	1056287	2031915	2816126	4906932	7359497
重 庆	Chongqing	902760	1562007	572366	1471870	513581	1883529	566518	1177865
四 川	Sichuan	1485752	1990506	2823202	2993006	4058307	9967010	12119539	12445928
贵 州	Guizhou	183972	200392	259626	204437	807409	1710975	2271758	2491150
云 南	Yunnan	420003	479233	518364	582559	847625	894879	827040	499498

20-6 测绘资料提供情况（2020年）
Statistics on Output of Surveying and Mapping Materials（2020）

地 区	Region	地形图合计 (张) Topographic Maps (unit)	1:10000 (scale)	1:50000 (scale)	测绘基准成果 (点) Surveying and Mapping Datum Product (point)	航摄成果 (平方千米) Aerial Photograph (Square kilometers)
全 国	**National Total**	**267275**	**38402**	**12372**	**155687**	**1121435**
上 海	Shanghai	204174			10405	
江 苏	Jiangsu	298	254	44	4136	108800
浙 江	Zhejiang	69	42	16	1352	112752
安 徽	Anhui	376	38	261	3060	1271
江 西	Jiangxi	10940	10610	278	2504	
湖 北	Hubei	14		14	1110	2100
湖 南	Hunan				4440	
重 庆	Chongqing	703	33	23	368	
四 川	Sichuan	642	106	536	2053	9099
贵 州	Guizhou				6809	1669
云 南	Yunnan	3972	2914	816	4583	

注：全国数据包括计划单列市数据。

a) The national data include data of cities with independent planning authority.

20-7 地震监测情况（2020年）
Earthquake Monitoring（2020）

单位：个 (unit)

地 区	Region	地震台总数 Number of Seismic Stations	国家级台 Number of National Stations	省级台 Number of Provincial Stations	市、县级台 Number of Municipality/County-level Stations	企业台 Number of Enterprise Stations	强震观测点 Number of Strong Motion Observation Spots	宏观观测点 Number of Macro-observation Spots
全 国	**National Total**	**2438**	**222**	**286**	**1583**	**347**	**2797**	**27472**
上 海	Shanghai	3	2	1			104	965
江 苏	Jiangsu	145	8	7	129	1	99	463
浙 江	Zhejiang	71	5	1	58	7	46	706
安 徽	Anhui	103	3	9	91		22	301
江 西	Jiangxi	14	2	12				1757
湖 北	Hubei	51	6	8	12	25	41	352
湖 南	Hunan	48	6	3	29	10	6	122
重 庆	Chongqing	48	1	39	1	7	7	2897
四 川	Sichuan	113	14	14	80	5	22	12
贵 州	Guizhou	21	4	14	3		6	1706
云 南	Yunnan	355	13	5	174	163	166	

注：2020年宏观观测点变动较大，系部分省份市县地震机构撤销或整合，职能并入应急管理局所致。

a) Number of Macro-observation Spots changed greatly in 2020, which was caused by the cancellation or integration of earthquake institutions in some provinces, cities and counties, and the merging of their functions into the emergency management bureau.

20-8 气象业务站点及观测项目情况（2020年）
Status of Operational Meteorological Stations and Observation Items（2020）

单位：个 (unit)

地 区	Region	地面观测业务 Surface Observation Stations	高空探测业务 Upper-air Observation Stations	省级常规气象观测站 Provincial conventional meteorological observation station	天气雷达观测业务 Weather Radar Observation Stations	农业气象观测站 Agro-Meteorological Observation Stations	环境气象观测站 Environmental Meteorological Observation Stations	闪电定位监测业务 Lightning Position Monitoring Stations	卫星云图接收业务 Satellite Cloud Images Receiving Stations
全 国	**National Total**	**10648**	**124**	**53064**	**296**	**725**	**1142**	**499**	**309**
上 海	Shanghai	43	1	228	2	1	23		5
江 苏	Jiangsu	264	3	1624	12	22	107	25	8
浙 江	Zhejiang	260	3	3088	17	14	45	11	21
安 徽	Anhui	295	2	2816	10	25	18	7	2
江 西	Jiangxi	380	2	2167	11	19	33	12	11
湖 北	Hubei	327	3	2157	10	32	70	32	18
湖 南	Hunan	422	3	3079	11	26	11	10	10
重 庆	Chongqing	159	1	1805	5	14	22	5	5
四 川	Sichuan	499	7	5400	12	47	32	25	16
贵 州	Guizhou	364	2	2722	11	19	16	12	11
云 南	Yunnan	571	5	2644	9	26	11	22	11

20–9 产品质量情况
Quality of Products

单位：% (%)

地 区	Region	产品质量合格率 Qualification Rate of Products 2019	2020
全 国	**National Total**	**93.86**	**93.39**
上 海	Shanghai	95.69	95.65
江 苏	Jiangsu	94.09	94.06
浙 江	Zhejiang	93.93	93.72
安 徽	Anhui	93.21	93.90
江 西	Jiangxi	93.80	93.63
湖 北	Hubei	91.97	92.65
湖 南	Hunan	93.61	93.89
重 庆	Chongqing	94.36	94.05
四 川	Sichuan	93.52	92.44
贵 州	Guizhou	90.72	91.87
云 南	Yunnan	92.05	92.50

注：本资料由75个重点工业城市抽样数据汇总而成。
a) Data in this table are collected from samples of 75 key industrial cities.

20-10 产品质量省级监督抽查情况（2019年）
Results of Sampling Check under Provincial Supervision on the Quality of Products（2019）

地 区	Region	抽查企业 (家) Number of Enterprises Selected for Supervision (unit)	抽查产品 (批) Products Selected for Supervision (batch-time)	不合格产品 (批) Unqualified Products (batch-time)
全 国	**National Total**	**132660**	**192171**	**18409**
上 海	Shanghai	7595	8433	1238
江 苏	Jiangsu	7306	7306	472
浙 江	Zhejiang	17048	18127	839
安 徽	Anhui	4036	4563	499
江 西	Jiangxi	13	458	10
湖 北	Hubei	436	755	30
湖 南	Hunan	7107	15326	2155
重 庆	Chongqing	5877	15610	1486
四 川	Sichuan	9554	14198	1271
贵 州	Guizhou	3931	5402	662
云 南	Yunnan	2305	3864	698

二十一、教育　Education

21-1 普通本专科学生情况（2020年）

Number of Students Enrolled in Normal and Short-cycle Courses in Regular Higher Education Institutions（2020）

单位：人 (person)

地区	Region	招生数 Entrants	本科 Normal Courses	专科 Short-cycle Courses	在校学生数 Enrolment	本科 Normal Courses	专科 Short-cycle Courses
全国	**National Total**	**9674518**	**4431154**	**5243364**	**32852948**	**18257460**	**14595488**
上海	Shanghai	142420	98211	44209	540693	399984	140709
江苏	Jiangsu	593204	283020	310184	2014698	1174114	840584
浙江	Zhejiang	308989	155873	153116	1148737	661251	487486
安徽	Anhui	412458	169449	243009	1368465	710031	658434
江西	Jiangxi	375714	152986	222728	1241984	610232	631752
湖北	Hubei	464103	223474	240629	1616873	934013	682860
湖南	Hunan	448669	195665	253004	1510332	781798	728534
重庆	Chongqing	273887	119841	154046	915556	488277	427279
四川	Sichuan	538082	242928	295154	1800903	993825	807078
贵州	Guizhou	260195	96401	163794	840249	394044	446205
云南	Yunnan	268331	113741	154590	964205	499409	464796

21-1 续表 continued

单位：人 (person)

地 区	Region	毕业生数 Graduates	本 科 Normal Courses	专 科 Short-cycle Courses	授 予 学位数 Degrees Conferred	预 计 毕业生数 Estimated Graduates for Next Year	本 科 Normal Courses	专 科 Short-cycle Courses
全 国	**National Total**	**7971991**	**4205097**	**3766894**	**4169808**	**8540006**	**4442318**	**4097688**
上 海	Shanghai	135605	91637	43968	91041	148574	102253	46321
江 苏	Jiangsu	512941	281438	231503	277017	550134	292853	257281
浙 江	Zhejiang	286558	152455	134103	151402	312903	166251	146652
安 徽	Anhui	326840	166654	160186	165197	333581	171295	162286
江 西	Jiangxi	309211	134251	174960	133385	314016	137740	176276
湖 北	Hubei	401779	218641	183138	216120	426751	227013	199738
湖 南	Hunan	376043	175258	200785	173927	403412	184929	218483
重 庆	Chongqing	211567	112852	98715	111015	224894	117408	107486
四 川	Sichuan	433106	222385	210721	221481	475809	239261	236548
贵 州	Guizhou	194515	84786	109729	82922	218567	91958	126609
云 南	Yunnan	235206	117049	118157	115630	265888	130349	135539

21-2 普通高等学校(机构)情况（2020年）
Statistics on Regular Higher Education Institutions（2020）

单位：个 (unit)

地 区	Region	学校数(所) Institutions (unit)	教职工数 Educational Personnel	#校本部教职工 In Main Campus	专任教师 Full-time Teachers	正高级 Senior	副高级 Sub-senior	中级 Middle	初级 Junior	无职称 No Rank	行政人员 Administrative Personnel	教辅人员 Supporting Staff	工勤人员 Workers
全 国	**National Total**	**2738**	**2668708**	**2561094**	**1832982**	**242951**	**550705**	**698705**	**190277**	**150344**	**375728**	**228560**	**123824**
上 海	Shanghai	63	78995	74551	47668	9354	15335	18158	2889	1932	14656	9698	2529
江 苏	Jiangsu	167	180839	173764	126013	18503	44019	48936	8942	5613	26157	14326	7268
浙 江	Zhejiang	109	104059	98944	70445	10770	20737	28987	4511	5440	17455	8927	2117
安 徽	Anhui	120	86988	84469	65576	6734	18066	26018	10148	4610	9540	5879	3474
江 西	Jiangxi	105	90593	87951	65300	5858	16425	25643	8947	8427	8209	11061	3381
湖 北	Hubei	129	134736	129768	88750	12407	30427	31335	8138	6443	20866	12515	7637
湖 南	Hunan	128	111678	108399	79598	8892	23036	31301	7431	8938	14709	9589	4503
重 庆	Chongqing	68	66474	64721	49174	5864	13855	19774	5198	4483	8932	4158	2457
四 川	Sichuan	132	135028	129374	95439	10916	25856	35060	16068	7539	17256	9862	6817
贵 州	Guizhou	75	54246	53778	39418	3836	12262	12057	6090	5173	7678	4624	2058
云 南	Yunnan	82	58107	57459	43396	4545	11990	15917	5999	4945	7036	4307	2720

21-3 普通高中情况（2020年）
Statistics on Regular Senior Secondary Schools（2020）

单位：人 (person)

地 区	Region	学校数（所）Schools (unit)	教职工数 Educational Personnel	#专任教师 Full-time Teachers	毕业生数 Graduates	招生数 Entrants	在校学生数 Enrolment
全 国	**National Total**	**14235**	**2948694**	**1933228**	**7865315**	**8764435**	**24944529**
上 海	Shanghai	262	34628	19042	52293	59721	166407
江 苏	Jiangsu	585	137224	105467	311320	423390	1155411
浙 江	Zhejiang	622	100221	73662	255062	283392	809004
安 徽	Anhui	661	124424	82054	351280	390799	1133579
江 西	Jiangxi	519	102573	65211	332836	385087	1104548
湖 北	Hubei	536	95255	68470	273954	313182	891704
湖 南	Hunan	660	132716	89921	385595	448890	1273403
重 庆	Chongqing	264	74115	40836	208130	217321	626265
四 川	Sichuan	792	188771	102957	455983	473766	1408814
贵 州	Guizhou	471	92017	69086	340290	331313	975235
云 南	Yunnan	601	111966	72991	283730	359998	971639

21-4 中等职业学校情况（2020年）
Statistics on Secondary Vocational Schools（2020）

单位：人 (person)

地 区	Region	学校数(所) Schools (unit)	教职工数 Educational Personnel	#专任教师 Full-time Teachers	毕业生数 Graduates	#获得职业资格证书 Recipients of Vocational Qualifications	招生数 Entrants	在校学生数 Enrolment	预计毕业生数 Estimated Graduates for Next Year
全 国	**National Total**	**7473**	**803752**	**648718**	**3834642**	**2579124**	**4846056**	**12678379**	**3851372**
上 海	Shanghai	89	11350	7991	32552	24747	39646	104770	32385
江 苏	Jiangsu	198	50639	43503	208509	172596	225110	624464	189090
浙 江	Zhejiang	249	40539	36504	168308	155541	209668	569080	167149
安 徽	Anhui	298	33762	28830	256180	190796	328818	791146	262791
江 西	Jiangxi	320	20905	15573	107960	34738	177094	445493	118025
湖 北	Hubei	263	26002	20927	117794	85869	152287	420328	123841
湖 南	Hunan	494	40486	32384	207929	154130	248228	682951	206843
重 庆	Chongqing	129	18573	15417	91948	69568	132293	342379	95612
四 川	Sichuan	397	47261	37902	282042	236981	336741	817131	260117
贵 州	Guizhou	184	20046	16630	134772	86762	145981	403573	135953
云 南	Yunnan	369	24860	20870	151012	103444	265169	599212	203585

注：中等职业学校的统计范围为教育部管理的中等职业教育，不包括技工学校。

a) The statistical scope of secondary vocational schools is secondary vocational education managed by the Ministry of Education, excluding skilled workers schools.

21-5 初中情况（2020年）
Statistics on Junior Secondary Schools（2020）

单位：人 (person)

地 区	Region	学校数(所) Schools (unit)	专任教师 Full-time Teachers	城 区 City	镇 区 Township	乡 村 Rural	在校学生数 Enrolment	城 区 City	镇 区 Township	乡 村 Rural
全 国	**National Total**	**52805**	**3860741**	**1459550**	**1845140**	**556051**	**49140893**	**19029366**	**23733472**	**6378055**
上 海	Shanghai	588	44714	38590	4790	1334	468062	414296	41525	12241
江 苏	Jiangsu	2258	212577	102999	99837	9741	2542608	1203700	1232394	106514
浙 江	Zhejiang	1748	133141	74716	47022	11403	1636425	920296	584070	132059
安 徽	Anhui	2846	165538	42433	89988	33117	2239554	587135	1257168	395251
江 西	Jiangxi	2196	145462	43367	74983	27112	2204109	675043	1160459	368607
湖 北	Hubei	2114	135046	56002	61420	17624	1708335	731536	773389	203410
湖 南	Hunan	3384	189015	53464	99980	35571	2519696	759590	1355742	404364
重 庆	Chongqing	868	83469	37730	37912	7827	1149781	539135	508395	102251
四 川	Sichuan	3677	218397	65655	120235	32507	2797872	889229	1558034	350609
贵 州	Guizhou	2020	128990	31255	80109	17626	1780696	433042	1119559	228095
云 南	Yunnan	1691	139305	29676	70132	39497	1823665	402564	929390	491711

21-6 普通小学情况（2020年）
Statistics on Regular Primary Schools（2020）

单位：人 (person)

地 区	Region	学校数(所) Schools (unit)	专任教师 Full-time Teachers	城 区 City	镇 区 Township	乡 村 Rural	在校学生数 Enrolment	城 区 City	镇 区 Township	乡 村 Rural
全 国	**National Total**	**157979**	**6434178**	**2299358**	**2347348**	**1787472**	**107253532**	**42030976**	**40717741**	**24504815**
上 海	Shanghai	684	61466	52953	6673	1840	860960	750481	85505	24974
江 苏	Jiangsu	4144	345877	170853	142509	32515	5808208	2865374	2439369	503465
浙 江	Zhejiang	3308	221938	124347	67232	30359	3727273	2152409	1123227	451637
安 徽	Anhui	7464	260425	63705	111554	85166	4682378	1237408	2194738	1250232
江 西	Jiangxi	7199	242233	67359	102003	72871	4063050	1282931	1867631	912488
湖 北	Hubei	5386	209808	83007	76438	50363	3808514	1659866	1428636	720012
湖 南	Hunan	7245	300033	88911	135149	75973	5342513	1717499	2543134	1081880
重 庆	Chongqing	2754	130610	56004	46089	28517	2024671	1037567	707812	279292
四 川	Sichuan	5679	344855	101905	155504	87446	5529052	1857888	2553924	1117240
贵 州	Guizhou	6855	215012	48308	94549	72155	3972666	971299	1884237	1117130
云 南	Yunnan	10688	237317	44994	65947	126376	3892241	843655	1149907	1898679

21-7 特殊教育情况(2020年)
Statistics on Special Education (2020)

单位：人 (person)

地 区	Region	学校数(所) Schools (unit)	专任教师 Full-time Teachers	毕业生数 Graduates	招生数 Entrants	在校学生数 Enrolment	#女 Female
全 国	**National Total**	**2244**	**66169**	**121411**	**149046**	**880800**	**324217**
上 海	Shanghai	31	1415	1429	1323	8397	2942
江 苏	Jiangsu	106	3749	5031	6389	37269	12956
浙 江	Zhejiang	86	2933	3415	3450	21455	7544
安 徽	Anhui	77	1979	3719	6048	40674	14638
江 西	Jiangxi	95	1922	7825	6743	40167	14509
湖 北	Hubei	88	1950	2889	4444	28871	9894
湖 南	Hunan	95	2624	7332	8040	54119	19821
重 庆	Chongqing	39	1072	4107	4675	27006	10373
四 川	Sichuan	132	3220	13123	11867	64979	25197
贵 州	Guizhou	77	1981	6135	6948	42053	16082
云 南	Yunnan	70	2483	8759	7808	45984	18458

21-8 各级学校生师比（2020年）
Student-Teacher Ratio of Regular Schools by Level（2020）

(教师人数=1) (Number of Teachers=1)

地 区	Region	普通小学 Regular Primary Schools	初 中 Junior Secondary Schools	普通高中 Regular Senior Secondary Schools	中等职业学校 Secondary Vocational Schools	普通高校 Regular Higher Education Institutions
全 国	**National Average**	**16.67**	**12.73**	**12.90**	**19.54**	**18.37**
上 海	Shanghai	14.01	10.47	8.74	13.11	16.25
江 苏	Jiangsu	16.79	11.96	10.96	14.35	16.07
浙 江	Zhejiang	16.79	12.29	10.98	15.59	15.73
安 徽	Anhui	17.98	13.53	13.82	27.44	20.01
江 西	Jiangxi	16.77	15.15	16.94	28.61	18.78
湖 北	Hubei	18.15	12.65	13.02	20.09	18.81
湖 南	Hunan	17.81	13.33	14.16	21.09	18.17
重 庆	Chongqing	15.50	13.77	15.34	22.21	18.15
四 川	Sichuan	16.03	12.81	13.68	21.56	19.85
贵 州	Guizhou	18.48	13.80	14.12	24.27	20.62
云 南	Yunnan	16.40	13.09	13.31	28.71	22.70

21-9 每十万人口各级学校平均在校生数（2020年）
Average School Enrolment per 100 000 Population by Level（2020）

单位：人 (person)

地 区	Region	学前教育 Pre-school Education	小 学 Primary Education	初中阶段 Junior Secondary Education	高中阶段 Senior Secondary Education	高等教育 Higher Education
全 国	**National Average**	**3441**	**7661**	**3510**	**2948**	**3126**
上 海	Shanghai	2354	3546	1928	1117	3722
江 苏	Jiangsu	3148	7197	3151	2533	3653
浙 江	Zhejiang	3394	6371	2797	2677	2704
安 徽	Anhui	3406	7355	3518	3237	2702
江 西	Jiangxi	3644	8708	4724	3653	3424
湖 北	Hubei	3010	6426	2882	2354	3598
湖 南	Hunan	3345	7723	3642	3032	3149
重 庆	Chongqing	3226	6481	3680	3353	3438
四 川	Sichuan	3167	6602	3341	2814	2754
贵 州	Guizhou	4384	10965	4915	4007	2654
云 南	Yunnan	3443	8012	3754	3546	2648

注：1.高等教育包括普通高等学校和成人高等学校。
2.高中阶段包括普通高中、成人高中、普通中专、职业高中、技工学校和成人中专。
3.初中阶段包括普通初中和职业初中。

a) Higher education includes regular higher education institutions and adult higher education institutions.
b) Senior secondary education includes regular senior secondary schools, adult high schools, regular specialized secondary schools, senior secondary vocational schools, skilled workers school, adult specialized secondary schools.
c) Junior secondary education includes regular junior secondary schools and junior secondary vocational schools.

21-10 教育经费情况（2019年）
Basic Statistics on Educational Finance（2019）

单位：万元 (10 000 yuan)

地区 Region	合计 Total	国家财政性教育经费 Government Appropriation for Education	#一般公共预算教育经费 General Public Budget Expenditure on Education	民办学校中举办者投入 Funds from Sponsors of Non-public Schools	社会捐赠经费 Social Donations for Education	事业收入 Income from Teaching Research and Other Auxiliary Activities	#学杂费 Tuition and Miscel-laneous Fees	其他教育经费 Other Educational Funds
全 国 National Total	**501781166**	**400465452**	**346485685**	**2201304**	**1013752**	**87235021**	**66863024**	**10865637**
上 海 Shanghai	14125408	11482219	9593763	8686	9940	2360115	1970919	264448
江 苏 Jiangsu	31093313	24805724	22005797	85865	87043	5123965	4101335	990716
浙 江 Zhejiang	27343770	20353658	17580780	300811	78448	5260002	4225142	1350851
安 徽 Anhui	16375812	13480220	12193661	71894	9982	2547295	2041429	266421
江 西 Jiangxi	14535470	12100058	11331706	41781	16024	2212939	1722182	164668
湖 北 Hubei	16067052	12692681	11412518	62531	9647	3079461	2581407	222733
湖 南 Hunan	17753672	13508118	12739838	240772	22750	3717673	2966046	264358
重 庆 Chongqing	11442967	9139029	7302843	35189	26519	1906709	1456462	335521
四 川 Sichuan	22547121	18246513	15939970	94773	54799	3875935	3184378	275101
贵 州 Guizhou	13622935	11585069	10615705	33189	15237	1557873	1242614	431568
云 南 Yunnan	14833632	12681214	10673104	69213	31498	1835591	1544340	216117

二十二、卫生和社会服务　Public Health and Social Services

22-1 医疗卫生机构（2020年）
Health Care Institutions（2020）

单位：个　　(unit)

地区	Region	合计 Total	#医院 Hospitals	#综合医院 General Hospitals	#中医医院 Traditional Chinese Medicine Hospitals	#专科医院 Specialized Hospitals	#基层医疗卫生机构 Health Care Institutions at Grass-root Level	#社区卫生服务中心(站) Community Health Service Centers (Stations)	#乡镇卫生院 Township Health Centers
全国	**National Total**	**1022922**	**35394**	**20133**	**4426**	**9021**	**970036**	**35365**	**35762**
上海	Shanghai	5897	398	176	21	126	5291	1114	
江苏	Jiangsu	35747	1996	989	156	518	32703	2658	999
浙江	Zhejiang	34400	1429	591	189	535	32376	4733	1058
安徽	Anhui	29391	1388	823	155	331	27400	1869	1356
江西	Jiangxi	36716	858	532	117	191	35214	596	1589
湖北	Hubei	35447	1048	560	123	326	33852	1145	1121
湖南	Hunan	56042	1649	857	197	545	53793	829	2143
重庆	Chongqing	20922	859	448	134	208	19838	557	816
四川	Sichuan	82793	2435	1494	260	602	79491	1059	4283
贵州	Guizhou	28880	1378	962	111	271	27138	843	1330
云南	Yunnan	26626	1445	910	170	335	24592	662	1372

注：村卫生室数计入医疗卫生机构数中。
a) Number of village clinics was included in health care institutions.

22-1 续表 continued

单位：个 (unit)

地区	Region	#村卫生室 Village Clinics	#门诊部(所) Outpatient Departments	#专业公共卫生机构 Specialized Public Health Institutions	#疾病预防控制中心 Centers for Disease Control	#专科疾病防治院(所/站) Specialized Disease Prevention & Treatment Institutions	#妇幼保健院(所/站) Maternal and Children Care Centers	#卫生监督所(中心) Health Inspection Institutions (Centers)
全国	**National Total**	**608828**	**289542**	**14492**	**3384**	**1048**	**3052**	**2934**
上海	Shanghai	1169	3008	107	19	16	19	17
江苏	Jiangsu	15020	14020	658	118	39	116	109
浙江	Zhejiang	11300	15274	401	103	14	92	99
安徽	Anhui	15710	8460	481	121	43	123	105
江西	Jiangxi	27440	5584	564	152	110	114	111
湖北	Hubei	23199	8365	479	112	73	101	107
湖南	Hunan	38109	12708	538	145	82	137	135
重庆	Chongqing	9815	8640	149	41	12	41	39
四川	Sichuan	54202	19914	716	210	22	202	191
贵州	Guizhou	20162	4756	322	100	5	99	75
云南	Yunnan	13582	8953	532	150	27	147	136

22-2 卫生人员（2020年）
Statistics on Health Personnel（2020）

单位：人 (person)

地区	Region	卫生人员 Health Personnel	卫生技术人员 Health Technical Personnel	#执业(助理)医师 Licensed Physicians & Physician Assistants	#执业医师 Licensed Physicians	#注册护士 Registered Nurses	#药师(士) Pharmacists	乡村医生和卫生员 Village Doctors and Assistants	其他技术人员 Other Technical Personnel	管理人员 Administrative Staffs	工勤技能人员 Logistics Technical Workers
全国	**National Total**	**13474992**	**10678019**	**4085689**	**3401672**	**4708717**	**496793**	**795510**	**529601**	**561157**	**910705**
上海	Shanghai	261404	214368	78364	74780	97151	10653	649	11720	13738	20929
江苏	Jiangsu	823261	665488	267789	224031	294159	32590	23201	37223	34797	62552
浙江	Zhejiang	659781	548024	217677	191541	233067	31436	6632	27377	24044	53704
安徽	Anhui	503172	412110	164229	133307	188182	16662	30870	18759	17785	23648
江西	Jiangxi	367797	286112	104866	86726	129251	15723	36054	11279	11452	22900
湖北	Hubei	538003	428494	159701	134153	200020	18719	32696	23153	22788	30872
湖南	Hunan	614460	497801	190058	148605	235149	21495	33666	21648	25283	36062
重庆	Chongqing	301617	237686	88706	72127	109417	9927	14913	9391	15080	24547
四川	Sichuan	824459	632211	234473	195334	285807	28497	57142	26428	37427	71251
贵州	Guizhou	366886	287754	97537	77136	131472	10505	31348	12153	17349	18282
云南	Yunnan	458856	366516	122581	100245	173175	13242	36466	18131	11939	25804

注：1.卫生人员和卫生技术人员中包括获得“卫生监督员”证书的公务员1万人。
2.执业(助理)医师数包括村卫生室执业(助理)医师数。

a) Health personnel and health technical personnel include 10 000 civil servants who obtain the Certificate of Health Supervisor.
b) Licensed Physicians & physician assistants include those in village clinics.

22-3 每千人口卫生技术人员（2020年）
Health Technical Personnel in Health Care Institutions per 1000 Persons（2020）

单位：人 (person)

地区	Region	卫生技术人员 Health Technical Personnel			执业(助理)医师 Licensed Physicians & Physician Assistants			注册护士 Registered Nurses		
		合计 Total	城市 Urban	农村 Rural	合计 Total	城市 Urban	农村 Rural	合计 Total	城市 Urban	农村 Rural
全国	**National Average**	**7.57**	**11.46**	**5.18**	**2.90**	**4.25**	**2.06**	**3.34**	**5.40**	**2.10**
上海	Shanghai	8.62	15.12		3.15	5.50		3.91	6.87	0.02
江苏	Jiangsu	7.85	10.26	6.61	3.16	3.83	2.91	3.47	4.83	2.68
浙江	Zhejiang	8.49	14.24	8.11	3.37	5.43	3.38	3.61	6.34	3.25
安徽	Anhui	6.75	9.01	4.28	2.69	3.34	1.82	3.08	4.44	1.81
江西	Jiangxi	6.33	9.63	4.11	2.32	3.32	1.58	2.86	4.80	1.70
湖北	Hubei	7.42	10.48	5.22	2.77	3.73	2.03	3.46	5.25	2.25
湖南	Hunan	7.49	13.78	5.02	2.86	4.87	2.01	3.54	7.04	2.24
重庆	Chongqing	7.42	10.70	3.48	2.77	3.83	1.45	3.41	5.24	1.32
四川	Sichuan	7.56	9.84	5.27	2.80	3.55	2.01	3.42	4.81	2.18
贵州	Guizhou	7.46	12.18	4.86	2.53	4.31	1.61	3.41	6.05	2.12
云南	Yunnan	7.76	14.93	5.98	2.60	5.20	1.96	3.67	7.49	2.74

注：1.城市包括直辖市区和地级市辖区，农村包括县及县级市。
2.合计项分母系常住人口数，分城乡项分母系推算户籍人口数。

a) Urban area includes districts of municipalities and prefecture-level cities, rural area includes counties and cities at county level.

b) Population for totals refers to permanent population, while population for urban and rural areas refers to the estimated population by household registration.

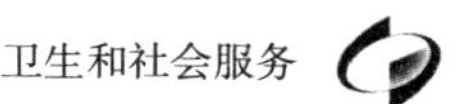

22-4 村卫生室情况（2020年）
Statistics on Village Clinics（2020）

单位：个 (unit)

地 区	Region	村卫生室 Village Clinics	村 办 Village-run	乡卫生院设点 Outlets of Township Health Centers	联合办 Joint-run	私人办 Private-run	其他 Others
全 国	**National Total**	**608828**	**337868**	**71858**	**26817**	**125503**	**46782**
上 海	Shanghai	1169	433	441			295
江 苏	Jiangsu	15020	7690	4100	1979	30	1221
浙 江	Zhejiang	11300	6876	1711	138	1727	848
安 徽	Anhui	15710	7360	2812	2174	829	2535
江 西	Jiangxi	27440	13101	433	1451	11390	1065
湖 北	Hubei	23199	14373	3912	2680	1206	1028
湖 南	Hunan	38109	25438	1737	915	6601	3418
重 庆	Chongqing	9815	6764	895	226	869	1061
四 川	Sichuan	54202	26929	3620	2603	17628	3422
贵 州	Guizhou	20162	11054	1913	363	4926	1906
云 南	Yunnan	13582	10143	1659	529	277	974

22-5 医疗卫生机构床位（2020年）
Number of Beds in Health Care Institutions（2020）

单位：万张 (10 000 beds)

地 区	Region	合 计 Total	#医 院 Hospitals	#基层医疗卫生机构 Health Care Institutions at Grass-root Level	#社区卫生服务中心(站) Community Health Service Centers (Stations)	#乡 镇卫生院 Township Health Centers	#专业公共卫生机构 Specialized Public Health Institutions	#妇幼保健院(所、站) Maternal and Children Care Centers	#专科疾病防治院(所、站) Specialized Disease Prevention & Treatment Institutions
全 国	**National Total**	**910.07**	**713.12**	**164.94**	**23.83**	**139.03**	**29.61**	**25.29**	**4.23**
上 海	Shanghai	15.22	13.43	1.56	1.56		0.14	0.12	0.02
江 苏	Jiangsu	53.50	42.17	10.16	2.40	7.69	0.94	0.75	0.19
浙 江	Zhejiang	36.13	31.70	3.07	1.00	2.02	1.20	1.15	0.04
安 徽	Anhui	40.78	31.85	7.97	0.97	6.92	0.91	0.75	0.16
江 西	Jiangxi	28.58	20.68	6.24	0.37	5.85	1.54	1.16	0.38
湖 北	Hubei	41.14	29.60	9.81	1.63	8.04	1.72	1.49	0.23
湖 南	Hunan	51.99	37.69	12.42	1.63	10.73	1.86	1.42	0.44
重 庆	Chongqing	23.55	17.49	5.59	1.13	4.37	0.44	0.42	0.02
四 川	Sichuan	64.98	48.48	14.96	1.35	13.50	1.40	1.33	0.07
贵 州	Guizhou	27.64	21.30	5.41	0.61	4.46	0.92	0.91	0.01
云 南	Yunnan	32.52	25.25	6.19	0.59	5.49	0.98	0.90	0.07

22-6 分城乡医疗卫生机构床位数（2020年）
Number of Beds in Health Institutions by Urban and Rural Areas (2020)

单位：张 (bed)

地区	Region	医疗卫生机构床位数 Beds of Health Institutions			每千人口医疗卫生机构床位 Beds of Health Care Institutions per 1000 Population			每千农村人口乡镇卫生院床位数 Beds of Township Health Centers per 1000 Rural Population
		合计 Total	城市 Urban	农村 Rural	合计 Total	城市 Urban	农村 Rural	
全国	**National Total**	**9100700**	**4502529**	**4598171**	**6.46**	**8.81**	**4.95**	**1.50**
上海	Shanghai	152191	152191		6.12	10.77		
江苏	Jiangsu	535006	295827	239179	6.31	8.09	5.44	1.75
浙江	Zhejiang	361317	204981	156336	5.60	9.61	5.19	0.67
安徽	Anhui	407813	185535	222278	6.68	8.32	4.50	1.40
江西	Jiangxi	285847	116852	168995	6.33	8.85	4.37	1.51
湖北	Hubei	411351	185106	226245	7.12	9.04	5.52	1.96
湖南	Hunan	519902	190153	329749	7.82	13.29	5.51	1.79
重庆	Chongqing	235520	158676	76844	7.35	9.71	4.26	2.42
四川	Sichuan	649756	284108	365648	7.77	8.72	6.18	2.28
贵州	Guizhou	276379	88915	187464	7.17	10.79	4.86	1.16
云南	Yunnan	325212	91361	233851	6.89	10.97	5.78	1.36

注：每千人口床位数合计项分母系常住人口数，分城乡项分母系推算户籍人口数。

a) Population for totals refers to permanent population, while population for urban and rural areas refers to the estimated population by household registration.

22-7 医院床位利用情况（2020年）
Occupancy of Hospital Beds（2020）

地 区	Region	病床工作日(日) Work Day of Hospital Beds (day)			病床使用率(%) Occupancy Rate of Hospital Beds(%)			出院者平均住院日(日) Average Length of Stay in Hospital (day)		
		合 计 Total	公 立 Public Hospitals	民 营 Non-public Hospitals	合 计 Total	公 立 Public Hospitals	民 营 Non-public Hospitals	合 计 Total	公 立 Public Hospitals	民 营 Non-public Hospitals
全 国	**National Total**	**264.6**	**282.6**	**212.9**	**72.3**	**77.4**	**58.3**	**9.5**	**9.3**	**10.3**
上 海	Shanghai	312.0	318.4	293.2	85.3	87.0	80.1	10.7	9.1	34.4
江 苏	Jiangsu	278.6	299.1	244.1	76.1	81.7	66.7	9.7	9.3	10.6
浙 江	Zhejiang	285.2	301.7	247.2	77.9	82.4	67.6	9.5	8.4	15.9
安 徽	Anhui	264.8	289.7	207.9	72.4	79.1	56.8	9.7	9.1	11.6
江 西	Jiangxi	276.9	289.2	239.2	75.7	79.0	65.4	9.0	8.9	9.6
湖 北	Hubei	263.9	278.3	198.6	72.1	76.0	54.3	10.1	10.2	9.8
湖 南	Hunan	278.8	304.2	209.0	76.2	83.1	57.1	9.5	9.6	9.2
重 庆	Chongqing	273.5	308.3	207.0	74.7	84.3	56.6	10.0	10.5	8.6
四 川	Sichuan	289.1	316.3	235.3	79.0	86.4	64.3	10.6	10.4	11.2
贵 州	Guizhou	277.0	306.4	231.4	75.7	83.7	63.2	8.4	8.3	8.6
云 南	Yunnan	283.5	317.9	206.6	77.5	86.9	56.4	8.7	8.6	9.2

22-8 按床位数分组的社区卫生服务中心（站）(2020年)
Community Health Service Centers (Stations) by Number of Beds (2020)

单位：个 (unit)

地区	Region	社区卫生服务中心 Community Health Service Centers							社区卫生服务站 Community Health Service Stations			
		总计 Total	无床 No Bed	1-9张 1-9 Beds	10-29张 10-29 Beds	30-49张 30-49 Beds	50-99张 50-99 Beds	100张及以上 100 Beds and Above	总计 Total	无床 No Bed	1-9张 1-9 Beds	10张及以上 10 Beds and Above
全国	**National Total**	**9826**	**4209**	**525**	**2015**	**1359**	**1356**	**362**	**25539**	**24044**	**1127**	**368**
上海	Shanghai	331	129	1	18	45	92	46	783	783		
江苏	Jiangsu	568	140	9	92	157	113	57	2090	2067	22	1
浙江	Zhejiang	495	210	53	98	60	59	15	4238	4233	5	
安徽	Anhui	375	98	27	114	63	60	13	1494	1491	3	
江西	Jiangxi	183	69	15	51	30	16	2	413	319	83	11
湖北	Hubei	355	79	2	57	74	111	32	790	702	73	15
湖南	Hunan	387	57	22	114	81	88	25	442	362	61	19
重庆	Chongqing	221	36	4	44	36	74	27	336	331	4	1
四川	Sichuan	460	143	29	106	82	83	17	599	547	37	15
贵州	Guizhou	280	77	25	100	36	38	4	563	550	8	5
云南	Yunnan	214	80	15	43	42	29	5	448	384	48	16

22-9 医疗卫生机构门诊服务情况（2020年）
Outpatient Services of Health Institutions (2020)

地区	Region	诊疗人次数(亿人次) Visits (100 million person-times)	#门急诊 Outpatient and Emergency Visits	观察室留观病例数(万人) Cases in Observation Rooms (10 000 persons)	健康检查人数(万人) Number of Health Examinations (10 000 persons)	急诊病死率(%) Fatality Rate among Emergency Admissions (%)	观察室病死率(%) Fatality Rate in Observation Rooms (%)	居民平均就诊次数(次) Average Number of Visits of Residents (time)
全　国	**National Total**	**77.41**	**74.05**	**3142.33**	**43093.82**	**0.08**	**0.12**	**5.49**
上　海	Shanghai	2.26	2.21	12.33	934.48	0.15	1.88	9.07
江　苏	Jiangsu	5.34	5.17	96.99	3326.03	0.05	0.05	6.30
浙　江	Zhejiang	6.05	5.88	95.30	2964.00	0.04	0.22	9.37
安　徽	Anhui	3.46	3.23	72.56	1731.15	0.07	0.03	5.67
江　西	Jiangxi	2.20	2.11	84.48	1283.90	0.04	0.04	4.87
湖　北	Hubei	2.95	2.81	186.36	2000.58	0.09	0.09	5.10
湖　南	Hunan	2.67	2.50	279.87	1633.80	0.03	0.05	4.02
重　庆	Chongqing	1.70	1.63	147.97	1025.35	0.08	0.02	5.31
四　川	Sichuan	5.12	4.82	179.96	3140.33	0.09	0.10	6.12
贵　州	Guizhou	1.62	1.58	98.07	859.99	0.04	0.02	4.20
云　南	Yunnan	2.70	2.63	271.52	1209.30	0.04	0.10	5.72

22-10 医疗卫生机构住院服务情况（2020年）
Hospitalization Services in Health Care Institutions（2020）

地　区	Region	入院人数(万人) Inpatients (10 000 persons)	出院人数(万人) Patients Discharged (10 000 persons)	住院病人手术人次(万人次) Surgical Operations of Inpatients (10 000 person-times)	病死率(%) Fatality Rate (%)	每床出院人数(人) Patients Discharged per Bed (person)	每百门急诊入院人数(人) Inpatients per 100 Outpatient and Emergency Visits (person)	居民年住院率(%) Annual Hospitalization Rate of Residents (%)
全　国	**National Total**	**23012.8**	**22980.6**	**6663.7**	**0.4**	**25.3**	**4.4**	**16.3**
上　海	Shanghai	375.1	375.6	289.4	1.4	24.7	1.9	15.1
江　苏	Jiangsu	1356.6	1355.8	428.4	0.2	25.4	3.4	16.0
浙　江	Zhejiang	964.8	965.4	378.3	0.4	26.8	2.1	14.9
安　徽	Anhui	950.2	945.6	255.3	0.4	23.3	4.5	15.6
江　西	Jiangxi	806.6	803.7	183.8	0.2	28.1	6.5	17.8
湖　北	Hubei	1026.0	1027.0	292.4	0.5	25.0	5.4	17.8
湖　南	Hunan	1486.7	1478.1	295.0	0.1	28.5	8.6	22.4
重　庆	Chongqing	676.2	674.1	167.1	0.4	28.6	6.3	21.1
四　川	Sichuan	1756.3	1755.4	488.6	0.5	27.0	5.5	21.0
贵　州	Guizhou	781.4	776.4	185.4	0.2	28.1	6.6	20.3
云　南	Yunnan	970.5	967.9	262.4	0.3	29.8	5.3	20.6

22-11 社区卫生服务中心(站)医疗服务情况（2020年）
Health Services of Community Health Centers（Stations）(2020)

地区	Region	社区卫生服务中心 Community Health Service Centers					社区卫生服务站 Community Health Service Stations	
		诊疗人次 (万人次) Visits (10 000 person-times)	入院人数 (万人) Inpatients (10 000 persons)	病床使用率 (%) Occupancy Rate of Hospital Beds (%)	平均住院日 (日) Average Length of Stay in Hospital (day)	医师日均担负诊疗人次(人次) Daily Visits Per Physician (person-time)	诊疗人次 (万人次) Visits (10 000 person-times)	医师日均担负诊疗人次(人次) Daily Visits Per Physician (person-time)
全　国	**National Total**	**62068.4**	**292.7**	**42.8**	**10.3**	**13.9**	**13403.7**	**10.8**
上　海	Shanghai	7077.8	3.6	77.5	133.3	20.7		
江　苏	Jiangsu	6767.5	36.5	44.7	9.5	14.1	1049.3	15.3
浙　江	Zhejiang	9549.1	6.5	30.9	14.6	21.3	359.6	22.2
安　徽	Anhui	1870.1	8.9	31.6	8.1	14.9	1275.8	12.7
江　西	Jiangxi	421.1	3.7	29.3	6.6	9.2	309.4	10.6
湖　北	Hubei	1374.7	22.6	44.3	8.7	8.1	512.6	12.1
湖　南	Hunan	1465.3	33.8	54.0	7.2	8.2	227.0	7.0
重　庆	Chongqing	969.5	30.9	60.2	7.5	8.5	149.3	9.3
四　川	Sichuan	2678.2	29.4	56.4	8.2	15.4	448.3	12.6
贵　州	Guizhou	639.9	10.3	35.7	6.3	8.6	288.3	8.0
云　南	Yunnan	671.7	9.8	44.5	7.9	10.4	285.5	9.4

 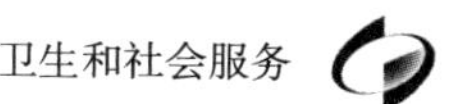

22-12 乡镇卫生院医疗服务情况（2020年）
Statistics on Health Services in Township Health Centers（2020）

地 区	Region	诊疗人次（亿人次）Visits (100 million person-times)	入院人数（万人）Inpatients (10 000 persons)	病床使用率(%) Occupancy Rate of Hospital Beds (%)	平均住院日（日）Average Length of Stay in Hospital (day)
全 国	**National Total**	**10.95**	**3383.35**	**50.4**	**6.6**
上 海	Shanghai				
江 苏	Jiangsu	0.85	184.82	55.5	7.4
浙 江	Zhejiang	0.98	26.55	40.5	9.6
安 徽	Anhui	0.70	107.03	36.3	6.5
江 西	Jiangxi	0.35	164.27	51.7	5.8
湖 北	Hubei	0.49	239.46	61.3	6.6
湖 南	Hunan	0.48	370.08	64.7	5.9
重 庆	Chongqing	0.20	165.92	72.6	6.8
四 川	Sichuan	0.96	425.60	66.8	7.0
贵 州	Guizhou	0.35	117.94	42.7	5.3
云 南	Yunnan	0.59	150.42	46.3	5.6

22-13 民政机构床位数（2020年）
Beds of Civil Affairs Institutions（2020）

单位：万张 (10 000 beds)

地区	Region	提供住宿的民政机构床位数 Number of Beds of Civil Affairs Institutions with Accommodations	养老 Elderly Care Institutions	儿童福利和救助 Child Welfare and Assistance Institutions	精神疾病 Mental Illness Service Institutions	其他 Other Institutions	每千老年人口养老床位数(张) Elderly Care Beds per 1 000 Elderly Population (bed)
全国	**National Total**	**515.4**	**488.2**	**10.1**	**6.7**	**10.4**	**31.1**
上海	Shanghai	14.5	13.9	0.1	0.2	0.3	29.4
江苏	Jiangsu	45.8	44.3	0.4	0.6	0.5	40.8
浙江	Zhejiang	34.4	33.6	0.4	0.0	0.4	53.2
安徽	Anhui	37.2	36.1	0.6	0.0	0.5	37.3
江西	Jiangxi	17.2	16.7	0.2	0.1	0.3	34.5
湖北	Hubei	29.0	28.0	0.4	0.1	0.4	40.1
湖南	Hunan	24.1	22.5	0.4	0.6	0.6	30.5
重庆	Chongqing	11.0	10.3	0.3	0.3	0.2	25.5
四川	Sichuan	33.3	29.8	0.8	1.5	1.2	26.4
贵州	Guizhou	9.5	8.4	0.4	0.4	0.3	27.6
云南	Yunnan	9.6	8.9	0.3	0.2	0.2	17.3

注：老年人口指60岁及以上人口。
a) The elderly refer to population aged 60 and over.

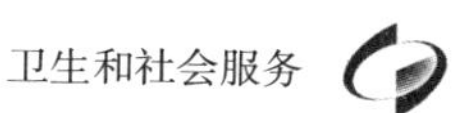

22-14 孤儿和收养登记情况（2020年）
Orphans and Children Adoption Registration（2020）

单位：人 (person)

地 区	Region	孤儿数 Number of Orphans	集中养育 Institutional Rearing	社会散居 Family Rearing	被收养儿童 Number of Children Adopted	被中国公民收养 Children Adopted by Chinese Citizens	被外国人收养 Children Adopted by Foreigners	社会福利机构抚养的儿童 Children Raised in Social Welfare Institutions
全 国	**National Total**	**193281**	**58989**	**134292**	**11103**	**11040**	**63**	**3093**
上 海	Shanghai	1289	1199	90	42	40	2	14
江 苏	Jiangsu	6717	2325	4392	885	883	2	412
浙 江	Zhejiang	2714	1493	1221	1151	1151		686
安 徽	Anhui	6223	1845	4378	220	220		46
江 西	Jiangxi	5016	1421	3595	168	164	4	61
湖 北	Hubei	5536	1332	4204	443	443		138
湖 南	Hunan	14863	2147	12716	560	558	2	105
重 庆	Chongqing	3346	701	2645	106	106		16
四 川	Sichuan	20861	2509	18352	715	715		134
贵 州	Guizhou	10139	1577	8562	153	153		22
云 南	Yunnan	9262	1598	7664	859	859		

22-15 社会救助情况（2020年）
Statistics on Social Assistance（2020）

单位：万人 (10 000 persons)

地 区	Region	城市居民最低生活保障人数 Number of Urban Residents Entitled to Minimum Living Allowance	农村居民最低生活保障人数 Number of Rural Residents Entitled to Minimum Living Allowance	农村特困人员集中供养人数 Rural Households in Extreme Difficulty with Centralized Living Arrangement	农村特困人员分散供养人数 Rural Households in Extreme Difficulty with Decentralized Living Arrangement
全 国	**National Total**	**805.1**	**3620.8**	**73.9**	**372.4**
上 海	Shanghai	14.3	3.0	0.1	0.1
江 苏	Jiangsu	11.0	66.6	4.1	16.3
浙 江	Zhejiang	6.2	55.2	1.8	1.5
安 徽	Anhui	34.4	183.7	5.4	29.2
江 西	Jiangxi	33.6	146.9	3.7	8.8
湖 北	Hubei	30.7	144.6	4.5	19.5
湖 南	Hunan	44.6	149.5	5.8	30.4
重 庆	Chongqing	26.5	62.3	1.2	8.7
四 川	Sichuan	67.7	373.3	8.4	34.4
贵 州	Guizhou	64.4	210.9	1.9	7.1
云 南	Yunnan	41.0	244.9	1.5	10.1

22-16 医疗救助情况（2020年）
Statistics on Medical Aid（2020）

地 区	Region	资助参加基本医疗保险人数（万人）Number of People Subsidized to Participate in Basic Medical Insurance (10 000 persons)	门诊和住院医疗救助人次数（万人次）Outpatients and Inpatients Receiving Medical Aid (10 000 person-times)	资助参加基本医疗保险资金数（万元）Expenses on Subsidy to Participation in Basic Medical Insurance (10 000 yuan)	门诊和住院医疗救助资金数（万元）Expenses on Medical Aid for Outpatients and Inpatients (10 000 yuan)
全 国	**National Total**	**9984.2**	**8404.2**	**1890630.0**	**3523602.4**
上 海	Shanghai	10.1	277.3	10032.7	49096.9
江 苏	Jiangsu	344.4	1125.1	114581.7	257672.8
浙 江	Zhejiang	119.5	845.7	66487.0	156372.0
安 徽	Anhui	641.9	456.5	142794.6	233312.4
江 西	Jiangxi	331.2	331.9	77153.0	135293.8
湖 北	Hubei	391.3	268.0	84490.6	189672.3
湖 南	Hunan	597.0	175.4	100039.4	126487.4
重 庆	Chongqing	155.6	507.2	37240.0	119296.0
四 川	Sichuan	492.8	294.5	126000.6	238131.9
贵 州	Guizhou	859.0	216.5	106666.9	114285.2
云 南	Yunnan	912.8	239.2	113026.7	128130.0

22–17 社会组织、自治组织单位数（2020年）
Statistics on Social Organizations and Autonomous Organizations（2020）

单位：个 (unit)

地区	Region	社会组织 Social Organizations	社会团体 Social Groups	民办非企业单位 Private Non-Enterprise Units	基金会 Foundations	自治组织 Autonomous Organizations	村民委员会 Villagers Committee	社区居委会 Neighborhood Committee
全国	**National Total**	**894162**	**374771**	**510959**	**8432**	**615146**	**502057**	**113089**
上海	Shanghai	17048	4242	12273	533	6125	1562	4563
江苏	Jiangsu	97930	37973	59195	762	21373	14045	7328
浙江	Zhejiang	71299	25853	44619	827	24958	19806	5152
安徽	Anhui	34130	15004	18948	178	17997	14427	3570
江西	Jiangxi	27703	12678	14939	86	20777	16979	3798
湖北	Hubei	31730	12449	19095	186	27473	22665	4808
湖南	Hunan	37118	16145	20595	378	29276	23792	5484
重庆	Chongqing	18110	8153	9869	88	11186	7977	3209
四川	Sichuan	45657	20952	24517	188	35057	26881	8176
贵州	Guizhou	14063	7203	6793	67	17819	13196	4623
云南	Yunnan	23294	13562	9622	110	14648	11825	2823

22-18 婚姻登记情况（2020年）
Statistics on Marriage Registration（2020）

地 区	Region	结婚登记 (万对) Total Number of Marriage Registration (10 000 couples)	内地居民登记结婚 Marriage Registration of Mainland Residents	涉外及港澳台居民登记结婚 Marriage Registration Involving Foreigners, or Residents of Hong Kong, Macao, Taiwan	初 婚 (万人) First Marriages (10 000 persons)	再 婚 (万人) Re-marriages (10 000 persons)	离 婚 (万对) Divorces (10 000 couples)	离婚率 (‰) Divorce Rate (‰)
全 国	**National Total**	**814.33**	**812.60**	**1.74**	**1228.60**	**400.07**	**433.90**	**3.09**
上 海	Shanghai	9.22	9.15	0.07	11.05	7.39	6.64	2.70
江 苏	Jiangsu	49.24	49.17	0.07	75.08	23.39	27.00	3.26
浙 江	Zhejiang	27.77	27.70	0.08	41.96	13.58	13.91	2.26
安 徽	Anhui	47.18	47.13	0.05	70.99	23.37	23.78	3.81
江 西	Jiangxi	27.24	27.21	0.03	43.17	11.32	12.64	2.75
湖 北	Hubei	31.53	31.50	0.04	49.90	13.16	19.34	3.30
湖 南	Hunan	35.75	35.70	0.05	52.99	18.51	21.34	3.15
重 庆	Chongqing	21.09	21.06	0.02	29.42	12.76	14.41	4.55
四 川	Sichuan	53.65	53.59	0.06	76.63	30.67	30.03	3.59
贵 州	Guizhou	31.76	31.74	0.02	49.75	13.77	16.12	4.31
云 南	Yunnan	32.79	32.71	0.08	49.47	16.11	14.30	2.99

22-19 福利彩票销售情况（2020年）
Statistics on Welfare Lottery（2020）

地区	Region	福利彩票发行单位（个）Welfare Lottery Issuing Units (unit)	福利彩票销售额（亿元）Sales of Welfare Lottery (100 million yuan)	提取公益金（亿元）Withdraws of Public Welfare Fund from Welfare Lottery (100 million yuan)	公益金支出（亿元）Expenditure of Public Welfare Fund from Welfare Lottery (100 million yuan)
全国	**National Total**	**688**	**1444.9**	**444.6**	**229.9**
上海	Shanghai	17	46.5	14.6	9.2
江苏	Jiangsu	74	89.2	27.0	13.6
浙江	Zhejiang	41	117.6	36.1	17.0
安徽	Anhui	45	43.8	13.7	7.3
江西	Jiangxi	12	25.3	8.0	3.6
湖北	Hubei	37	52.5	16.3	9.6
湖南	Hunan	74	50.9	15.7	7.5
重庆	Chongqing	1	31.1	9.5	5.1
四川	Sichuan	3	79.4	24.4	9.0
贵州	Guizhou	11	19.5	6.5	4.4
云南	Yunnan	14	64.0	20.5	7.0

二十三、文化和体育 Culture and Sports

23-1 图书、期刊和报纸出版情况（2020年）
Statistics on Books, Periodicals and Newspapers（2020）

地 区	Region	图 书 Books Published			期 刊 Periodicals Published		报 纸 Newspapers Published	
		种 数（种）Number of Publications (kind)	#新出版 New Publications	总印数（亿册、亿张）Printed Copies (100 million copies)	种 数（种）Number of Publications (kind)	总印数（亿册）Total Printed Copies (100 million copies)	种 数（种）Number of Publications (kind)	总印数（亿份）Total Printed Copies (100 million copies)
全 国	**National Total**	**489051**	**213636**	**103.7**	**10192**	**20.4**	**1810**	**289.1**
上 海	Shanghai	28056	12779	5.0	642	0.6	67	6.9
江 苏	Jiangsu	26983	10146	7.0	476	1.1	80	19.2
浙 江	Zhejiang	14477	6295	4.2	236	0.6	66	18.1
安 徽	Anhui	10015	3210	3.2	186	0.3	49	5.6
江 西	Jiangxi	9437	4463	2.7	166	0.8	37	7.6
湖 北	Hubei	13209	5693	3.0	432	0.7	73	5.7
湖 南	Hunan	10167	3715	4.8	260	1.0	45	7.2
重 庆	Chongqing	5008	1567	1.3	143	0.3	27	1.8
四 川	Sichuan	12891	6781	3.5	364	0.5	79	10.5
贵 州	Guizhou	1370	879	1.3	93	0.1	27	2.3
云 南	Yunnan	5879	3211	1.7	129	0.2	40	3.1

23-2 少年儿童读物和课本出版情况（2020年）
Statistics on Juvenile and Children's Books, Textbooks（2020）

地区	Region	种数(种) Number of Publications (kind)		总印数(万册) Printed Copies (10 000 copies)		总印张(千印张) Printed Sheets (1 000 sheets)	
		少儿读物 Juvenile and Children's Books	课本 Textbooks	少儿读物 Juvenile and Children's Books	课本 Textbooks	少儿读物 Juvenile and Children's Books	课本 Textbooks
全国	**National Total**	**42517**	**84809**	**90432**	**379061**	**5023408**	**29321614**
上海	Shanghai	1272	6411	7338	14223	254036	1221360
江苏	Jiangsu	1913	3415	2965	23758	207714	1605460
浙江	Zhejiang	2158	1398	3784	13742	280393	887849
安徽	Anhui	1456	751	3158	14689	190915	1077107
江西	Jiangxi	2439	376	5423	9234	260360	710785
湖北	Hubei	1170	1919	2315	8363	188510	657386
湖南	Hunan	1131	756	3622	15967	308189	1014889
重庆	Chongqing	216	2124	187	6802	7568	486580
四川	Sichuan	2260	2082	4957	11943	307343	866848
贵州	Guizhou	272	98	2005	7853	73927	553429
云南	Yunnan	644	217	1161	8556	75771	592541

23-3 音像制品及电子出版物情况（2020年）
Statistics on Publication of Audio-Visual and Electronic Products（2020）

地 区	Region	录像制品出版品种(种) Number of Publications of Video Products (kind)	录像制品出版数量(万盒、万张) Volume of Publications of Video Products (10 000 cassettes, 10 000 discs)	录音制品出版品种(种) Number of Publications of Audio Products (kind)	录音制品出版数量(万盒、万张) Volume of Publications of Audio Products (10 000 cassettes, 10 000 discs)	电子出版物出版品种(种) Number of Electronic Publications (kind)	电子出版物出版数量(万张) Volume of Electronic Publications (10 000 discs)
全 国	**National Total**	**3299**	**5320.3**	**5312**	**12194.7**	**7825**	**25270.7**
上 海	Shanghai	263	1138.7	932	650.1	448	1031.8
江 苏	Jiangsu	47	3.3	135	120.9	404	2091.9
浙 江	Zhejiang	47	141.5	63	102.2	296	705.8
安 徽	Anhui	22	1.2	24	3.0	16	2.4
江 西	Jiangxi	173	514.9	132	201.4	40	6.8
湖 北	Hubei	24	6.5	33	6.9	113	11.3
湖 南	Hunan	111	103.7	238	230.1	82	161.7
重 庆	Chongqing	23	12.9	18	4.5	108	47.7
四 川	Sichuan	64	3.0	10	3.3	707	107.5
贵 州	Guizhou	2	0.1			7	2.5
云 南	Yunnan	133	9.9	53	4.7	42	11.8

23-4 出版印刷生产情况（2020年）
Statistics on Publication Printing (2020)

地区	Region	企业数（个）Number of Enterprises (unit)	从业人员（人）Number of Employees (unit)	印刷产量 Output of Printing		装订产量（万令）Output of Bookbinding (10 000 reams)	用纸量（万令）Amount of Paper Used (10 000 reams)
				黑白（万令）Black and White (10 000 reams)	彩色（万对开色令）Color (10 000 bisect color reams)		
全国	**National Total**	**9271**	**372762**	**20959.6**	**110036.6**	**29639.7**	**43237.6**
上海	Shanghai	183	14523	368.4	9199.2	439.5	2450.0
江苏	Jiangsu	447	27021	1356.7	7182.2	1890.0	3625.7
浙江	Zhejiang	705	27437	1974.0	11934.0	2422.3	4279.7
安徽	Anhui	365	12486	586.8	4043.8	984.7	1388.0
江西	Jiangxi	144	6380	739.9	1342.9	849.5	1029.6
湖北	Hubei	370	14399	1166.9	3495.0	1593.8	2013.1
湖南	Hunan	417	16511	792.2	4904.3	1284.7	1627.0
重庆	Chongqing	97	3800	218.2	1265.9	258.0	411.5
四川	Sichuan	303	8526	988.5	2936.5	1176.9	1505.7
贵州	Guizhou	152	3390	87.6	1206.0	133.1	263.2
云南	Yunnan	189	5498	204.6	1662.6	268.5	430.8

23-5 广播电视节目综合人口覆盖情况及制作播出情况（2020年）
Population Coverage of Radio and TV Programs and Production and Broadcasting of Radio and TV Programs (2020)

地 区	Region	广播节目综合人口覆盖率 Population Coverage Rate of Radio Programs (%)	#农村 Rural	电视节目综合人口覆盖率 Population Coverage Rate of TV Programs (%)	#农村 Rural	公共广播节目套数(套) Number of Public Radio Programs (set)	公共电视节目套数(套) Number of Public TV Programs (set)	电视剧播出数(部) Number of TV Dramas Broadcasted (series)	#进口 Import	动画电视播出时间(小时) Number of Cartoons Broadcasted (hour)	#进口 Import
全 国	**National Total**	**99.38**	**99.17**	**99.59**	**99.45**	**2932**	**3603**	**212716**	**392**	**446113**	**7058**
上 海	Shanghai	100.00	100.00	100.00	100.00	23	21	781	27	8767	
江 苏	Jiangsu	100.00	100.00	100.00	100.00	121	126	6856		15179	
浙 江	Zhejiang	99.77	99.75	99.84	99.82	112	110	6899	1	21804	
安 徽	Anhui	99.93	99.92	99.90	99.88	107	111	8863	16	11227	
江 西	Jiangxi	99.07	98.92	99.51	99.37	99	128	9146	99	16112	471
湖 北	Hubei	99.86	99.80	99.82	99.73	98	114	11292		16973	
湖 南	Hunan	99.37	98.93	99.74	99.58	123	144	10811	56	26028	133
重 庆	Chongqing	99.42	99.15	99.51	99.31	37	52	2582		9723	
四 川	Sichuan	98.87	98.47	99.33	99.24	154	206	15526	44	22419	16
贵 州	Guizhou	95.45	95.05	97.51	97.18	44	105	4875		12054	13
云 南	Yunnan	99.26	99.07	99.38	99.24	74	172	7937	8	20898	189

23-6 有线广播电视传输干线网络及实际用户情况（2020年）
Transmission Trunk and Actual Users of Cable Radio and TV（2020）

地 区	Region	有线广播电视传输干线网络总长(万公里) Total Length of Transmission Trunk for Cable Radio and TV (10 000 km)	有线广播电视实际用户数(万户) Actual Users of Cable Radio and TV (10 000 households)	#农村有线广播电视 Rural Users of Cable Radio and TV	#数字电视 Users of Digital TV	#增值业务 Value-Added Service	有线广播电视实际用户数占家庭总户数的比重(%) Actual Popularization Rate of Cable Radio and TV (%)	#农 村 Rural Areas
全 国	**National Total**	**227.6**	**20745.3**	**7055.5**	**19888.7**	**5871.7**	**46.23**	**30.18**
上 海	Shanghai	9.1	751.4	14.3	733.2	189.6	135.09	15.15
江 苏	Jiangsu	4.4	1528.3	587.3	1515.3	347.1	60.55	41.79
浙 江	Zhejiang	3.8	1321.4	811.4	1303.5	345.5	77.09	68.07
安 徽	Anhui	3.5	795.3	267.3	618.0	190.2	36.55	18.72
江 西	Jiangxi	10.8	544.8	272.9	528.3	77.3	41.68	44.94
湖 北	Hubei	3.0	1202.6	508.0	1174.3	501.4	57.29	48.12
湖 南	Hunan	11.0	678.5	154.0	639.9	125.7	31.66	16.79
重 庆	Chongqing	0.7	606.3	159.0	548.3	248.4	48.81	28.56
四 川	Sichuan	2.9	968.9	293.0	934.7	239.2	29.92	15.18
贵 州	Guizhou	1.5	836.9	430.8	836.9	183.7	62.27	57.55
云 南	Yunnan	3.2	417.0	131.7	389.2	114.1	29.14	16.35

23-7 艺术表演团体、艺术表演场馆演出情况（2020年）
Statistics on Operation of Art Performance Troupes and Art Performance Venues（2020）

地区	Region	艺术表演团体 Art Performance Troupes				艺术表演场馆 Art Performance Venues				
		机构数（个） Number of Institutions (unit)	演出场次（万场次） Number of Performances (10 000 shows)	#国内演出 Domestic Performances	国内演出观众人次（万人次） Number of Domestic Audience (10 000 person-times)	机构数（个） Number of Institutions (unit)	演(映)出场次（万场次） Number of Performances (10 000 shows)	#艺术演出 Art Performances	观众人次（万人次） Number of Audience (10 000 person-times)	#艺术演出 Art Performances
全国	**National Total**	**17581**	**223.19**	**222.65**	**88952**	**2770**	**58.83**	**31.70**	**6065**	**4077**
上海	Shanghai	315	1.75	1.75	559	61	0.82	0.48	236	190
江苏	Jiangsu	620	7.41	7.40	3115	274	6.51	1.22	437	302
浙江	Zhejiang	1236	20.38	20.38	6966	313	5.90	2.45	586	406
安徽	Anhui	2334	30.16	30.12	9555	100	0.93	0.30	136	79
江西	Jiangxi	380	4.79	4.76	1905	77	1.98	1.41	148	96
湖北	Hubei	441	8.24	8.22	6067	73	1.72	0.17	108	71
湖南	Hunan	631	6.85	6.84	3231	110	1.60	1.05	613	373
重庆	Chongqing	1265	12.93	12.92	1734	51	0.94	0.81	78	65
四川	Sichuan	725	3.65	3.64	1431	125	0.63	0.45	114	87
贵州	Guizhou	200	1.47	1.44	581	31	0.02	0.02	4	2
云南	Yunnan	270	5.05	5.04	1598	34	0.59	0.47	325	324

23-8 公共图书馆基本情况（2020年）
Statistics on Public Libraries（2020）

地 区	Region	公共图书馆 (个) Number of Public Libraries (unit)	总藏量 (万册件) Total Collections (10 000 copies)	人均拥有公共图书馆藏量 (册) Collections of Public Libraries Per Person (copy)	实际持证读者数 (万个) Actual number of licensed readers (10 000 units)	总流通人次 (万人次) Total Number of Circulation (10 000 person-times)	#书刊文献外借人次 Borrowing from Libraries of Books and Periodicals	书刊文献外借册次 (万册次) Number of Books and Periodicals Lent to Readers (10 000 copies-times)	阅览室座席数 (个) Seats of Reading Rooms (unit)
全 国	**National Total**	**3212**	**117930**	**0.84**	**10251**	**54146**	**17467**	**42087**	**1264694**
上 海	Shanghai	23	8092	3.25	555	668	169	786	23643
江 苏	Jiangsu	120	10546	1.24	2849	9047	3370	6240	76682
浙 江	Zhejiang	104	9867	1.53	718	8461	1468	5546	85557
安 徽	Anhui	131	3546	0.58	296	2392	880	1714	48653
江 西	Jiangxi	114	2857	0.63	189	1396	600	1271	47745
湖 北	Hubei	117	4416	0.76	264	1293	622	1211	50124
湖 南	Hunan	143	3923	0.59	257	3118	956	2151	45998
重 庆	Chongqing	43	1997	0.62	280	1190	400	1064	31936
四 川	Sichuan	207	4350	0.52	469	1744	644	1317	62588
贵 州	Guizhou	100	1674	0.43	90	705	297	534	28863
云 南	Yunnan	149	2344	0.50	66	1073	352	793	31811

23-8 续表 continued

地 区	Region	每万人拥有公共图书馆建筑面积(平方米) Floor Space of Public Libraries per 10 000 Population (sq.m)	组织各类讲座次数(次) Number of Lectures (time)	参加讲座人次(万人次) Participants to Lectures (10 000 person-times)	举办展览(个) Exhibitions Held (unit)	参观展览人次(万人次) Visitors to Exhibitions (10 000 person-times)	举办培训班(个) Training Classes Held (unit)	参加培训人次(万人次) Participants to Training Classes (10 000 person-times)	计算机(台) Computers (set)	#电子阅览室终端数 Terminals in Electronic Media Reading Rooms
全 国	**National Total**	**126.5**	**61660**	**2996.79**	**36439**	**5791.30**	**52614**	**491.24**	**226234**	**143714**
上 海	Shanghai	183.2	876	6.88	292	76.72	361	2.72	6323	2835
江 苏	Jiangsu	190.1	6364	150.09	4374	1559.81	6769	104.37	13957	7772
浙 江	Zhejiang	204.0	5693	153.72	3623	558.46	7946	60.20	11291	6886
安 徽	Anhui	99.2	2848	39.65	1571	193.57	3167	43.71	8351	5805
江 西	Jiangxi	120.1	1478	24.03	1763	164.52	884	6.31	8080	5965
湖 北	Hubei	126.1	1305	63.97	947	78.92	809	5.80	7254	4510
湖 南	Hunan	92.0	3277	706.90	728	209.55	3168	39.35	7464	4957
重 庆	Chongqing	119.4	1381	25.23	1098	131.88	1158	9.10	4158	2858
四 川	Sichuan	83.4	2257	27.30	1269	181.32	1048	5.54	10840	7357
贵 州	Guizhou	77.9	840	32.50	759	55.22	503	3.64	5057	3560
云 南	Yunnan	85.9	2872	15.82	1782	125.55	1047	5.84	7514	4852

23-9 博物馆基本情况（2020年）
Statistics on Museums（2020）

地区	Region	机构（个） Number of Institutions (unit)	从业人员（人） Number of Employed Persons (person)	#专业技术人员 Professional & Technical Staff	文物藏品（件/套） Number of Collections (piece/set)	基本陈列展览（个） Regular Exhibitions (unit)	参观人次（万人次） Visitors (10 000 person-times)	门票销售总额（万元） Revenue from Entrance Tickets (10 000 yuan)
全国	**National Total**	**5452**	**118913**	**40005**	**43190898**	**27719**	**52652**	**193618.6**
上海	Shanghai	107	3443	1853	2086603	888	1236	8701.9
江苏	Jiangsu	367	7947	2514	2025066	2071	5396	13501.0
浙江	Zhejiang	406	6550	1984	1511944	2417	3077	2678.2
安徽	Anhui	230	3342	1200	908842	1198	1454	160.7
江西	Jiangxi	172	4033	1308	601851	925	3239	4711.4
湖北	Hubei	214	4324	1789	2137113	1069	1380	721.1
湖南	Hunan	122	3245	971	648179	516	3394	1687.7
重庆	Chongqing	105	3229	978	596494	637	1751	3587.3
四川	Sichuan	258	6522	1655	4588431	1132	3753	21387.6
贵州	Guizhou	92	1923	532	192149	325	1904	34.8
云南	Yunnan	161	2007	1025	1566085	904	937	158.7

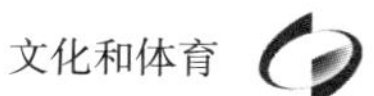

23-10 规模以上文化及相关产业法人单位数（2020年）
Number of Corporate Units of Cultural and Related Industries above Designated Size（2020）

单位：个 (unit)

地 区	Region	法人单位数 Corporate Units	文化制造业 Culture-Related Manufacturing	文化批发和零售业 Culture-Related Wholesale and Retail	文化服务业 Culture-Related Services
全 国	**National Total**	**63913**	**19479**	**11183**	**33251**
上 海	Shanghai	3548	360	586	2602
江 苏	Jiangsu	8191	2655	1558	3978
浙 江	Zhejiang	5406	2409	1015	1982
安 徽	Anhui	2392	1002	461	929
江 西	Jiangxi	1957	962	169	826
湖 北	Hubei	2967	925	608	1434
湖 南	Hunan	3744	1310	495	1939
重 庆	Chongqing	1114	225	196	693
四 川	Sichuan	2090	522	330	1238
贵 州	Guizhou	540	98	90	352
云 南	Yunnan	691	131	160	400

注：规模以上文化及相关产业法人单位包括规模以上文化制造业企业、限额以上文化批发和零售业企业以及规模以上文化服务业企业。

a) Corporate units of culture and related industries above designated size include culture-related manufacturing enterprises above designated size, culture-related wholesale and retail enterprises above designated size, and culture-related service enterprises above designated size.

23-11 规模以上文化制造业企业基本情况（2020年）
Statistics on Culture-Related Manufacturing Enterprises above Designated Size（2020）

单位：万元 (10 000 yuan)

地 区	Region	企业单位数（个）Number of Enterprises (unit)	年末从业人员（人）Employed Persons at Year-end (person)	资产总计 Total Assets	营业收入 Business Revenue	应交增值税 Value-added Tax Payable
全 国	**National Total**	**19479**	**3844794**	**350962184**	**381374952**	**5783566**
上 海	Shanghai	360	57481	8564514	12838672	109825
江 苏	Jiangsu	2655	512462	55728085	55092977	822448
浙 江	Zhejiang	2409	330433	31138720	26357171	608764
安 徽	Anhui	1002	129338	14220955	14019366	243579
江 西	Jiangxi	962	204163	12568811	18731421	312265
湖 北	Hubei	925	143422	13668254	16351527	314305
湖 南	Hunan	1310	242866	11136349	20596234	363901
重 庆	Chongqing	225	54906	4139693	5505577	120327
四 川	Sichuan	522	135726	17026321	22217700	353369
贵 州	Guizhou	98	13941	928472	1009958	15936
云 南	Yunnan	131	23317	3651321	2925654	27101

23-12 限额以上文化批发和零售业企业基本情况（2020年）
Statistics on Culture-Related Wholesale and Retail Enterprises above Designated Size（2020）

单位：万元 (10 000 yuan)

地 区	Region	企业单位数（个） Number of Enterprises (unit)	年末从业人员（人） Employed Persons at Year-end (person)	资产总计 Total Assets	营业收入 Business Revenue	应交增值税 Value-added Tax Payable
全 国	**National Total**	**11183**	**511205**	**127847327**	**164535350**	**1336813**
上 海	Shanghai	586	38617	12856017	20996471	124802
江 苏	Jiangsu	1558	58885	16798322	21091250	168489
浙 江	Zhejiang	1015	35003	9181645	15308322	186555
安 徽	Anhui	461	13914	4384210	5836096	23190
江 西	Jiangxi	169	9199	3430898	1810612	27549
湖 北	Hubei	608	22277	3058986	3518364	52036
湖 南	Hunan	495	20179	1787218	3238245	41695
重 庆	Chongqing	196	11327	2247167	2369748	38932
四 川	Sichuan	330	15879	6206549	4177174	21701
贵 州	Guizhou	90	2455	851068	522501	1496
云 南	Yunnan	160	7781	1127207	1342990	7022

23-13 规模以上文化服务业企业基本情况(2020年)
Statistics on Culture-Related Service Enterprises above Designated Size(2020)

单位：万元 (10 000 yuan)

地 区	Region	企业单位数 (个) Number of Enterprises (unit)	年末从业人员 (人) Employed Persons at Year-end (person)	资产总计 Total Assets	营业收入 Business Revenue	应交增值税 Value-added Tax Payable
全 国	**National Total**	**33251**	**3526524**	**1083204106**	**488740202**	**7980670**
上 海	Shanghai	2602	310780	118484441	56667467	867160
江 苏	Jiangsu	3978	492151	144398697	35434261	719842
浙 江	Zhejiang	1982	214562	115471892	75335474	1059515
安 徽	Anhui	929	81284	17885471	7043737	123149
江 西	Jiangxi	826	49840	9600142	4362640	36092
湖 北	Hubei	1434	200323	40138984	18093504	354887
湖 南	Hunan	1939	127805	24768928	8849797	125948
重 庆	Chongqing	693	84903	26182525	9266045	147650
四 川	Sichuan	1238	137770	33682474	14390961	575809
贵 州	Guizhou	352	33447	9239465	2091509	49221
云 南	Yunnan	400	43777	10010854	2544680	45501

二十四、公共管理、社会保障和社会组织
Public Management,Social Security and Social Organizations

24-1 交通事故情况（2020年）
Basic Statistics on Traffic Accidents（2020）

地 区	Region	发生数 (起) Number of Traffic Accidents (case)	死亡人数 (人) Number of Deaths (person)	受伤人数 (人) Number of Injuries (person)	直接财产损失 (万元) Direct Property Losses (10 000 yuan)
全 国	**National Total**	**244674**	**61703**	**250723**	**131360.6**
上 海	Shanghai	862	812	200	614.3
江 苏	Jiangsu	10747	3805	8675	5642.7
浙 江	Zhejiang	11066	3037	9653	5012.6
安 徽	Anhui	9412	2270	10732	5239.5
江 西	Jiangxi	5535	1955	5535	5338.4
湖 北	Hubei	23052	4258	25322	13969.8
湖 南	Hunan	6462	3314	5320	6409.7
重 庆	Chongqing	4042	922	4767	1269.7
四 川	Sichuan	9334	2405	11082	7292.0
贵 州	Guizhou	13963	2957	16216	8768.8
云 南	Yunnan	6344	2525	5739	2659.6

24-2 工会组织情况（2020年）
Statistics on Trade Unions（2020）

地 区	Region	工会基层组织数（万个）Number of Grassroot Trade Unions (10 000 units)	全国已建工会组织的基层单位的职工与会员人数（万人）Staff and Workers and Membership of Grassroot Units with Established Trade Unions (10 000 persons)				工会专职工作人员人数（万人）Number of Full-time Personnel of Trade Unions (10 000 persons)
			职工人数 Staff and Workers	#女性 Female	会员人数 Membership	#女性 Female	
全 国	**National Total**	**247.6**	**28291.1**	**10923.1**	**27189.8**	**10600.4**	**90.2**
上 海	Shanghai	4.8	723.0	280.8	690.3	269.6	1.2
江 苏	Jiangsu	15.5	2240.3	949.4	2156.2	919.3	3.2
浙 江	Zhejiang	13.7	1960.4	827.1	1881.8	805.1	2.6
安 徽	Anhui	10.0	953.0	358.5	892.4	340.4	3.7
江 西	Jiangxi	8.7	889.9	329.1	859.6	325.0	6.1
湖 北	Hubei	11.7	1246.0	469.3	1190.8	454.4	4.1
湖 南	Hunan	14.9	1279.0	438.0	1168.9	421.1	7.4
重 庆	Chongqing	5.0	586.5	222.3	563.7	214.2	2.0
四 川	Sichuan	14.8	1976.6	760.1	1933.8	747.9	3.2
贵 州	Guizhou	6.4	782.1	285.3	770.7	282.3	1.7
云 南	Yunnan	8.6	533.3	214.7	515.2	209.3	1.1

24-3 城镇职工基本养老保险情况（2020年）
Statistics on Basic Endowment Insurance for Urban Workers（2020）

地 区	Region	年末参加城镇职工基本养老保险人数(万人) Participants of Basic Endowment Insurance for Urban Workers at Year-end (10 000 persons)	职 工 Number of Workers	离退休人 员 Number of Retirees	基金收支情况(亿元) Revenue and Expenses(100 million yuan) 基金收入 Revenue	基金支出 Expenses	累计结余 Balance at Year-end
全 国	**National Total**	**45621.1**	**32858.7**	**12762.3**	**44375.7**	**51301.4**	**48316.6**
上 海	Shanghai	1616.7	1094.9	521.8	2036.7	2982.4	1214.1
江 苏	Jiangsu	3557.9	2593.4	964.5	3018.2	3566.4	4231.8
浙 江	Zhejiang	3211.1	2313.9	897.2	2397.4	3415.6	2457.8
安 徽	Anhui	1283.5	914.4	369.1	1313.6	1364.2	1863.3
江 西	Jiangxi	1167.4	806.7	360.7	1032.5	1172.8	724.0
湖 北	Hubei	1744.7	1147.9	596.8	2024.7	2265.5	963.2
湖 南	Hunan	1724.8	1222.1	502.7	1733.8	1731.3	1864.9
重 庆	Chongqing	1203.4	781.5	421.9	1212.5	1295.1	1025.9
四 川	Sichuan	2830.1	1882.6	947.5	2662.3	3105.0	3367.4
贵 州	Guizhou	714.0	553.5	160.5	668.0	683.7	878.4
云 南	Yunnan	701.3	515.8	185.6	819.9	804.6	1340.5

24-4 城乡居民基本养老保险情况（2020年）
Statistics on Basic Endowment Insurance for Urban and Rural Residents（2020）

地 区	Region	参保人数（万人） Participants at Year-end (10 000 persons)	#实际领取待遇人数 Number of People Actual Received Persion	基金收支情况(亿元) Revenue and Expenses(100 million yuan) 基金收入 Revenue	基金支出 Expenses	累计结余 Balance at Year-end
全 国	**National Total**	**54243.8**	**16068.2**	**4852.9**	**3355.1**	**9758.6**
上 海	Shanghai	76.2	52.3	92.9	84.0	89.4
江 苏	Jiangsu	2400.4	1095.4	452.6	354.2	788.3
浙 江	Zhejiang	1143.9	529.5	296.3	200.3	250.5
安 徽	Anhui	3490.1	914.8	254.0	147.1	588.6
江 西	Jiangxi	2078.0	499.0	130.6	78.5	305.4
湖 北	Hubei	2368.6	719.3	205.9	134.5	445.2
湖 南	Hunan	3471.1	843.4	190.1	142.9	411.0
重 庆	Chongqing	1166.8	347.7	79.6	61.7	171.7
四 川	Sichuan	3224.2	1111.5	313.9	212.5	632.5
贵 州	Guizhou	1904.5	463.7	80.4	62.1	154.0
云 南	Yunnan	2450.2	538.5	276.1	82.6	487.3

24-5 失业保险情况（2020年）
Statistics of Unemployment Insurance（2020）

地 区	Region	年末参加失业保险人数(万人) Unemployment Insurance Participants at Year-end (10 000 persons)	年末领取失业保险金人数(万人) Beneficiaries of Unemployment Insurance Fund (10 000 persons)	基金收支情况(亿元) Revenue and Expenses (100 million yuan)		
				基金收入 Revenue	基金支出 Expenses	累计结余 Balance at Year-end
全 国	**National Total**	**21689.5**	**270.0**	**951.5**	**2103.0**	**3354.1**
上 海	Shanghai	987.6	31.5	77.5	141.8	28.3
江 苏	Jiangsu	1887.0	33.2	88.9	189.0	249.6
浙 江	Zhejiang	1687.8	16.9	72.8	154.3	166.9
安 徽	Anhui	564.2	7.5	28.8	39.8	73.7
江 西	Jiangxi	291.9	1.8	13.9	21.1	68.6
湖 北	Hubei	651.3	7.5	23.5	53.4	132.6
湖 南	Hunan	640.9	7.8	20.7	36.1	108.0
重 庆	Chongqing	548.5	6.4	17.6	46.5	32.7
四 川	Sichuan	1045.7	11.8	53.9	134.4	174.1
贵 州	Guizhou	297.9	4.2	15.0	24.5	63.9
云 南	Yunnan	307.4	6.6	17.9	40.6	97.0

24-6 基本医疗保险参保人数（2020年）
Participants of Basic Medical Insurance（2020）

单位：万人 (10 000 persons)

地 区	Region	年末参保人数合计 Participants at Year-end	职工基本医疗保险 Basic Medical Insurance for Workers	职 工 Workers	退休人员 Retirees	城乡居民基本医疗保险 Basic Medical Insurance for Urban and Rural Residents
全 国	**National Total**	**136131.1**	**34455.1**	**25428.8**	**9026.3**	**101676.0**
上 海	Shanghai	1943.2	1587.2	1064.9	522.3	356.0
江 苏	Jiangsu	7967.7	3102.3	2296.6	805.6	4865.5
浙 江	Zhejiang	5556.5	2579.5	2072.2	507.3	2977.0
安 徽	Anhui	6704.6	951.6	684.3	267.3	5753.0
江 西	Jiangxi	4780.0	599.0	385.9	213.1	4180.9
湖 北	Hubei	5583.0	1136.9	797.8	339.2	4446.0
湖 南	Hunan	6731.8	989.8	681.6	308.2	5742.0
重 庆	Chongqing	3266.7	767.0	561.2	205.8	2499.8
四 川	Sichuan	8591.7	1875.9	1364.3	511.7	6715.7
贵 州	Guizhou	4194.4	475.5	352.3	123.2	3718.9
云 南	Yunnan	4581.3	548.4	390.8	157.7	4032.8

24-7 基本医疗保险基金收支情况（2020年）
Revenue and Expenses of Basic Medical Insurance（2020）

单位：亿元 (100 million yuan)

地区	Region	基金收入 Revenue			基金支出 Expenses			累计结余 Balance at Year-end		
		合计 Total	职工 Workers	居民 Residents	合计 Total	职工 Workers	居民 Residents	合计 Total	职工 Workers	居民 Residents
全国	**National Total**	**24846.1**	**15731.6**	**9114.5**	**21032.1**	**12867.0**	**8165.1**	**31500.0**	**25423.5**	**6076.5**
上海	Shanghai	1318.0	1223.1	95.0	1041.8	959.9	81.9	3207.5	3183.6	23.9
江苏	Jiangsu	1798.5	1297.8	500.8	1584.9	1106.2	478.7	2303.5	2049.3	254.2
浙江	Zhejiang	1697.8	1221.1	476.7	1343.0	938.5	404.5	2462.7	2223.7	239.0
安徽	Anhui	803.1	326.8	476.3	735.4	286.6	448.8	778.6	542.6	236.0
江西	Jiangxi	623.8	248.3	375.5	555.8	202.5	353.3	675.6	389.2	286.4
湖北	Hubei	943.9	579.7	364.1	780.2	433.3	346.8	933.7	656.5	277.2
湖南	Hunan	894.9	416.2	478.7	800.1	339.9	460.2	910.7	662.1	248.6
重庆	Chongqing	539.9	327.3	212.6	469.7	273.8	196.0	515.0	334.4	180.5
四川	Sichuan	1356.5	779.4	577.2	1107.5	584.9	522.6	1943.1	1461.6	481.5
贵州	Guizhou	534.3	220.5	313.7	431.1	174.4	256.6	548.3	305.6	242.7
云南	Yunnan	685.2	341.0	344.2	571.1	259.9	311.2	733.7	524.3	209.4

24-8 工伤保险情况（2020年）
Statistics of Work-related Injury Insurance（2020）

地 区	Region	年末参加工伤保险人数（万人）Participants in Work-related Injury Insurance at Year-end (10 000 persons)	享受工伤保险待遇人数（万人次）Beneficiaries at Year-end (10 000 person-times)	基金收支情况(亿元) Revenue and Expenses (100 million yuan) 基金收入 Revenue	基金支出 Expenses	累计结余 Balance at Year-end
全 国	**National Total**	**26763.4**	**187.6**	**486.3**	**820.3**	**1449.3**
上 海	Shanghai	1082.2	5.7	19.4	37.4	43.8
江 苏	Jiangsu	2130.8	14.7	36.0	76.2	121.2
浙 江	Zhejiang	2546.1	17.2	38.8	62.3	77.1
安 徽	Anhui	683.9	6.8	15.1	24.6	37.5
江 西	Jiangxi	558.0	4.7	15.2	16.8	53.2
湖 北	Hubei	745.8	4.5	9.1	18.6	39.8
湖 南	Hunan	820.5	12.3	31.1	39.6	87.3
重 庆	Chongqing	729.9	6.0	12.3	20.2	4.5
四 川	Sichuan	1320.1	7.9	23.4	34.3	73.0
贵 州	Guizhou	463.8	3.4	9.3	17.9	12.3
云 南	Yunnan	498.8	4.9	9.1	16.0	21.1

24-9 生育保险情况（2020年）
Statistics of Birth Insurance（2020）

地 区	Region	年末参加生育保险人数（万人）Participants in Birth Insurance at Year-end (10 000 persons)	享 受 待遇人次（万人次）Beneficiaries at Year-end (10 000 person-times)
全 国	**National Total**	**23567.3**	**1166.9**
上 海	Shanghai	1008.8	28.0
江 苏	Jiangsu	1987.1	127.4
浙 江	Zhejiang	2066.8	137.9
安 徽	Anhui	652.9	41.2
江 西	Jiangxi	372.2	12.5
湖 北	Hubei	645.9	35.9
湖 南	Hunan	633.8	30.5
重 庆	Chongqing	505.8	26.9
四 川	Sichuan	1129.1	35.4
贵 州	Guizhou	383.7	33.6
云 南	Yunnan	375.0	22.3

二十五、城市、农村和区域发展　Urban, Rural and Regional Developmet

25-1 地级及以上城市数（2020年）
Number of Cities at Prefecture Level and Above (2020)

单位：个　　　　(unit)

地　区	Region	合　计 Total	按城市市辖区年末总人口分组 Grouped by Population in Urban Districts (year-end)					
			400万以上 4 million and over	200-400万 2 million-4 million	100-200万 1 million-2 million	50-100万 0.5 million-1 million	20-50万 0.2 million-0.5 million	20万以下 under 0.2 million
上　海	Shanghai	1	1					
江　苏	Jiangsu	13	1	9	3			
浙　江	Zhejiang	11	1	2	4	3	1	
安　徽	Anhui	16		4	5	6	1	
江　西	Jiangxi	11		3	3	4	1	
湖　北	Hubei	12	1	1	4	5	1	
湖　南	Hunan	13		1	6	5	1	
重　庆	Chongqing	1	1					
四　川	Sichuan	18	1	1	12	4		
贵　州	Guizhou	6		2	2	1	1	
云　南	Yunnan	8		1	1	3	2	1

注：本表为公安部的户籍人口数。
a)Population at year-end refer to population by household registration from the Ministry of Public Security.

25-2 省会城市和计划单列市主要指标（2020年）
Main Indicators of Provincial Capitals and Cities with Independent Planning Authority（2020）

包括市辖县。
Counties under the jurisdiction of city governments are included.

城市名称	City	地区生产总值(当年价格)(亿元) Gross Regional Product (Current Prices) (100 million yuan)	第一产业 Primary Industry	第二产业 Secondary Industry	第三产业 Tertiary Industry
上 海	Shanghai	38701	104	10289	28308
南 京	Nanjing	14818	297	5214	9307
杭 州	Hangzhou	16106	326	4821	10959
宁 波	Ningbo	12409	339	5694	6376
合 肥	Hefei	10046	332	3580	6134
南 昌	Nanchang	5746	235	2677	2834
武 汉	Wuhan	15616	402	5558	9656
长 沙	Changsha	12143	424	4739	6980
重 庆	Chongqing	25003	1803	9992	13207
成 都	Chengdu	17717	655	5419	11643
贵 阳	Guiyang	4312	178	1553	2581
昆 明	Kunming	6734	312	2103	4319

25-2 续表 1 continued

城市名称	City	地方一般公共预算收入(亿元) General Public Budget Revenue of the Local Governments (100 million yuan)	地方一般公共预算支出(亿元) General Public Budget Expenditure of the Local Governments (100 million yuan)	住户存款余额(亿元) Deposit of Households (100 million yuan)	城镇非私营单位在岗职工平均工资(元) Average Wage of Staff and Workers in Urban Non-Private Units (yuan)	年末邮政局(所)(处) Postal Offices at Year-end (unit)	年末固定电话用户(万户) Subscribers of Fixed Telephones at Year-end (10 000 subscribers)
上　海	Shanghai	7046	8102	36734	174678	536	636
南　京	Nanjing	1638	1755	9499	138005	181	172
杭　州	Hangzhou	2093	2070	14194	132188	287	205
宁　波	Ningbo	1511	1742	8522	111286	270	242
合　肥	Hefei	763	1164	5589	104818	187	126
南　昌	Nanchang	484	838	4279	93774	164	92
武　汉	Wuhan	1230	2408	10213	104009	273	156
长　沙	Changsha	1100	1501	7502	105603	381	150
重　庆	Chongqing	2095	4894	20210	98380	1610	600
成　都	Chengdu	1520	2159	17085	104463	571	607
贵　阳	Guiyang	398	678	3635	101829	187	73
昆　明	Kunming	650	875	5963	102304	279	107

25-2 续表 2 continued

城市名称	City	社会消费品零售总额(亿元) Total Retail Sales of Consumer Goods (100 million yuan)	货物进出口总 额(亿元) Total Value of Import and Export (100 million yuan)	年末实有公共(汽)电车营运车辆(辆) Public Buses and Trolley Buses in Operation at Year-end (unit)	普通本专科在校学生数(人) Enrolment in Regular HEIs (person)	医院数(个) Number of Hospitals (unit)	执业(助理)医师(人) Licensed (Assistant) Physicians (person)
上 海	Shanghai	15933	34873	17667	540693	398	78364
南 京	Nanjing	7203	5340	8747	918141	271	37823
杭 州	Hangzhou	6055	5934	10149	465963	353	51135
宁 波	Ningbo	4238	9787	6110	168310	195	31891
合 肥	Hefei	4514	2597	6258	586170	213	28429
南 昌	Nanchang	2453	1151	4381	687852	136	17857
武 汉	Wuhan	6150	2704	9588	1067206	362	41888
长 沙	Changsha	4470	2350	11858	697407	241	32785
重 庆	Chongqing	11787	6514	9546	915556	859	88706
成 都	Chengdu	8119	7154	14690	927111	630	72376
贵 阳	Guiyang	2188	415	2937	440212	193	20687
昆 明	Kunming	3070	1105	6590	697961	322	33487

注：年末实有公共(汽)电车营运车辆数不包括市辖县。

a) Number of public buses and trolley buses in operation at year-end does not include those of counties under the jurisdiction of city governments.

25-3 城市建设情况（2020年）
Conditions of City Construction（2020）

地 区	Region	城区面积 (平方公里) Urban Area (sq.km)	建成区面积 (平方公里) Area of Built Districts (sq.km)	城市人口密度 (人/平方公里) Population Density of Urban Area (persons/sq.km)
全 国	**National Total**	**186628.9**	**60721.3**	**2778**
上 海	Shanghai	6340.5	1237.9	3830
江 苏	Jiangsu	15796.7	4786.8	2240
浙 江	Zhejiang	13461.4	3157.2	2105
安 徽	Anhui	6712.3	2409.9	2655
江 西	Jiangxi	2996.5	1703.6	4426
湖 北	Hubei	8220.5	2756.8	2778
湖 南	Hunan	4778.5	1959.4	3677
重 庆	Chongqing	7779.1	1565.6	2070
四 川	Sichuan	8894.0	3190.5	3158
贵 州	Guizhou	3702.3	1118.4	2262
云 南	Yunnan	3274.3	1266.2	3138

注：全国数据不包含北京数据。
a)The data of national total do not include the data of Beijing.

25-4 城市供水情况（2020年）
Basic Statistics on Tap Water Supply in Cities（2020）

地 区	Region	年末供水综合生产能力（万立方米/日） Production Capacity of Tap Water Supply (year-end) (10 000 cu.m/day)	年末供水管道长度（公里） Length of Water Supply Pipelines (year-end) (km)	全年供水总 量（万立方米） Total Annual Volume of Water Supply (10 000 cu.m)	#生活用水 For Daily Use	#生产用水 For Production Use	用水人口（万人） Number of Population with Access to Tap Water (10 000 persons)	人均日生活用水量（升） Per Capita Daily Water Consumption for Daily Use (liter)
全 国	**National Total**	**32072.7**	**1006910**	**6295420**	**3484644**	**1563872**	**53217.4**	**179.4**
上 海	Shanghai	1221.0	39553	288577	180726	41367	2428.1	203.9
江 苏	Jiangsu	3490.4	119680	587581	284989	183945	3538.0	220.7
浙 江	Zhejiang	2039.1	90785	424104	227555	140118	2833.0	220.1
安 徽	Anhui	1079.0	36257	238126	127887	70811	1775.2	197.4
江 西	Jiangxi	646.3	27958	143134	84355	30025	1308.1	176.7
湖 北	Hubei	1597.3	51100	302326	160029	74638	2273.5	192.8
湖 南	Hunan	1154.8	38420	226436	134181	40783	1738.4	211.5
重 庆	Chongqing	711.0	26524	165352	100055	35766	1524.6	179.8
四 川	Sichuan	1669.3	52542	291782	197855	37679	2760.2	196.4
贵 州	Guizhou	432.7	17304	89271	51323	17622	828.2	169.8
云 南	Yunnan	460.8	16735	104904	57066	18137	1007.8	155.1

25-5 城市燃气情况（2020年）
Basic Statistics on Supply of Gas in Cities（2020）

地 区	Region	人工煤气生产能力(万立方米/日) Production Capacity of Gaswork Gas (10 000 cu.m/day)	管道长度(公里) Length of Gas Pipelines (km)			全年供气总量 Volume of Gas Supply			用气人口(万人) Population with Access to Gas (10 000 persons)		
			人工煤气 Gaswork Gas	天然气 Natural Gas	液化石油气 Liquefied Petroleum Gas	人工煤气(万立方米) Gaswork Gas (10 000 cu.m)	天然气(万立方米) Natural Gas (10 000 cu.m)	液化石油气(吨) Liquefied Petroleum Gas (ton)	人工煤气 Gaswork Gas	天然气 Natural Gas	液化石油气 Liquefied Petroleum Gas
全 国	**National Total**	**1394.6**	**9860**	**850552**	**4010**	**231447**	**15637020**	**8337109**	**548.2**	**41301.6**	**10767.5**
上 海	Shanghai			32865	263		899019	268425		1875.0	553.2
江 苏	Jiangsu			95315	150		1437794	525335		3172.7	362.4
浙 江	Zhejiang			50863	265		775960	839084		1925.4	907.6
安 徽	Anhui			32274	243		414417	157719		1612.6	156.2
江 西	Jiangxi	12.0	581	18244	142	14837	194417	212089	6.6	910.3	377.4
湖 北	Hubei		589	46215	130		548802	271930		1862.2	384.8
湖 南	Hunan			24023	42		283930	252371		1245.4	464.0
重 庆	Chongqing			24557			526164	57150		1489.5	58.9
四 川	Sichuan		701	62617	710	14320	865231	204998	45.3	2577.8	112.5
贵 州	Guizhou			8861			126337	117404		495.2	296.5
云 南	Yunnan			8708	18		60287	150339		563.1	245.0

25-6 城市集中供热情况（2020年）
Basic Statistics on Centralized Heating in Cities（2020）

地 区	Region	供热能力 Heating Supply Capacity		供热总量 Quantity of Heat Supplied		管道长度 (公里)	供热面积 (万平方米)
		蒸 汽 (吨/小时) Steam (ton/hour)	热 水 (兆瓦) Hot Water (Mega Watts)	蒸 汽 (万吉焦) Steam (10 000 gigajoules)	热 水 (万吉焦) Hot Water (10 000 gigajoules)	Length of Heating Pipelines (km)	Area of Centralized Heating (10 000 sq.m)
全 国	**National Total**	**103471**	**566181**	**65054**	**345004**	**425982**	**988209**
上 海	Shanghai						
江 苏	Jiangsu		2		3	0	4
浙 江	Zhejiang						
安 徽	Anhui	2745	280	3461	5	741	2576
江 西	Jiangxi						
湖 北	Hubei	1484	220	1000	36	580	1759
湖 南	Hunan						
重 庆	Chongqing						
四 川	Sichuan					25	
贵 州	Guizhou		309		50	39	137
云 南	Yunnan		361		76	460	110

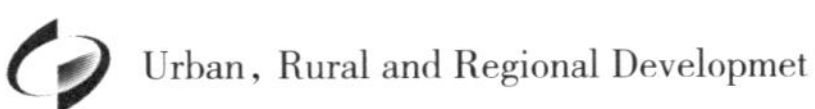

25-7 城市市政设施（2020年）
Basic Statistics on Municipal Infrastructure in Cities（2020）

地 区	Region	年末实有道路长度（公里）Length of Paved Roads (year-end) (km)	年末实有道路面积（万平方米）Area of Paved Roads (year-end) (10 000 sq.m)	城市桥梁（座）Number of City Bridges (unit)	城市排水管道长度（公里）Length of City Sewage Pipes (km)	城市污水日处理能力（万立方米）Daily Disposal Capacity of City Sewage (10 000 cu.m)	城市道路照明灯（千盏）Number of Street Lights (1 000 units)
全 国	**National Total**	**492650**	**969803**	**79752**	**802721**	**20405.1**	**30485.6**
上 海	Shanghai	5536	11551	2880	17230	840.3	640.9
江 苏	Jiangsu	50861	90570	16932	88001	1854.7	3662.9
浙 江	Zhejiang	27574	54048	12703	52572	1187.3	1831.7
安 徽	Anhui	17750	43286	2027	35393	779.3	1117.7
江 西	Jiangxi	12656	26279	1114	20023	366.1	863.6
湖 北	Hubei	22992	43143	2332	32641	928.2	968.0
湖 南	Hunan	15242	34645	1311	21665	766.6	863.2
重 庆	Chongqing	10873	23593	2173	23542	414.8	830.6
四 川	Sichuan	25538	50907	3577	42610	829.4	1769.0
贵 州	Guizhou	9262	17780	770	10394	345.5	731.9
云 南	Yunnan	8242	17079	1374	16328	318.9	672.0

25-8 城市公共交通情况（2020年）
Basic Statistics on Public Transportation in Cities（2020）

地 区	Region	公共汽电车 Buses and Trolley Buses			轨道交通 Subways, Light Rail, Streetcar			出租汽车（辆）Number of Taxis (unit)
		运营车数（辆）Number of Vehicles in Operation (unit)	运营线路总长度（公里）Length of Routes in Operation (km)	客运总量（万人次）Total Passenger Traffic (10 000 person-times)	配属车辆数（辆）Number of Carriages Allocated (unit)	运营里程（公里）Length in Operation (km)	客运总量（万人次）Total Passenger Traffic (10 000 person-times)	
全 国	**National Total**	**589961**	**1042348**	**3951265**	**49424**	**7355**	**1759044**	**1113153**
上 海	Shanghai	17667	24945	133808	7071	729	283469	37322
江 苏	Jiangsu	46683	83541	265665	3899	792	124714	50567
浙 江	Zhejiang	38067	107849	188947	2880	508	74821	39750
安 徽	Anhui	18927	27725	95241	732	113	19507	39776
江 西	Jiangxi	11211	25969	66538	438	60	13510	14006
湖 北	Hubei	21919	27088	152054	2578	384	62059	37626
湖 南	Hunan	24896	28682	165608	891	158	38576	27139
重 庆	Chongqing	13754	27219	171287	2062	343	83975	22475
四 川	Sichuan	28441	42064	254406	4478	558	121962	36165
贵 州	Guizhou	7827	14085	117593	204	35	3698	30584
云 南	Yunnan	12144	25619	88896	732	139	15990	20827

25-9 城市绿地和园林（2020年）
Basic Statistics on Parks and Green Areas in Cities (2020)

地区	Region	城市绿地面积(公顷) Area of Green Space (hectare)	#公园绿地 Public Recreational Green Space	公园(个) Number of Parks (unit)	公园面积(公顷) Area of Parks (hectare)	建成区绿化覆盖率(%) Green Covered Area as % of Completed Area (%)
全国	**National Total**	**3312245**	**797912**	**19823**	**538477**	**42.1**
上海	Shanghai	164611	21981	386	3359	37.3
江苏	Jiangsu	305816	54270	1194	33106	43.5
浙江	Zhejiang	179350	38499	1547	22109	42.2
安徽	Anhui	119533	26520	588	18795	42.0
江西	Jiangxi	77149	19626	714	14856	46.4
湖北	Hubei	105752	31578	520	18476	41.1
湖南	Hunan	80964	21368	456	14244	41.5
重庆	Chongqing	70680	26571	514	16042	43.1
四川	Sichuan	130514	40440	786	24519	42.5
贵州	Guizhou	56825	14265	256	12933	40.9
云南	Yunnan	51338	12607	948	10280	40.5

注：公园绿地面积包括综合公园、社区公园、专类公园、带状公园和街旁绿地。
a) Area of park green areas includes comprehensive park, community park, theme park, belt-shaped park and green area nearby street.

25-10 城市市容环境卫生情况（2020年）
Environmental Sanitation of Cities（2020）

地 区	Region	道路清扫保洁面积(万平方米) Road Area Cleaned (10 000 sq.m)	生活垃圾清运量(万吨) Volume of Domestic Garbage Collected and Transported (10 000 tons)	市容环卫专用车辆设备总数(台) Number of Special Vehicles for Environmental Sanitation (unit)	公共厕所(座) Number of Public Lavatories (unit)	#三类以上 Third Grade and Above
全 国	**National Total**	**975595**	**23511.7**	**306422**	**165186**	**141279**
上 海	Shanghai	18699	868.1	10000	5676	3799
江 苏	Jiangsu	69489	1870.5	21351	14961	13729
浙 江	Zhejiang	53870	1444.9	10316	8631	7595
安 徽	Anhui	42841	660.7	10354	4769	4387
江 西	Jiangxi	25992	527.5	9695	4331	4028
湖 北	Hubei	45008	987.4	14587	6197	5588
湖 南	Hunan	29576	797.1	7069	4380	3205
重 庆	Chongqing	22755	628.5	5008	4801	3729
四 川	Sichuan	45041	1136.6	12025	7527	6421
贵 州	Guizhou	16721	358.5	5485	2445	2328
云 南	Yunnan	19041	487.5	5254	5155	4968

25-11 城市设施水平（2020年）
Level of Public Facilities in Cities (2020)

地 区	Region	城市供水普及率(%) Coverage of Urban Population with Access to Tap Water (%)	城市燃气普及率(%) Coverage of Urban Population with Access to Gas (%)	每万人拥有公共汽电车辆(标台) Public Buses and Trolley Buses per 10000 Population (unit)	人均城市道路面积(平方米) Per Capita Area of Paved Roads (sq.m)	人均公园绿地面积(平方米) Public Recreational Green Space Per Capita (sq.m)	每万人拥有公共厕所(座) Number of Public Lavatories Per 10 000 Population (unit)
全 国	**National Average**	**98.99**	**97.87**	**12.88**	**18.04**	**14.78**	**3.07**
上 海	Shanghai	100.00	100.00	9.21	4.76	9.05	2.34
江 苏	Jiangsu	100.00	99.92	15.61	25.60	15.34	4.23
浙 江	Zhejiang	100.00	100.00	14.75	19.08	13.59	3.05
安 徽	Anhui	99.60	99.24	13.02	24.29	14.88	2.68
江 西	Jiangxi	98.62	97.59	9.73	19.81	14.80	3.27
湖 北	Hubei	99.56	98.40	11.36	18.89	13.83	2.71
湖 南	Hunan	98.94	97.29	17.25	19.72	12.16	2.49
重 庆	Chongqing	94.69	96.16	10.05	14.65	16.50	2.98
四 川	Sichuan	98.28	97.41	12.10	18.13	14.40	2.68
贵 州	Guizhou	98.90	94.55	11.29	21.23	17.04	2.92
云 南	Yunnan	98.10	78.65	12.90	16.62	12.27	5.02

注：人均和普及率指标按城区人口与暂住人口之和计算，以公安部门的户籍统计和暂住人口统计为准。

a) Per capita data and coverage rate are calculated on the basis of the sum of urban population and temporarily residing population from the registration of the Ministry of Public Security.

25-12 县城市政公用设施水平（2020年）
Level of Public Facilities of County Towns (2020)

地 区	Region	人口密度 (人/平方公里) Population Density (person/sq.km)	人均日生活用水量 (升) Daily Water Consumption Per Capita (liter)	供水普及率 (%) Water Coverage Rate (%)	燃气普及率 (%) Gas Coverage Rate (%)	建成区供水管道密度 (公里/平方公里) Density of Water Supply Pipelines in Built Districts (km/sq.km)	人均道路面积 (平方米) Road Surface Area Per Capita (sq.m)
全 国	**National Average**	**2107**	**128.53**	**96.66**	**89.07**	**11.56**	**18.92**
上 海	Shanghai						
江 苏	Jiangsu	2022	158.93	99.98	99.95	13.94	21.46
浙 江	Zhejiang	894	204.30	100.00	100.00	21.68	24.24
安 徽	Anhui	1819	136.79	97.14	95.54	12.42	23.71
江 西	Jiangxi	4898	136.25	96.88	94.14	14.90	20.76
湖 北	Hubei	3087	143.96	96.28	94.11	11.38	18.39
湖 南	Hunan	3857	148.37	96.70	90.32	15.02	14.36
重 庆	Chongqing	2725	120.03	97.88	97.06	12.69	10.21
四 川	Sichuan	1130	123.14	94.87	88.36	10.62	13.64
贵 州	Guizhou	2231	105.67	95.39	80.17	7.88	18.84
云 南	Yunnan	3504	116.64	96.85	55.03	13.57	16.49

25-12 续表 continued

地 区	Region	建成区排水管道密度(公里/平方公里) Density of Sewers in Built Districts (km/ sq.km)	污水处理率(%) Waste Water Treatment Rate (%)	污水处理厂集中处理率 Centralized Treatment at Sewage Treatment Plants	人均公园绿地面积(平方米) Public Recreational Green Space Per Capita (sq.m)	建成区绿化覆盖率(%) Green Coverage Rate of Built Districts (%)	建成区绿地率(%) Green Space Rate of Built Districts (%)	生活垃圾处理率(%) Domestic Garbage Treatment Rate (%)	生活垃圾无害化处理率 Rate of Domestic Garbage Harmless Treatment
全 国	**National Average**	**9.60**	**95.05**	**94.42**	**13.44**	**37.58**	**33.55**	**99.31**	**98.26**
上 海	Shanghai								
江 苏	Jiangsu	12.41	91.40	90.88	14.54	42.64	39.78	100.00	100.00
浙 江	Zhejiang	15.94	97.43	97.29	15.50	43.24	39.04	100.00	100.00
安 徽	Anhui	11.40	96.18	96.03	14.57	37.67	33.72	100.00	100.00
江 西	Jiangxi	11.56	91.55	90.15	15.54	42.98	38.73	100.00	100.00
湖 北	Hubei	8.83	93.53	93.53	12.25	37.69	32.77	100.00	100.00
湖 南	Hunan	9.01	96.57	95.92	11.15	37.72	33.62	99.43	99.43
重 庆	Chongqing	15.32	99.08	99.08	13.58	41.61	37.73	99.78	99.00
四 川	Sichuan	8.92	91.39	88.88	13.71	37.85	34.04	99.77	99.77
贵 州	Guizhou	5.34	91.27	91.21	13.39	36.67	33.80	90.25	90.25
云 南	Yunnan	12.99	94.92	94.86	10.79	38.87	34.30	99.88	99.24

25-13 农村水电建设和发电量、农村用电量(2020年)
Hydropower Construction, Power Generation and Electricity Consumption in Rural Areas(2020)

地 区	Region	本年完成投资额(万元) Investment Completed in the Year (10 000 yuan)	年末发电设备容量(千瓦) Capacity of Power Generation Equipment at Year-end (kW)	#本年新增发电设备容量 Newly Increased Capacity of Power Generation Equipment in the Year	在建电站规模(千瓦) Scale of Power Plants under Construction (kW)	#当年新开工电站规模 Scale of Newly Started Power Stations in the Year	发电量(万千瓦时) Electricity Generated (10 000 kWh)	农村用电量(亿千瓦时) Electricity Consumed in Rural Areas (100 million kWh)
全 国	**National Total**	**585684**	**81338282**	**804662**	**3481550**	**182800**	**24236893**	**9717.2**
上 海	Shanghai							1087.1
江 苏	Jiangsu	271	38355				4716	2011.0
浙 江	Zhejiang	49501	4114718	60685	71240		819774	1038.1
安 徽	Anhui	3804	1149378	25600	64640		288225	205.3
江 西	Jiangxi	1411	3510103	8495	46080		891421	130.2
湖 北	Hubei	57140	3919450	11603	204340		1197363	186.9
湖 南	Hunan	37358	6315352	84604	80240	5860	1947753	134.7
重 庆	Chongqing	22472	3019753	111875	246890	41200	870557	82.5
四 川	Sichuan	30482	11474986	-22560			4405264	205.9
贵 州	Guizhou	90876	3695163	161355	529150	92110	1326471	117.1
云 南	Yunnan	28037	12673410	106725	907530		3840865	124.0

注：本表除农村用电量数据以外由水利部农村水利水电司提供。农村水电是以小水电为主体，直接为农村经济社会发展服务的水电站及其供电网络。

a) Data in this table are from the Department of Rural Water Resources and Hydropower, Ministry of Water Resources.With small hydropower stations as the main body, rural hydropower consists of hydropower stations and electricity networks directly providing services for rural economic and social development.

25-14 京津冀及长江经济带国民经济和社会发展主要指标(2020年)
Main Indicators of National Economic and Social Development by Beijing-Tianjin-Hebei Region and Yangtze River Economic Zone (2020)

指标		Item		全国总计 National Total	京津冀地区 Beijing-Tianjin-Hebei Region		长江经济带 Yangtze River Economic Zone	
					绝对数 Absolute Figures	占全国比重(%) As Percentage of National Total	绝对数 Absolute Figures	占全国比重(%) As Percentage of National Total
总人口(年末)	(万人)	Population at Year-end	(10 000 persons)	141212.0	11039.7	7.8	60607.8	43.0
国内(地区)生产总值	(亿元)	Gross Domestic (Regional) Product	(100 million yuan)	1015986.2	86393.2	8.5	471580.0	46.6
第一产业		Primary Industry		77754.1	4197.9	5.4	34106.9	43.9
第二产业		Secondary Industry		384255.3	24117.7	6.3	182709.4	47.5
第三产业		Tertiary Industry		553976.8	58077.6	10.6	254763.7	46.3
地方一般公共预算收入	(亿元)	General Public Budget Revenue	(100 million yuan)	100143.2	11233.5	11.2	44856.5	44.8
地方一般公共预算支出	(亿元)	General Public Budget Expenditure	(100 million yuan)	210583.5	19290.3	9.2	91665.4	43.5
社会消费品零售总额	(亿元)	Total Retail Sales of Consumer Goods	(100 million yuan)	391980.6	30004.3	7.7	192835.4	49.2
货物进出口总额	(亿元)	Total Value of Imports and Exports in Goods	(100 million yuan)	322215.2	35137.6	10.9	149732.8	46.5
出口		Exports		179278.8	10259.2	5.7	89199.4	49.8
进口		Imports		142936.4	24878.4	17.4	60533.4	42.3
主要农产品产量		Output of Major Farm Products						
谷物	(万吨)	Cereals	(10 000 tons)	61674.3	3873.4	6.3	21577.8	35.0
棉花	(万吨)	Cotton	(10 000 tons)	591.0	21.9	3.7	29.6	5.0
油料	(万吨)	Oil-bearing Crops	(10 000 tons)	3586.4	120.2	3.4	1642.6	45.8
主要工业产品产量		Output of Major Industrial Products						
原煤	(亿吨)	Coal	(100 million tons)	39.0	0.5	1.3	3.4	8.8
天然气	(亿立方米)	Natural Gas	(100 million cu.m)	1925.0	61.9	3.2	571.0	29.7
水泥	(万吨)	Cement	(10 000 tons)	239470.8	12698.4	5.3	119016.9	49.7
粗钢	(万吨)	Crude Steel	(10 000 tons)	106476.7	27148.8	25.5	34077.3	32.0
钢材	(万吨)	Rolled Steel	(10 000 tons)	132489.2	37228.6	28.1	41900.3	31.6
汽车	(万辆)	Motor Vehicles	(10 000 sets)	2532.5	358.1	14.1	1078.9	42.6
发电量	(亿千瓦小时)	Electricity	(100 million kWh)	77790.6	4654.2	6.0	29437.2	37.8
铁路营业里程	(公里)	Length of Railways in Operation	(km)	146330.4	10530.5	7.2	44619.7	30.5
公路里程	(公里)	Length of Highways	(km)	5198120.3	243412.5	4.7	2346312.1	45.1
#高速公路		Expressway		160980.2	10306.7	6.4	63740.9	39.6
客运量	(万人)	Passenger Traffic	(10 000 persons)	966539.7	59214.8	6.1	472411.0	48.9
货运量	(万吨)	Freight Traffic	(10 000 tons)	4729579.0	322044.8	6.8	2109796.4	44.6
邮政业务总量	(亿元)	Business Volume of Postal Services	(100 million yuan)	21053.2	1528.5	7.3	9662.7	45.9
电信业务总量	(亿元)	Business Volume of Telecommunications Services	(100 million yuan)	136763.3	10803.9	7.9	60233.4	44.0
普通高等学校数	(个)	Number of Regular Higher Education Institutions	(unit)	2738.0	273.0	10.0	1178.0	43.0
本专科在校学生数	(万人)	Enrollment of Undergraduate Students	(10 000 persons)	3285.3	278.6	8.5	1396.3	42.5
医院数	(个)	Number of Hospitals	(unit)	35394.0	3319.0	9.4	14883.0	42.0
执业(助理)医师	(万人)	Licensed (Assistant) Physicians	(10 000 persons)	408.6	39.7	9.7	172.6	42.2
医院床位数	(万张)	Number of Hospital Beds	(10 000 beds)	713.1	52.9	7.4	319.6	44.8

注:1.长江经济带包括:上海、江苏、浙江、安徽、江西、湖北、湖南、重庆、四川、贵州、云南。
2.全国总计人口包括了中国人民解放军现役军人。
a) Yangtze River Economic Zone includes: Shanghai, Jiangsu, Zhejiang, Anhui, Jiangxi, Hubei, Hunan, Chongqing, Sichuan, Guizhou and Yunnan.
b) National total includes the military personal.

25-15 民族自治地方行政区划和人口（2020年）
Administrative Division and Population of Ethnic Minority Autonomous Areas (2020)

省级单位名称	Provinces and Autonomous Regions	地级区划数(个) Number of Divisions at Prefecture Level (unit)	#地级市 Cities at Prefecture Level	#自治州 Autonomous Prefecture	县级区划数(个) Number of Divisions at County Level (unit)	#县级市 Cities at County Level	#自治县(旗) Autonomous Counties(Qi)	总人口(万人) Total Population (10 000 persons)	#少数民族人口 Ethnic Minority Population	少数民族人口占自治地方总人口比重(%) Ethnic Minority Population as Percentage to Total Population in Minority Areas (%)
全　国	**National Total**	**77**	**38**	**30**	**713**	**84**	**120**	**19089.32**	**9269.22**	**48.56**
浙　江	Zhejiang				1		1	16.95	2.02	11.92
湖　北	Hubei	1		1	10	2	2	460.06	261.20	56.78
湖　南	Hunan	1		1	15	1	7	479.68	374.63	78.10
重　庆	Chongqing				4		4	277.65	203.56	73.31
四　川	Sichuan	3		3	51	3	4	791.83	502.53	63.46
贵　州	Guizhou	3		3	46	5	11	1847.90	1129.01	61.10
云　南	Yunnan	8		8	78	12	29	2308.70	1322.80	57.30

注：民族自治地方是指5个民族自治区、30个民族自治州和120个民族自治县(旗)，不重复计算。

a) Ethnic minority autonomous areas refer to the areas of 5 ethnic minority autonomous regions, 30 ethnic minority autonomous prefectures, and 120 ethnic minority autonomous counties(Qi), and without repetitive computation.

2 附　录

Appendix

上海市市情

【建置沿革】上海，简称“沪”，别称“申”。约6000年前，现在的上海西部即已成陆，东部地区成陆也有2000年之久。唐天宝十载（公元751年），上海地区属华亭县（今松江区）。南宋咸淳三年（公元1267年），在上海浦西岸设置市镇，定名为“上海镇”。至元二十九年（公元1292年），中央政府把上海镇从华亭县划出，批准设立上海县，标志着上海建城之始。

【自然地理】上海位于北纬31°14′，东经121°29′，地处太平洋西岸，亚洲大陆东沿，是长江三角洲冲积平原的一部分。上海西接江苏、浙江两省，北接长江入海口，是一个良好的江海港口。上海平均海拔高度2.19米，大金山岛为上海最高点，海拔高度103.7米。淀山湖是上海最大的湖泊。上海境内有崇明、长兴、横沙三个主要岛屿，其中崇明岛是中国的第三大岛。上海属北亚热带季风性气候，温和湿润，春秋较短，冬夏较长。2020年，全市平均气温17.6℃，日照1634小时，降水量1586.5毫米。全年65.6%的雨量集中在6月至10月。上海有16个区，共107个街道、106个镇、2个乡。全市行政区划面积为6340.5平方千米，占全国总面积的0.06%。2020年末，全市常住人口2487.09万人，人均期望寿命83.67岁。

【经济概况】上海是中国最大的经济中心和重要的国际金融中心城市。2020年，上海市生产总值达3.87万亿元，总量规模跻身全球城市第六位；上海证券市场筹资额、现货黄金交易量、原油期货市场规模等均位居世界前三。上海金融市场交易总额达到2274.83万亿元，多个品种交易量位居全球前列。上海是新兴的国际

（石瑜 摄）

（石瑜 摄）

贸易中心和重要的国际航运中心。2020年上海口岸贸易总额87463.10亿元，继续保持全球城市首位。社会消费品零售总额15932.50亿元，规模持续四年保持全国城市首位。上海基本确立了亚太门户复合航空枢纽地位。2020年上海航空港口旅客吞吐量6164.21万人次，上海机场航空货邮吞吐量保持世界第三，旅客吞吐量在世界第四的基础上位次提升；上海港口实现4350.34万国际标准箱吞吐量，连续十一年蝉联世界第一。上海正形成具有全球影响力的科技创新中心的基本框架。2020年上海用于研究与试验发展（R&D）经费支出1615.69亿元，相当于上海生产总值比例超过4.17%。上海有85家国家级研发机构，设立超过500家各类众创空间，至2020年末，累计215家科创企业正式上市。

【文化旅游】上海是一座历史悠久、具有光荣革命传统的文化城市，也是著名的国际文化大都市和国际旅游目的地。中共“一大”会址位于黄浦区兴业路76-78号。1921年7月23日，中国共产党第一次全国代表大会在这里召开。上海目前拥有149个博物馆、23个公共图书馆。2020年，上海举办40项国内外重大体育赛事；举办第23届上海国际电影节、第26届上海电视节等重大文化活动。全年共组织3万余场在线公共文化活动，吸引超2亿人次参与。2020年入境国际游客128.62万人次。

【公共服务】上海拥有完善的教育和公共医疗卫生体系。至2020年末，全市共有普通高等院校63所和普通中小学1613所；拥有医疗卫生机构5905所，当年共完成诊疗人数2.41亿人次。上海高度重视环境保护。2020年，用于环境保护的资金投入达1087.86亿元，相当于上海市生产总值的2.8%。上海轨道交通运营总里程达到772公里，网络运营规模和拥有车辆数两项指标位居世界第一。

上海正加快构建更高层次的开放型经济新体制，全面提升城市能级和核心竞争力。中国（上海）自由贸易试验区和临港新片区加快推进制度创新；扎实推进长三角一体化发展行动方案，交通、能源等一批跨区域重大基础设施建成使用，医保结算、互联网医院等公共服务实现便利共享；连续三年成功举办中国国际进口博览会，在招商招展、人员规模等方面创造多项国际博览会纪录。

根据“十四五”规划，到2025年，上海城市数字化转型将取得重大进展，国际经济、金融、贸易、航运、科技创新中心核心功能迈上新台阶，人民城市建设迈出新步伐，谱写出新时代“城市，让生活更美好”的新篇章。

（石瑜 摄）

（石瑜 摄）

江苏省省情

江苏省，简称“苏”，位于中国大陆东部沿海，地跨北纬30°45′～35°08′，东经116°21′～121°56′。

公元1667年因江南布政使司东西分置而建省。省名为“江南江淮扬徐海通等处承宣布政使司”与“江南苏松常镇太等处承宣布政使司”合称之简称。江苏省辖江临海，扼淮控湖，经济繁荣，教育发达，文化昌盛。地跨长江、淮河南北，拥有吴、金陵、淮扬、中原四大多元文化及地域特征。江苏省地处中国东部，地理上跨越南北，气候、植被同时具有南方和北方的特征。江苏省东临黄海，与上海市、浙江省、安徽省、山东省接壤。

江苏省土地面积10.72万平方公里，占全国1.12%。江苏省地貌包含平原、山地和丘陵三种类型。其中，平原面积占比86.90%，丘陵面积占比11.54%，山地面积占比1.56%。连云港云台山玉女峰是全省最高峰，海拔624.4米。江苏省跨江滨海，湖泊众多，水网密布，海陆相邻，是全国唯一拥有大江大河大湖大海的省份，水域面积占16.9%。长江横穿东西426公里，大运河纵贯南北718公里。面积50平方公里以上的湖泊12个，其中面积超过1000平方公里的太湖、洪泽湖，分别为全国第三、四大淡水湖。森林面积156万公顷，林木覆盖率24%，活立木总蓄积量超过9609万立方米。湿地面积282.2万公顷，湿地总面积位居全国第6位，自然湿地保护率58.9%。2020年末，江苏省共有13个设区市，95个县（市、区），743个乡镇，515个街道。全省常住人口8477.26万人。

江苏人杰地灵，人才辈出。唐宋以前，吴地多政治家，唐宋以后，则多学者和各类专业人士。文学家有刘勰、李煜、范仲淹、秦观、范成大、施耐庵、吴承恩、曹雪芹、吴敬梓、冯梦龙、刘鹗、朱自清、叶圣陶、钱钟书等；艺术家、书画家有顾恺之、张旭、文征明、祝枝山，王时敏等“四王”、龚贤等“金陵八家”、郑燮等“扬州八怪”，吴大澄、吴湖帆、徐悲鸿、刘海粟、陈之佛、李可染、傅抱石、林散之等。历代文人墨客在江苏留下许多不朽篇章，孙

武的《孙子兵法》、枚乘的《七发》、刘义庆的《世说新语》、刘勰的《文心雕龙》、施耐庵的《水浒传》、吴承恩的《西游记》、冯梦龙的《三言》、曹雪芹的《红楼梦》、刘鹗的《老残游记》等众多鸿篇巨著均在中华文化典藏中熠熠生辉。江苏传统节日文化富有鲜明的地域特色，苏州端午习俗、南京秦淮灯会、姜堰溱潼会船分别代表中国传统节日端午节、元宵节和清明节等地域特色的文化习俗，被列入国家级非物质文化遗产名录。江苏现代化教育强省建设扎实推进，教育发展规模、综合实力、整体水平位居全国前列。

江苏基础设施发达。2020年末，全省公路里程达15.8万公里，其中高速公路里程4925公里。全省高铁运行里程新增654公里，累计达2215公里。全省7个城市已拥有或在建轨道交通，城市轨道交通运营里程达797.8公里。全省拥有9个运输机场、11个通用机场。累计建成综合客运枢纽32个，设区市实现全覆盖。建成百亩以上货运场站100余个，其中公铁、铁水、陆空型多式联运枢纽25个。四级以上内河高等级航道里程3197公里，县级节点覆盖率80%；省干线航道达标里程达2363公里，千吨级航道覆盖全省78%的县级及以上节点和50%的省级及以上开发区。江苏省港口货物通过能力、万吨级以上泊位数、货物吞吐量、亿吨大港数等多项指标均位列全国第一。拥有港口生产性泊位5684个，港口综合年通过能力达22.9亿吨。过江通道累计建成17座，在建6座，沿江两岸设区市之间均有过江通道直通。

江苏经济实力雄厚。2020年，面对百年未有之大变局、前所未见的大疫情和历史少有的大洪涝，在以习近平同志为核心的党中央坚强领导下，全省上下认真落实习近平总书记对江苏工作的重要指示要求，统筹推动疫情防控和经济社会发展，着力做好“六稳”工作，全面落实“六保”任务，齐心协力打赢疫情防控、复工复产、防汛抗洪三场硬仗，高质量发展和“强富美高”新江苏建设取得新成效。全年实现地区生产总值10.27万亿元，比上年增长3.7%。完成一般公共预算收入9059亿元，比上年增长2.9%；其中，税收收入7413.9亿元，增长1%。战略性新兴产业、高新技术产业产值占规上工业比重分别达到37.8%和46.5%，数字经济规模超过4万亿元。产业结构加快调整，三次产业增加值比例调整为4.4:43.1:52.5。13个先进制造业集群和50条重点产业链培育发展取得明显成效，制造业基础更加坚实，竞争力进一步增强。

江苏生态环境质量持续向好。2020年，全省PM2.5平均浓度38微克/立方米，优良天数比率达81%，水环境国考断面优Ⅲ类比例达87.5%，主要入江支流和入海河流断面全面消除劣Ⅴ类，太湖治理连续十三年实现“两个确保”，生态环境质量创本世纪以来最好水平。污染防治力度加大。深入推进中央环保督察及“回头看”、全国人大常委会《水污染防治法》执法检查交办问题和长江经济带生态环境警示片披露问题整改，坚决打好蓝天、碧水、净土保卫战。认真落实“共抓大保护、不搞大开发”战略要求，长江经济带生态环境质量发生转折性变化。生态保护与修复深入推进。累计建成国家生态园林城市9个，全国生态文明建设示范市县22个，“绿水青山就是金山银山”实践创新基地4个。全面推进长江流域禁捕退捕，实现退捕渔民、退捕渔船、渔民就业、渔民安置保障四个“百分之百”。

江苏创新型省份建设迈上新台阶。2020年，全省全社会研发投入占地区生产总值比重达2.93%，高新技术企业数量超3.2万家，科技进步贡献率达65.1%，万人发明专利拥有量36.1件，区域创新能力继续位居全国前列。国家高新区整体排名再创新高，连续4年保持总体进位，其中5家高新区进入全国前30位，苏州工业园区升至第4位。科技型中小企业评价深入推进，通过评价入库企业40294家、占全国18%。“产学研”深度融合加强，1194名专家教授到省内企业任职“科技副总”。科技载体建设继续加强，苏南国家自主创新示范区建设取得明显成效，未来网络、高效低碳燃气轮机、纳米真空互联实验站等国家重大科技基础设施建设加快推进。全省各类科技创业载体超过1800家，国家级科技企业孵化器数量全国第一。化和旅游事

江苏区域发展协调性进一步增强。2020年，江苏高质量推动长三角一体化发展，研究制定30项重点任务，产业创新、基础设施等“六个一体化”取得阶段性成效，推动长三角生态绿色一体化发展示范区建设形成

了一批制度创新成果和经验做法。扬子江城市群对全省经济增长的贡献率达79.2%；沿海经济带对全省经济增长的贡献率达18.7%。深入实施“1+3”重点功能区战略。坚持江海河湖统筹联动发展，系统谋划向海发展战略。苏锡常、宁镇扬一体化发展加快推进，宁锡常接合片区入选首批国家城乡融合发展试验区。南北共建园区高质量发展创新试点取得实质性进展。

江苏高水平对外开放成效显著。2020年，全省完成进出口总额4.45万亿元，同比增长2.6%。一般贸易进出口总额23774亿元，增长6.1%。全年新批外商投资企业3573家，比上年增长4.8%；实际使用外资283.8亿美元、居全国首位，同比增长8.6%。全年新批境外投资项目696个，中方协议投资额57.4亿美元。加快推进“一带一路”交汇点建设，全年新增“一带一路”沿线对外投资项目247个，中方实际投资额61.6亿美元。成功举办江苏—韩国企业家合作交流会暨第二届中韩贸易投资博览会。做好第三届进口博览会江苏交易团组织参展工作，意向贸易成交额位居全国第二；举办江苏开放创新发展国际咨询会议等18场重大经贸活动，签订55个投资合作项目，总投资规模近50亿美元。国际产能合作不断深化。中阿（联酋）产能合作示范园、柬埔寨西哈努克港经济特区建设扎实推进。中哈（连云港）物流合作基地、上合组织连云港国际物流园、淮海国际陆港建设成效显著。自贸试验区建设成果突出。探索实施60余项全国全省首创性改革举措，形成115项制度创新成果。

江苏民营经济成为重要支撑。2020年，江苏民营经济面对新冠肺炎疫情冲击，有序推进复工复产，增速稳步回升，质效持续向好，成为全省经济的重要支撑力量。全省民营经济完成增加值5.8万亿元，同比增长5.3%，占全省GDP的比重达56.8%，对全省GDP增长的贡献率达81.4%。全省规模以上民营工业企业增加值同比增长7.7%；实现主营业务收入和利润总额同比分别增长5.2%和8.5%，占全省规模以上工业,的比重分别为52.0%和47.5%。全省民间投资占全社会投资比重达68.8%。全省民营企业实现出口总额1638.2亿美元，同比增长13.2%。全省工商部门新注册私营企业户数51.1万户，私营企业累计登记户数达332.3万户。全省私营企业和个体工商户累计数1189.1万户，占全省市场主体比重达96.1%。

浙江省省情

基础篇：浙江地处中国东南沿海、长江三角洲南翼，属季风性湿润气候，四季分明，光照充足，陆域面积10.56万平方千米，地形自西南向东北呈阶梯状倾斜，西南以山地为主，中部以丘陵为主，东北是低平的冲积平原，有“七山一水二分田”之说。全省管辖海域面积4.44万平方千米，拥有海岛4300余个，是中国岛屿最多的省份。浙江设11个省辖市，省会杭州，有37个市辖区、20个县级市和33个县。2020年末常住人口6468万人。世居浙江的少数民族主要是畲族，景宁畲族自治县是中国唯一的畲族自治县。钱塘江是浙江第一大江，从南源头至杭州湾河口入海处全长612千米。钱塘江大潮与印度恒河潮、巴西亚马孙潮合称为世界自然奇观的三大涌潮。千岛湖是浙江最大的人工湖，因拥有1078座形态各异的翠岛而得名。浙江拥有中国佛教四大名山之一的舟山普陀山、中国四大避暑胜地之一的湖州莫干山，以及世界自然遗产衢州江郎山。

浙江市场化程度很高，持续优化的营商环境不断激发市场活力。截至2020年底，浙江共有在册市场主体803.2万户，其中企业282万户；共有境内上市公司518家，数量居全国第2位。阿里巴巴、吉利汽车、物产中大、海亮集团、青山控股都是世界500强企业。民营经济是浙江经济的最大优势，是浙江的“金名片”，创造了全省六成以上的生产总值、七成以上的总税收、近八成的外贸出口和近九成的就业岗位。2020年，浙江在册民营企业260.4万户，占全省企业总数的92.3%，有96家企业上榜最新公布的中国民营企业500强，连续22年居全国首位。截至2020年底，浙江拥有各类商品市场3342个，其中，十亿级市场253个，百亿级市场34个，千亿级市场2个，2020年共实现交易额2.1万亿元，义乌国际商贸城、绍兴中国轻纺城两家“千亿级”市场的年成交额分别突破1600亿元和1500亿元。

发展篇：2020年，浙江深入学习贯彻习近平总书记重要讲话精神特别是考察浙江重要讲话精神，忠实践行“八八战略”，奋力打造“重要窗口”，统筹推进疫情防控和经济社会发展，扎实做好“六稳”工作，全面落实“六保”任务，为发展聚力、为企业赋能、为小康增色、为治理提效。浙江经济运行呈现稳步复苏、回升提速、增收增效态势，实现二季红、半年正、三季进、全年赢，继续保持高质量发展的良好势头。全省生产总值（GDP）为64613亿元，按可比价格计算，比上年增长3.6%，增速高出全国1.3个百分点。分产业看，第一产业增加值2169亿元，增长1.3%；第二产业增加值26413亿元，增长3.1%；第三产业增加值36031亿元，增长4.1%。三次产业增加值比例为3.3:40.9:55.8。

浙江坚持创新、协调、绿色、开放、共享的发展理念，围绕社会主要矛盾的变化，积极探索构建新发展格局的有效路径，深化供给侧结构性改革，提供高质量产品和服务。浙江积极推进大湾区、大花园、大通道、大都市区“四大”建设。大湾区建设突出环杭州湾经济区，联动发展甬台温临港产业和义甬舟开放大通道，统筹推进未来社区、“万亩千亿”新产业平台、生态海岸带等标志性工程建设。大花园建设突出浙东唐诗之路、钱塘江诗路、瓯江山水诗路、大运河（浙江）文化带等标志性工程，2020年全力打造100条文旅精品路线，首次发布12条美丽乡村夜经济精品线。大通道建设全面推进“三大通道、四大枢纽、四港融合”工程，2020年新开工铁路235千米、城市轨道交通18.5千米，建成铁路560千米、城市轨道交通206千米，加快构建全省三个“1小时交通圈”。大都市区建设聚焦杭州、宁波、温州、金华—义乌四大都市区，发挥核心引领作用，带动全省城乡区域协调发展。2020年，四大都市区核心区经济总量达46743.3亿元，占全省的72.34%。

西湖夕阳

浙江大力推进城乡融合发展，持续推进美丽城镇、美丽乡村建设。2020年，浙江城镇化率达71%，高于全国平均水平约10个百分点。全省稳步推进城镇老旧小区改造，开工改造老旧小区622个，惠及民居29万户，建成美丽城镇省级样板110个，达标城镇121个。

浙江扎实推进乡村振兴战略，全力落实生产保供、决战决胜脱贫攻坚、美丽乡村和数字“三农”建设等政策，推动实现农村同步高水平全面建成小康社会目标。2020年，浙江农村家庭人均年收入8000元以下现象得到全面消除，低收入农户人均可支配收入达14365元，同步实现高水平全面小康。

浙江深入实施“千村示范、万村整治”工程以来，农村人居环境面貌得到根本改善。截至2020年底，浙江共创建美丽乡村示范县45个，新时代美丽乡村达标村11290个，特色精品村1500个。2020年，全省休闲农业共接待游客2.3亿人次，营业总收入430亿，农家乐经营户总数2.1万户。

浙江是“绿水青山就是金山银山”理念的发源地和率先实践地。2020年，浙江生态环境持续改善，全省设区城市的PM2.5平均浓度为25微克/立方米，空气质量优良天数比例达93.3%，在全国重点地区中排第一；全省地表水省控断面Ⅰ—Ⅲ类水质比例达94.6%；全省生态环境公众满意度连续9年提升。

改革篇：长江三角洲地区是中国经济发展最活跃、开放程度最高、创新能力最强的区域之一。2020年，浙江成功承办长三角地区主要领导座谈会，参与组建长三角企业家联盟，参与全面建立长三角疫情联防联控机制，联合实施产业链补链、固链、强链行动等14项重点协同事项，推动省际毗邻区等重点区域和数字长三角等重点领域一体化发展取得新成效。

浙江围绕“建设以人为核心的现代化和数字浙江”目标，迭代深化“最多跑一次”改革和政府数字化转型，在全国率先提出并部署推进数字化改革，着力打造全省一体化、智能化的公共数据平台，实现党政机关整体智治、数字政府、数字经济、数字社会、数字法治五个综合应用，建立数字化改革的理论体系和制度体系。

中国（浙江）自由贸易试验区自2017年挂牌以来，形成特色创新制度成果123项，其中58项为全国首创；集聚油气企业7000余家，成为全国油气企业最集中的区域；国内首个单体投资规模最大的4000万吨/年炼化一体化项目一期建成投产；保税油年供应量突破400万吨，成为全球第八大加油港；油品储备能力达3230万立方米，成为全国最大的石油战略储备基地。2020年，国务院批复同意中国（浙江）自由贸易试验区扩区，使其成为全国首个明确扩展区域的自由贸易试验区。新设立的宁波、杭州和金义片区，使试验区面积在舟山片区120平方千米的基础上扩展了1倍，形成了“一区四片”发展格局。

浙江积极推进海洋强省建设。2020年，全省沿海港口完成货物吞吐量14.1亿吨，集装箱吞吐量3219万标箱。宁波舟山港年货物吞吐量连续12年稳居全球第一，集装箱吞吐量跃居全球第三。舟山港保税供油472.4万吨，稳居全国供油港第一。

创新篇：浙江深入实施创新驱动发展战略，加快建设“互联网+”、生命健康和新材料三大科创高地，进一步增强科技创新的支撑引领作用。2020年，全省研发经费支出占生产总值的比重达2.8%，科技进步贡献率达65%。

数字经济是浙江推动高质量发展的“一号工程”。近年来，浙江在云计算、大数据、人工智能、物联网、工业互联 网、5G 等领域布局了一批能够引领未来的重量级产业，不断培育壮大新动能。

2020 年，浙江数字经济核心产业增加值达 7020 亿元，同比增长 13%，高出全省 GDP 增速 9.4 个百分点，占全省 GDP 的比重达 10.9 %。浙江已创建省级工业互联网平台 102 个，累计上云企业超 41 万家；率先开展 5G 商用，累计建成 5G 基站 6.26 万个，窄带物联网基站 4 万余个，IPv6 覆盖用户 1 亿户。国内首个国家新型互联网交换中心于2020 年 6 月在浙江正式启动运行，已接入企业 14 家。

浙江加快淘汰落后产能，改造提升传统产业，不断增强信息、环保、健康、旅游、时尚、金融、高端装备制造、文化等八大万亿产业的发展动能。2020 年，浙江新认定小微企业园 268 个，新增国家专精特新“小巨人”143 家和单项冠军 33 家，数量均居全国第一。浙江数字化、智能化、绿色化转型升级加快，2020 年评定省级智能工厂（数字化车间）149 家，培育“未来工厂”12 家；截至2020 年底，累计创建国家绿色园区 11 个、绿色工厂 164 家，拥有在役工业机器人 11.1 万台，产业数字化指数居全国第一。

浙江在 EB 级大数据计算平台、高端射频芯片、传染病防治、结构生物学、燃煤超低排放、农业新品种选育等领域取得一批重大科技创新成果，部分领域进入领跑阶段。截至2020 年底，浙江拥有高新技术企业 2.2 万家、科技型中小企业 6.9 万家。2020 年，浙江高新技术产业增加值达到 9960.5 亿元，占规上工业增加值的近六成（59.6%）、规上工业新产品产值的八成以上（81.1%）。

2020 年，浙江累计认定 36 家省级新型研发机构、138 家省级产业创新服务综合体。杭州城西科创大走廊创新策源地建设高速推进、初见成效，之江实验室、西湖实验室被纳入国家实验室建设序列，良渚、湖畔等 4 家首批浙江省实验室全面启动建设。

人才是引领发展的战略资源。2020 年，浙江全面推进“人才强省、创新强省”战略，打造全球“人才蓄水池”。全年新引进海外人才 2.7 万人，较上年增长 12.5%；新增技能人才 23.6 万人，较上年增长 6.3%；新引进大学生 115 万人，较上年增长 19.3%；新建省级博士后科研工作站 171 家，新招收博士后 1612 名。

杭州京杭大运河

安徽省省情

公元1667年(清康熙六年)析江南省为江苏、安徽两省,取安庆、徽州两府首字得名正式建省;因境内有皖山、皖水(现名天柱山、皖河),春秋时被封为伯国(皖国)而简称皖。与山东、江苏、浙江、江西、湖北、河南6省相邻,长江、淮河横贯东西,又称“江淮大地”。全省南北长约570公里、东西宽约450公里,面积14万平方公里,常住人口6105万人。辖16个地级市、104个县(市、区)。历史悠久、山川秀美、人文荟萃,以“三山三江二湖”著称(黄山、九华山、天柱山,淮河、长江、新安江,巢湖、太平湖),“法家先锋”管仲、道家代表人物老子和庄子、神医华佗、三国人物曹操、“封建时代清官典型”包拯、“活字印刷术发明者”毕昇、“宋代理学集大成者”朱熹、明朝建立者朱元璋、“晚清重臣”李鸿章、“台湾近代化之父”刘铭传、“中国共产党的主要创始人之一和早期领导人”陈独秀、新文化运动代表人物胡适、现代著名教育家陶行知、“两弹元勋”邓稼先、著名物理学家杨振宁等都是安徽人。徽州文化徽学与藏学、敦煌学并称为中国三大地方学。中华美食豆腐、中国“文房四宝”(宣笔、徽墨、宣纸、歙砚)都产自安徽。中国国粹京剧前身就是徽剧,地方戏曲黄梅戏被誉为“中国的乡村音乐”。

战略优势叠加,是唯一被“一带一路”、长江经济带发展、中部地区崛起、长三角一体化发展等4个国家战略覆盖的省份。2020年9月,安徽自贸试验区获批建设,为安徽高质量发展提供了难得的战略机遇和政策条件。

创新活跃强劲,创新是安徽最靓名片、最强基因,改革开放以来,安徽相继涌现出世界第一台VCD机、世界第一颗量子卫星“墨子号”、世界第一台商用“量子显微镜”等多项全球之首,创造出世界最快量子计算原型机“九章”、世界最薄0.12毫米触控玻璃等多项全球之最,区域创新能力连续9年位居全国第一方阵。当下的安徽,处处涌动着创新创业的热潮,“五个一”创新主平台和“一室一中心”分平台立柱架梁,大科学装置集群初步形成,全国首家以创新为主题的场馆——安徽创新馆已经成为“政产学研用金”深度融合的科技大市场。全国第一个部省共建的人工智能产业基地——中国声谷入驻企业1024户、营业收入1060亿元。拥有中国科学技术大学等115所大学和7074家科技机构,人才总量突破900万,研发人员超过23万,柔性引进院士332人,68项科技成果获国家科技进步奖。特别是应对新冠肺炎疫情以来,紧急启动实施16项疫情防控应急科技攻关项目并取得良好成效,“托珠单抗”治疗方案列入国家诊疗方案,重组新型冠状病毒疫苗紧急投入使用,“无接触自助机”“除菌毒空气净化机”等抗疫产品相继投入使用。

产业体系完善,是国家重要的制造业基地,新能源汽车产销量超10万辆、占全国7.7%,家电“四大件”产量近亿台,产量约占全国1/4。全省高新技术企业达8559家,规模以上高新技术产业增加值占规模以上工业增加值达43.8%。亚洲最大的水泥生产制造商海螺集团、电解铜产量中国第一的铜陵有色连续2年入列世界500强,江淮和奇瑞汽车公司是中国自主品牌汽车代表。马钢集团与中国宝武实现战略重组。大众新能源汽车中国生产基地和研发中心总部、蔚来汽车中国总部落户合肥。布局集成电路、新型显示器件、人工智能、先进结构材料4个国家战略性新兴产业集群,连续3年成功举办世界制造业大会。目前,省委、省政府正在研究建立十大新兴产业推进机制,精准对接旗舰企业、设立专业化基金和商协会,抓好引擎性项目、平台型项目、关键配套项目的招引和落地,加快打造产业链、供应链、创新链、资本链、人才链、政策链“多链协同”加优质高

效的政务服务环境，推动新兴产业高质量发展。

内陆腹地广阔，沿江近海、居中靠东、承南接北，有民用机场6座，新桥国际机场为4E级枢纽干线机场，铁路、高速公路总里程均超过4000公里。高铁运营总里程2329公里、居全国第1位，是继福建后全国第二个“市市通高铁”的省份。合肥是全国性综合交通枢纽，高速铁路“米”字形总体布局基本形成，已开通运营沪汉蓉、合福、京九、商合杭、合郑、合蚌连等多条高铁，实现1小时内到南京、2小时内到武汉和杭州、3小时内到上海、4小时内到北京和福州。以合肥为中心、500公里半径范围内集聚了中国40%的人口和50%的消费市场，是目前中国经济发展最活跃的区域之一。

生态资源良好，世界特有的野生动物扬子鳄和白鳍豚产自皖江流域，安徽粮、棉、油产量均居全国前列，茶叶、中药材等特色产品举世闻名，中国十大名茶安徽就有4个（黄山毛峰、祁门红茶、太平猴魁、六安瓜片），霍山石斛被誉为中华“九大仙草”之首。近年来，会同浙江省连续开展新安江流域生态补偿机制改革试点，正在谋划共建新安江—千岛湖生态补偿机制试验区，并已写入《长江三角洲区域一体化发展规划纲要》，为全国跨流域生态补偿工作提供了“新安江典范”。2019年首个全国林长制改革示范区在安徽揭牌。安徽省林长制改革先后入选中央深改办2019年十大改革案例、中国改革2020年度十大案例，写入新修订的森林法。2020年，党的十九届五中全会审议通过的“十四五”规划《建议》明确提出“推行林长制”，林长制正式由安徽推向全国。全面实施长江“十年禁渔”，启动建设环巢湖十大湿地、骆岗生态公园等重大生态工程。

“十三五”时期，全省GDP从2.38万亿元增加到3.87万亿元，人均GDP从4万元增加到6.3万元，发展格局实现了从“总量居中、人均靠后”向“总量靠前、人均居中”的历史性跨越。2020年GDP增长3.9%，增速居全国第4位；固定资产投资增长5.1%，比全国高2.2个百分点；社会消费品零售总额增长2.6%，比全国高6.5个百分点；进出口总额增长13.6%，比全国高12.1个百分点，居全国第6位；规模以上工业增加值增长6%、比全国高3.2个百分点；城乡居民收入分别增长5.1%、7.8%，分别高于全国1.6个、0.9个百分点；粮食产量803.8亿斤、居全国第4位。

江西省省情

江西简称“赣”，因公元733年唐玄宗设江南西道而得省名，又因江西最大河流为赣江而得简称，是中国内陆省份之一。江西位于中国东南部，在长江中下游南岸，以山地、丘陵为主，地处中亚热带，季风气候显著，四季变化分明。境内水热条件差异较大，多年平均气温自北向南依次增高，南北温差约3℃。全省面积16.69万平方公里，常住人口4518.86万(七人普结果)，辖11个设区市、100个县(市、区)。全省共有55个民族，其中汉族人口占99%以上，少数民族中人口较多的有畲族、苗族、回族、壮族、满族等。

中国革命的摇篮—井冈山

江西区位优越、交通便利。江西省地处中国东南偏中部长江中下游南岸，古称“吴头楚尾，粤户闽庭”，乃“形胜之区”，东邻浙江、福建，南连广东，西靠湖南，北毗湖北、安徽而共接长江。江西为长江三角洲、珠江三角洲和闽南三角地区的腹地，与上海、广州、厦门、南京、武汉、长沙、合肥等各重镇、港口的直线距离，大多在六百至七百公里之内。境内高速公路通车里程6234公里，出省主要通道全部高速化。京九线、浙赣线纵横贯穿全境。航空和水运便捷。

江西资源丰富、生态良好。江西97.7%的面积属于长江流域，水资源比较丰富，河网密集，河流总长约18400公里，有全国最大的淡水湖——鄱阳湖。已发现野生高等植物5117种，野生脊椎动物845种。全省现有世界遗产地5处，世界文化与自然双遗产地1处，世界地质公园3处，国际重要湿地1处，国家地质公园5处，国家级风景名胜区15处，林业自然保护区186个(国家级15个)，森林公园180个(国家级46个)，湿地公园84处(国家级28处)。江西矿产资源丰富，已查明有资源储量的矿产有九大类139种，在全国居前10位的有81种，有色、稀土和贵金属矿产优势明显，是亚洲超大型的铜工业基地之一，有“世界钨都”、“稀土王国”、“中国铜都”、“有色金属之乡”的美誉。

江西物产丰富、品种多样。景德镇的瓷器源远流长，以“白如玉、明如镜、薄如纸、声如磬”的特色闻名中外。樟树的四特酒，周恩来总理赞誉为“清、香、醇、纯”，四特酒由此而得名。遂川狗牯脑茶叶，曾获巴拿马国际食品博览会金奖。南丰蜜桔，历史上是皇室贡品。此外，还有庐山云雾茶、中华猕猴桃、赣南脐橙、南安板鸭、泰和乌鸡、江铃汽车、金圣卷烟等，列入中国驰名商标的品种有159件。

江西名人辈出、文化璀璨。在中华文明的历史长河中，江西人才辈出，陶渊明、欧阳修、曾巩、王安石、朱熹、文天祥、宋应星、汤显祖、詹天佑等文学家、政治家、科学家若群星灿烂，光耀史册。江西红色文化闻名中外。井冈山是中国革命的摇篮，南昌是中国人民解放军的诞生地，瑞金是苏维埃中央政府成立的地方，安源是中国工人运动的策源地。第二次国内革命战争时期，江西籍有名有姓的革命烈士就有25万多人，占全国的六分之一，为中国革命胜利作出了重大贡献。

江西产业齐备、特色鲜明。江西农业在全国占有重要地位，是建国以来全国两个从未间断向国家贡献粮食的省份之一。生态农业前景可喜，有机食品、绿色食品、无公害食品均位居全国前列。进入新世纪以来，江西大力实施以新型工业化为核心的发展战略，有色、电子信息、医药、汽车、航空、食品、纺织、光伏、锂电、钢铁、石化、建材等产业呈现了良好的发展势头。同时，江西还在大力发展旅游业。“江西风景独好”名满全国，主要旅游景区可概括为“四大名山”：庐山、井冈山、三清山、龙虎山；“四大摇篮”：中国革命的摇篮井冈山、人民军队的摇篮南昌、共和国的摇篮瑞金和工人运动的摇篮安源；“四个千年”：千年瓷都景德镇、千年名楼滕王阁、千年书院白鹿洞、千年古刹东林寺；“六个一”：一湖（鄱阳湖）、一村（婺源）、一海（庐山西海）、一峰（龟峰）、一道（小平小道）、一城（共青城）。

江西经济平稳、质效提升。2020年全省生产总值25692亿元，增长3.8%；财政总收入4048亿元，增长1.2%；一般公共预算收入2508亿元，增长0.8%；规模以上工业增加值增长4.6%；固定资产投资增长8.2%；社会消费品零售总额10372亿元，增长3.0%；实际使用外商直接投资146亿美元，增长7.5%；实际利用省外资金8752亿元，增长8.9%；进出口总值4010亿元，增长14.3%；其中，出口2920亿元，增长17.0%；金融机构本外币存款余额43608亿元，增长12.0%；金融机构人民币各项贷款余额41409亿元，增长16.7%；城镇和农村居民人均可支配收入分别为38556元、16981元，分别增长5.5%和7.5%，主要经济指标增速继续位居全国前列。三次产业结构为8.7:43.2:48.1；高新技术产业、战略性新兴产业增加值占规模以上工业增加值比重分别达到38.2%和22.1%。

江西前景美好、未来可期。勤劳智慧的江西人民在省委省政府的正确领导下，坚持以习近平新时代中国特色社会主义思想为指导，全面贯彻落实党的十九大和十九届二中、三中、四中、五中全会精神，牢记习近平总书记视察江西的殷殷嘱托，聚焦“作示范、勇争先”目标定位和“五个推进”更高要求，坚持稳中求进工作总基调，坚持新发展理念，坚持高质量跨越式发展首要战略，创新引领、改革攻坚、开放提升、绿色崛起、担当实干、兴赣富民，努力实现“六大突破、三大提升”，为决胜全面建成小康社会、夺取新时代中国特色社会主义伟大胜利、实现中华民族伟大复兴的“中国梦”贡献江西力量。

军旗升起的地方—南昌

湖北省省情

湖北，简称鄂，地处中国中部、长江中游，是三峡工程所在地、南水北调中线工程核心水源区，被称为“千湖之省”“鱼米之乡”。

东西长740.6公里，南北宽470.2公里，面积18.59万平方公里，占全国总面积的1.94%，居全国第16位。湖北地势西高东低，东、西、北三面环山，中间低平，略呈向南敞开的不完整盆地。地貌类型多样，既有沃野千里的江汉平原，也有连绵起伏的丘陵岗地，还有层峦迭嶂的广大山区，以及适宜养殖的广阔水域。全省总面积中，山地占56%，丘陵岗地占24%,平原湖区占20%。

湖北现辖1个副省级城市(武汉)，11个地级市(黄石、襄阳、宜昌、孝感、十堰、荆州、鄂州、荆门、黄冈、咸宁、随州)，1个自治州(恩施土家族苗族自治州)；有103个县级行政区，其中39个市辖区、26个县级市、35个县、2个自治县和1个神农架林区。

湖北承东启西，连通南北。省会武汉自古就有“九省通衢”之称。今天，湖北已形成完整的水、陆、空交通网络，是全国综合交通枢纽。武汉城市圈城际铁路分别连接省内黄石、咸宁、孝感、黄冈、仙桃5市，半小时交通圈让沿线居民通过京广高铁、沪汉蓉客运专线，与长三角、珠三角、京津冀城市圈无缝对接，有力推动了“资源节约型”和“环境友好型”社会的建设。

湖北历史悠久，文化底蕴深厚，是楚文化的发祥地，三国文化的重要发生地，中国近代工业的起源地。“汉阳造”闻名全国，武昌首义彪炳史册，黄鹤楼诗传千年，武当山名满天下。

一、经济发展

2020年是新中国成立以来湖北历史上极不平凡、极不容易、极其难忘的一年。在以习近平同志为核心的党中央坚强领导下，全省上下众志成城、万众一心、攻坚克难，全力打好战疫、战洪、战贫三场硬仗，稳住了经济基本盘，兜住了民生底线，守牢了社会稳定底线，夺取了统筹疫情防控和经济社会发展的“双胜利”，全年经济在巨大的困难挑战面前实现复苏向好发展，交出了一份让全省人民引以为豪的英雄答卷。

2020年，全省完成生产总值43443.46亿元，比上年下降5.0%。其中，第一产业完成增加值4131.91亿元，按不变价计算与上年持平；第二产业完成增加值17023.90亿元，下降7.4%；第三产业完成增加值22287.65亿元，下降3.8%。

农业方面，素称“鱼米之乡”，是全国重要的商品粮棉油生产基地和最大的淡水产品生产基地。2020年，全省农作物总播种面积7974.44千公顷。全省粮食总产量2727.43万吨，连续8年稳定在500亿斤以上。油料总产量344.45万吨；生猪出栏2631.12万头。水产品总产量467.88万吨。

工业方面，已形成以汽车、农产品加工、电子信息、化工、建材、电力为支柱的门类比较齐全的现代工业体系。2020年末，规模以上工业企业15708家。2020年全省共生产汽车209.34万辆，钢材3649.11万吨，水泥9826.63万吨，发电量3015.84亿千瓦小时。

近年来，湖北以信息技术为标志的高新技术产业加快成长，初步形成了以电子信息、生物技术与新医药、新材料和制造业信息化等为核心的特色高新技术产业群。光纤、光通信设备、无线通讯设备、石英晶体及器件等产品的生产规模和技术水平具有参与国际竞争的实力。2020年湖北规上高新技术产业增加值8580.82

亿元，下降1.9%。

武汉东湖

服务业比较发达。省会武汉历史上就是全国重要的通商口岸和商品集散中心，素有“东方芝加哥”之称，是全国重要的人流、物流、资金及信息流交汇和集散中心。近年来，湖北充分发挥承东启西、南北交汇的区位优势，着力构建具有区域特色的现代服务业发展新优势，加快推进物流企业改革重组，培植大型商贸流通企业，大力发展各种现代营销方式和流通组织形式，物流中心地位不断增强。

湖北加快调整产业结构，坚定不移地走绿色发展、高质量发展之路，保持经济平稳较快增长。以集成电路为代表的高新技术产业、战略性新兴产业和高端成长型产业，形成“芯”产业集群，成为新旧动能转换之“新”。依托长江、汉江打造长江绿色经济和创新驱动发展带。湖北正奋力谱写新时代高质量发展新篇章，争当推动长江经济带高质量发展的排头兵。

二、交通运输、邮电通信和旅游

2020年，全省完成货物周转量5294.95亿吨公里，比上年下降13.7%；旅客周转量522.92亿人公里，下降56.4%；公路总里程达289612公里，增长0.2%；高速公路里程达7230公里，增长5.4%。

全省邮政业务总量471.77亿元，增长2.9%。其中，快递业务量17.85亿件，快递业务收入178.69亿元。全省电信业务总量4205.17亿元，增长24.9%。长途光缆线路长度达到3.21万公里；移动电话交换机容量达8592.3万户；固定电话用户481.61万户；移动电话用户达到5681.07万户；全省电话普及率为106.71部/百人，移动电话普及率为98.37部/百人；固定互联网宽带接入用户1870.16万户，比上年增加161.84万户;移动互联网用户接入流量50.67亿GB，比上年增长32.4%。

三、科技教育

2020年，湖北普通高等教育本专科在校生161.69万人，在校研究生17.88万人。年末，全省共建有246家省级工程研究中心(工程实验室)、589家省级企业技术中心。

科学研究和技术开发取得新的成果。全年共登记重大科技成果1553项。其中,基础理论成果54项，应用技术成果1447项，软科学成果52项。全年共签订技术合同39749项，技术市场成交金额1665.81亿元，合同金额比上年增长16.4%。在光纤光缆、光通信、“3C”和“3S”软件、生物医药、电动汽车等若干领域，湖北技术实力位居全国领先地位。

四、资源环境

全省继续大力推进节能降耗工作，单位GDP能耗继续保持下降态势，年初确定的1%的下降目标顺利完成。

全省主要河流的179个地表水水质监测断面中，水质优良为Ⅰ～Ⅲ类的占93.9%，水质较差为Ⅳ类、Ⅴ类的占6.1%，无水质污染严重为劣Ⅴ类的水质监测断面。全省主要湖泊、水库的32个水域中，水质优良为

Ⅰ～Ⅲ类水域占62.5%，水质较差为Ⅳ类、Ⅴ类的占37.5%，无劣Ⅴ类水域。

全省完成造林面积25.82万公顷，其中人工造林面积11.19万公顷，占全部造林面积的43.35%。森林抚育面积38.47万公顷。截至年底，全省国家级自然保护区22个。

五、民生保障

居民收入保持稳定。2020年,湖北城镇常住居民人均可支配收入36706元，下降2.4%；湖北农村常住居民人均可支配收入16306元，下降0.5%。

社会保障进一步加强。年末全省参加城镇职工基本养老保险1744.7万人，其中，在职职工1147.9万人，离退休人员596.8万人；参加城乡居民基本养老保险2368.6万人；参加工伤保险745.8万人；参加失业保险人数651.3万人，年末领取失业保险金人数7.5万人。

全年全省城镇居民最低生活保障对象30.7万人，农村居民最低生活保障人数144.6万人，国家抚恤、补助各类优抚对象37.27万人。社会福利事业不断发展。年末全省养老机构1831家，城乡社区养老服务设施覆盖率分别达到97%和67%。全年销售社会福利彩票52.5亿元。

六、对外开放

2020年湖北实现货物进出口总额4305.2亿元，增长8.8%，其中，进口1603.2亿元，增长9.1%；出口2702.1亿元,增长8.7%。欧盟替代东盟跃升为湖北省第一大贸易伙伴，双边贸易值595.2亿元，增长17.1%。出口商品种类较多，除纺织品、服装、农产品、钢材等传统商品外，还有手机、集成电路、平板电脑、液晶显示器等高技术产品和机电产品。

2020年新批外商直接投资项目296个。全年实际使用外资103.52亿美元，下降19.8%。

七、社会事业

文化事业繁荣活跃。2020年末，全省共有国有艺术表演团体87个，群艺馆、文化馆125个，公共图书馆117个，博物馆230个。电影放映管理机构103个，放映单位1797个。广播电台1座，电视台1座，广播电视台82座，有线电视用户1203万户。全年出版全国性和省级报纸5.7亿份，各类期刊0.7亿册，图书2.8亿册。

卫生事业发展迅速。截止2020年末，全省共有医疗卫生机构35447家，其中医院1048家，基层医疗卫生机构33853家，专业公共卫生机构479家；全省共有卫生计生人员总数53.80万人，其中执业（助理）医师15.97万人，注册护士20.01万人；全省共有医疗卫生机构床位41.14万张，其中医院床位29.60万张，社区卫生服务机构床位1.63万张，卫生院床位8.16万张。

体育事业蓬勃发展。竞技体育实力较强，羽毛球、跳水、举重、攀岩等优势项目一直保持较高水平。2020年全省运动健儿在国际比赛中共获得冠军18项次、亚军7项次、季军7项次；奥运会项目最高水平比赛冠军19项次、亚军18项次、季军17项次；在各类全国比赛中，获冠军124项次、亚军92项次、第三名88项次；全运会项目全国最高水平比赛中冠军19项次、亚军18项次、第三名17项次。全年销售体育彩票82.8亿元。

三峡大坝

湖南省省情

湖南省位于我国中部、长江中游，因大部分地处洞庭湖以南而得名，因省内最大河流湘江流贯全境而简称“湘”，因自古广植木芙蓉和水芙蓉而有“芙蓉国”之称。湖南地处东经108°47′－114°15′，北纬24°38′－30°08′，东西直线距离宽667公里，南北直线距离长774公里，土地面积21.18万平方公里，占全国国土面积的2.2%，居全国各省区市第10位、中部第1位。截至2020年12月31日，全省辖13个地级市、1个自治州，共14个地级行政区划；68个县（其中7个自治县）、18个县级市、36个市辖区、共122个县级行政区划。截至2020年11月1日零时，全省常住人口数6644.49万人，其中城镇人口3904.62万人，城镇化率58.76%。

湖南历史悠久，是华夏文明的重要发祥地之一，相传炎帝神农氏在此种植五谷、织麻为布、制作陶器；舜帝明德天下，足历洞庭，永州九嶷山为其陵寝之地。湖南境内历史遗存众多，出土和发现的澧县城头山古城遗址、里耶秦简、走马楼三国吴简以及凤凰古南方长城、岳麓书院、岳阳楼，是湖南悠久历史的浓缩与见证。湖南人文荟萃，英才辈出。“惟楚有材，于斯为盛”，从先秦爱国诗人屈原，到西汉著名政论家贾谊、东汉造纸术发明者蔡伦；从唐代著名书法家欧阳询、怀素，到北宋理学鼻祖周敦颐及在湖南讲学传道的南宋著名理学家朱熹和张 ；从明代茶陵诗派领袖李东阳，到有“东方黑格尔”之称的思想家王夫之，湖湘人才群体联袂而起、灿若星河。近现代以来，湖南是维新运动最富生气的一省、辛亥武昌起义首应之区，先后涌现了晚清经世派代表人物两江总督陶澍、启蒙思想家魏源，以及清代中兴名臣曾国藩、左宗棠，维新志士谭嗣同、唐才常，辛亥元勋黄兴、蔡锷、宋教仁，民国第一位民选总理熊希龄，等等。新民主主义革命时期，湖南是全国农民运动的中心、中国革命的重要策源地、抗日战争重要的正面战场，发生了秋收起义、湘南暴动、桑植起义、平江起义、通道转兵、芷江受降等著名历史事件。毛泽东、刘少奇、任弼时、彭德怀等无产阶级革命家，为创建中国共产党、缔造中华人民共和国做出了卓越贡献；新中国首批授衔的10大元帅中有3位是湖南人，10位大将中有6位是湖南人，57名上将中湘籍19人，177位中将中湖南有45人，故湖南有“伟人故里”、“将帅之乡”、“革命圣地”、“红色摇篮”之称。中华人民共和国成立后至改革开放新时期，胡耀邦、朱 基等党和国家领导人在我国改革发展的历史进程中留下了深刻足迹。此外，“世界杂交水稻之父”袁隆平、“试管婴儿之母”卢光 等著名科学家，田汉、齐白石、黄永玉等知名艺术家，沈从文、周立波等著名文学家，熊倪、刘璇等世界体育名将，以及全心全意为人民服务的共产主义战士雷锋，他们以其卓越的才情、智慧和品德，在中国乃至世界的历史舞台上写下了浓墨重彩的精彩篇章。

湖南地貌类型多样，以山地、丘陵为主。国土总面积中，山地占51.2%，丘陵占19.9%，台地占14.2%，平原占14.7%，大致构成“七山一水二田土”的格局。湖南三面环山，形成从东南西三面向东北倾斜开口的不对称马蹄状，境内最低点是临湘县的黄盖湖，海拔24米；最高点是石门境内的壶瓶山，海拔2099米。省内河网密布，水系发达，5公里以上的河流有5341条，淡水面积达1.35万平方公里，洞庭湖是全国第二大淡水湖，湘江、资水、沅水和澧水等四大水系覆盖全省，其中湘江是长江七大支流之一，全省天然水资源总量为南方九省之冠。湖南地处中部，具有承东启西、连南接北的枢纽地位，省内交通便利，水陆空综合交通体系立体衔接、纵横交错、通江达海。2020年末，全省公路通车里程24.1万公里，其中，高速公路通车里程6951公里；铁路营业里程5646公里，其中高速铁路1997公里。

湖南山川秀丽，名胜古迹众多，是闻名遐迩的旅游胜地。古有“潇湘八景”（潇湘夜雨、平沙落雁、烟寺晚钟、山市晴岚、江天暮雪、远浦归帆、洞庭秋月、渔村夕照），现有张家界武陵源风景区、邵阳 山丹霞地貌2处世界自然遗产；老司城1处世界文化遗产；5A级景区9家、4A级景区121家、3A级景区326家，其中张家界武陵源风景区是我国首家被联合国教科文组织列入《世界文化和自然遗产名录》的自然名品，南岳衡山是中华五岳之一，岳阳楼是江南三大名楼之一。此外，伟人故里韶山、佛教圣地大乘山、千年学府岳麓书院、凤凰古城、常德桃花源等景区景点光彩夺目，受到了越来越多海内外游客的青睐。2020年，全年国内游客6.9亿人次，其中入境游客17.0万人次；旅游总收入8262.0亿元，其中，国内旅游收入8258.4亿元，入境旅游收入5116.7万美元。

湖南物产富饶，俗有“湖广熟，天下足”之谓，是著名的“渔米之乡”。主要农副产品产量如粮食、棉花、油料、苎麻、烤烟以及猪肉等均位居全国前列。2020年，全省农林牧渔业总产值7512.0亿元，增长4.1%。其中，农业产值3364.8亿元，增长4.1%；林业产值428.0亿元，增长8.3%；牧业产值2721.6亿元，增长2.5%；渔业产值477.5亿元，增长4.3%。湖南成矿地质条件优越，矿产资源丰富。目前，已发现矿种146种，探明资源储量矿种111种。其中，能源矿产7种，金属矿产39种，非金属矿产63种，水汽矿产2种。

党的十八大以来，在以习近平同志为核心的党中央坚强领导下，全省上下按照“三个着力”的要求，抢抓“一带一路”建设、长江经济带发展机遇，发挥“一带一部”区位优势，大力实施中部崛起战略和创新引领开放崛起战略，加快建设富饶美丽幸福新湖南，全省经济社会呈现稳中有进的良好势头，经济实力迈上新台阶、社会事业突飞猛进、综合实力显著增强、人民生活水平稳步提高。初步核算，2020年全省地区生产总值41781.5亿元，位居全国第9位。其中，第一产业增加值4240.4亿元，比上年增长3.7%；第二产业增加值15937.7亿元，增长4.7%；第三产业增加值21603.4亿元，增长2.9%。全省固定资产投资（不含农户）比上年增长7.6%；规模以上工业增加值增长4.8%；社会消费品零售总额16258.1亿元，下降2.6%；进出口总额4874.5亿元，增长12.3%；地方一般公共预算收入3008.7亿元，增长0.1%；居民人均可支配收入29380元，增长6.1%，其中城镇、农村居民人均可支配收入分别为41698元、16585元，分别增长4.7%和7.7%。

注：2020年数据均为快报数。

橘子洲

重庆市市情

重庆位于中国内陆西南部、长江上游地区。面积8.24万平方公里，辖38个区县。2020年年末常住人口3208.93万人，城镇化率69.46%。人口以汉族为主，少数民族主要有土家族、苗族。重庆是一座独具特色的“山城”、“江城”，地貌以丘陵、山地为主，其中山地占76%；长江横贯全境，流程691公里，与嘉陵江、乌江等河流交汇。旅游资源丰富，有长江三峡、世界文化遗产大足石刻、世界自然遗产武隆喀斯特和南川金佛山等壮丽景观。

重庆是中国著名历史文化名城。有文字记载的历史达3000多年，是巴渝文化的发祥地。因嘉陵江古称“渝水”，故重庆又简称“渝”。北宋崇宁元年(1102年)，改渝州为恭州。南宋淳熙16年(1189年)，宋光宗赵惇先封恭王再即帝位，称为“双重喜庆”，遂升恭州为重庆府，重庆由此而得名。1891年，成为中国最早对外开埠的内陆通商口岸。1929年，正式建市。抗日战争时期，重庆是国民政府战时首都和世界反法西斯战争远东指挥中心。抗日战争时期和解放战争初期，中共中央南方局在重庆负责领导国统区、港澳及海外地区的党组织和统一战线工作，形成的“红岩精神”，是我们国家和民族的宝贵精神财富。民盟、民建、九三学社和民革前身之一的“三民主义同志联合会”均在重庆成立。

直辖以来重庆发展取得显著成就。重庆紧紧围绕国家重要中心城市、长江上游地区经济中心、国家重要先进制造业中心、西部金融中心、西部国际综合交通枢纽和国际门户枢纽等国家赋予的定位，充分发挥区位优势、生态优势、产业优势、体制优势，谋划和推动经济社会发展，努力建设国际化、绿色化、智能化、人文化现代城市。经济结构加快转型升级，老工业基地焕发生机活力，形成全球重要电子信息产业集群和国内重要汽

重庆人民大礼堂

车产业集群，战略性新兴产业蓬勃发展，大数据智能化创新驱动深入推进，两江新区、西部(重庆)科学城建设高标准实施，经济高质量发展的引擎动力更加强劲。三峡百万移民搬迁安置任务圆满完成，各项社会事业全面进步，脱贫攻坚目标任务如期完成，全面建成小康社会胜利在望，群众获得感幸福感安全感持续提升。当前，重庆政治生态持续向好、干部群众精神面貌持续向上、高质量发展动能持续增强、社会和谐稳定局面持续巩固。2020年，实现地区生产总值2.5万亿元、增长3.9%，人均GDP超过1万美元，规上工业增加值增长5.8%，固定资产投资增长3.9%，社会消费品零售总额增长1.3%，进出口总值增长12.5%，全体居民人均可支配收入增长6.6%。

全市认真学习贯彻党的十九大和十九届二中、三中、四中、五中全会精神，全面落实党中央各项决策部署，准确把握新发展阶段，深入践行新发展理念，积极融入新发展格局，切实担当新发展使命，抓好“十四五”规划实施，加快推动成渝地区双城经济圈建设，持续营造风清气正的政治生态，奋力谱写高质量发展新篇章、开启社会主义现代化建设新征程，为实现中华民族伟大复兴的中国梦贡献力量。

夜景倒影

四川省省情

四川简称川或蜀，位于中国西南部，地处长江上游，素有“天府之国”的美誉。全省面积48.6万平方公里，辖21个市（州）、183个县（市、区），与重庆、贵州、云南、西藏、青海、甘肃和陕西等7省（自治区、直辖市）接壤，有全国最大的彝族聚居区、第二大藏族聚居区和唯一的羌族聚居区。2020年末全省户籍人口9081.6万人、常住人口8371万人。

历史文化悠久。先秦时为巴国、蜀国之地，北宋置川峡路，后分置益州、梓州、利州、夔州四路，总称四川路，始有四川之名。以三星堆、金沙遗址为代表的古蜀文明璀璨而神秘，有国家历史文化名城8个，全国重点文物保护单位276处，蜀锦、四川皮影戏等被列入联合国教科文组织非物质文化遗产名录项目，为中国道教发源地之一，全世界最早的纸币“交子”出现地，三国文化、红色文化、民族文化、宗教文化灿烂多姿。

自然资源丰富。世界级旅游资源和品牌26个，九寨沟、黄龙、大熊猫栖息地是世界自然遗产，青城山—都江堰是世界文化遗产，峨眉山—乐山大佛是世界文化与自然遗产，有国家A级旅游景区565家，其中5A级旅游景区15家；国家级风景名胜区18处。水电装机容量超过8000万千瓦、是全国最大的水电开发和西电东送基地，天然气累计探明储量、页岩气资源量和累计探明储量均居全国第1位，钒、钛、锂、铁、稀土等保有资源储量居全国前列。国家重点保护野生动物145种、居全国第1位，其中野生大熊猫1387只；森林蓄积量19.16亿立方米、居全国第3位，森林覆盖率达40%，是长江、黄河上游生态屏障。

科教实力雄厚。是国家系统推进全面创新改革试验的八个区域之一，拥有中国（四川）自由贸易试验区、成都国家自主创新示范区、天府新区、绵阳科技城、攀西战略性资源创新开发试验区等多个重大区域创新平

四川是我国重要的粮食产区之一。2020年粮食产量3527.4万吨，时隔20年产量再次迈上3500万吨台阶。图为崇州市10万亩粮食高产稳产高效综合示范项目。

雅康高速泸定大渡河大桥

台。有各类学历教育学校2.5万所，其中普通高校132所，有国家级重点实验室14家，省级重点实验室128家，两院院士61人。

产业体系完备。是全国三大动力设备制造基地和四大电子信息产业基地之一。电子信息、装备制造、食品饮料、先进材料、能源化工等五大支柱产业主营业务收入超过4万亿元，数字经济总量超1.4万亿元。已组建30余个智能制造、5G、区块链、工业互联网、超高清视频等产业联盟，1299家省级以上企业技术中心、78家省级以上技术创新示范企业。拥有176个认定重大技术装备首台套、新材料首批次、软件首版次产品，保费支持4.8亿元。核电装备、重型燃机、工业级无人机等产品研制跻身全国乃至世界前列。创建国家现代农业产业园9个，生猪存栏量和出栏量常年位居全国第一，休闲农业规模保持全国首位。

交通设施便利。全省铁路、高速公路总里程分别达5312公里、8140公里，成都双流国际机场旅客吞吐量超过5000万人次，成都天府国际机场正式投运，“四向八廊”战略性综合交通走廊逐步形成。正在加快建设“东向”成南达万高铁，连通长三角、京津冀；“南向”成自宜高铁，连通粤港澳大湾区、北部湾经济区；“西向”川藏铁路，连通青藏高原；“北向”成兰铁路，连接丝绸之路经济带。

党的十九大以来，四川省委省政府坚持以习近平新时代中国特色社会主义思想为指导，全面贯彻落实习近平总书记对四川工作系列重要指示精神和党中央国务院各项决策部署，统筹推进疫情防控和经济社会发展，深入实施“一干多支”发展战略，扎实做好“六稳”工作，全面落实“六保”任务，按照“农业多贡献、工业挑大梁、投资唱主角、消费促升级”的工作思路，真抓实干、攻坚克难，全省经济逐季回升、稳定向好，社会大局保持稳定，推进治蜀兴川各项事业再上新台阶。全省88个贫困县全部摘帽、11501个贫困村全部退出、625万建档立卡贫困人口全部脱贫；覆盖城乡居民的社会保障体系基本建成，学前教育三年毛入园率超过90%，义务教育基本均衡发展实现县（市、区）全覆盖，法治四川、平安四川建设扎实推进，社会治理能力不断提高。

全省内河港口17个，规模以上港口6个，初步构建起以泸州、宜宾、乐山-广元、南充、广安两大港口群为主，其他一般港口为辅的“6+6”枢纽互通港口体系。图为我省首个年吞吐能力达100万标箱的集装箱码头泸州港。

贵州省省情

贵州简称“黔”或“贵”，位于中国西南地区，东毗湖南，南邻广西，西连云南，北接四川和重庆，是一个风光秀丽、气候宜人、资源丰富、发展潜力巨大的省份。全省辖贵阳、六盘水、遵义、安顺、毕节、铜仁6个地级市，黔西南、黔东南、黔南3个民族自治州；设10个县级市、50个县、11个民族自治县、16个市辖区和1个特区，行政区划面积17.62万平方公里，其中民族自治地方辖区面积占全省总面积的55.5%。2020年末，全省常住人口3858万人，城镇人口比重53.15%。全省有汉、苗、布依、土家、侗、彝等18个世居民族。常住人口中少数民族人口占36.44%。

贵州历史悠久。贵州是中国古人类发祥地之一，早在24万年前就有人类活动，创造了贵州史前文明。明永乐十一年（公元1413年）设置贵州布政使司，贵州正式成为省级行政单位。清雍正年间，贵州辖区地域基本形成。贵州具有光荣的革命历史，1930-1936年，红七军、红八军、红三军及红二、红六军团等先后在贵州开展革命活动，建立红色政权组织；1935年中共中央政治局在贵州召开了著名的遵义会议。1949年11月15日，中国人民解放军解放省会贵阳，翻开了贵州历史发展的新篇章。

贵州自然风光优美。贵州地势西高东低，是喀斯特地貌发育最典型的地区之一。荔波喀斯特、赤水丹霞、施秉云台山、铜仁梵净山入选世界自然遗产地。奇山秀水、瀑布峡谷、溶洞石林等构成了迷人的“天然公园”。目前，贵州有黄果树大瀑布、龙宫、马岭河大峡谷、黎平侗乡等18个国家级风景名胜区；有赤水桫椤等11个国家级自然保护区；有国家级森林公园30个。

世界级桥梁：贵州平塘至罗甸高速公路平塘大桥（贵州省交通运输厅供图）

贵州气候舒适宜人。贵州属亚热带温湿季风气候区，冬无严寒、夏无酷暑，降水丰富、雨热同季。全省大部分地区年平均气温在16℃左右，其中最冷月（1月）平均气温7.3℃，高于同纬度其他地区；最热月（8月）平均气温25.0℃，为典型夏凉地区，省会贵阳被誉为“中国避暑之都”。

贵州文化丰富多彩。贵州民族民俗文化保护较为完整，侗族大歌、苗族飞歌享誉海内外。阳明文化、夜郎文化、屯堡文化、土司文化独树一帜。明代王阳明谪居龙场（今贵州修文县城），成就了“心即理”和“知行合一”学说。贵州是红色文化的热土，红军足迹遍及68个县，是红军长征经过的11个省中活动时间最长、区域范围最广、发生重大事件最多的省份之一，遵义会议是中国共产党历史上一个生死攸关的转折点，四渡赤水在中国革命战争史上有着非常重要的地位。

贵州资源禀赋良好。贵州能源资源优势明显。煤炭保有储量居全国第5位，水能资源居全国第6位，能源资源具有“水火互济”优势，为发展火电，实施“西电东送”和发展煤化工业提供了资源保障。贵州矿产资源十分丰富。已发现矿产（含亚矿种）137种，其中88种探明了资源储量，重晶石、汞矿、锰矿等资源储量位居全国第一。贵州生物资源种类繁多。有野生动物1000多种，列为国家一级保护动物的有黔金丝猴、黑叶猴、黑颈鹤等10多种；药用植物约4000多种，占全国中草药品种的80%，是全国道地中药材四大产区之一，有“夜郎无闲草，黔地多良药”之美誉。天麻、杜仲、黄连、吴萸、石斛等道地药材享誉国内外。珍稀植物中，列为国家一级保护植物的有银杉、珙桐、桫椤、贵州苏铁等15种。

贵州区位优势明显。贵州是西南重要陆路交通枢纽。近年来，贵州交通条件加速改善，是中国西部地区第一个县县通高速的省份，贵广高铁、沪昆、黔渝高铁陆续通车运营，实现了与珠三角、长三角、京津冀、成渝地区的快速连接；通航机场实现市州全覆盖，贵阳机场通航城市上百个。

近年来，贵州坚持以习近平新时代中国特色社会主义思想为指导，深入贯彻党的十九大和十九届二中、三中、四中、五中全会精神，认真落实习近平总书记对贵州工作的系列重要指示精神，坚持以脱贫攻坚统揽经济社会发展全局，牢牢守好发展和生态两条底线，打好三大攻坚战，推进三大战略行动，建设三大国家级试验区。2020年，全省统筹疫情防控、脱贫攻坚和经济社会发展，扎实做好“六稳”工作、全面落实“六保”任务，创造了赶超进位的“黄金十年”，彻底撕掉千百年来绝对贫困的标签，在大战大考中交出了一份党中央放心、人民满意的优异答卷，全省地区生产总值17826.56亿元，比上年增长4.5%。城镇常住居民人均可支配收入36096元，比上年名义增长4.9%；农村常住居民人均可支配收入11642元，比上年名义增长8.2%。森林覆盖率继续稳步上升，县城以上城市空气质量优良天数比率保持在95%以上，地表水质状况总体优良。

面向未来，贵州将更加紧密地团结在以习近平同志为核心的党中央周围，坚持以习近平新时代中国特色社会主义思想为指导，坚持稳中求进工作总基调，立足新发展阶段、贯彻新发展理念、构建新发展格局、推动高质量发展，不忘初心、牢记使命，牢记嘱托、感恩奋进，与全国同步开启全面建设社会主义现代化新征程，努力开创百姓富、生态美的多彩贵州新未来！

云南省省情

一、区位及面积。云南简称“云”或“滇”，地处中国西南边陲，北回归线横贯南部，东与广西壮族自治区和贵州省毗邻，北以金沙江为界与四川省隔江相望，西北隅与西藏自治区相邻近，西部与缅甸相邻，南部和东南部分别与老挝、越南接壤。云南是全国边境线最长的省份之一，有25个边境县，共有26个口岸，其中一类口岸20个、二类口岸6个。总面积39.41万平方千米，占全国总面积的4.1%。

二、建置沿革。云南省是人类重要的发祥地之一，生活在距今170万年前的云南元谋猿人，是迄今为止发现的我国和亚洲最早人类。夏、商时期，云南属中国九州之一的梁州。秦朝以前，曾出现古滇王国。秦汉之际，中央王朝在云南推行过郡县制。西晋时期，云南改设为宁州，是全国十九州之一。唐宋时期，曾建立过南诏国、大理国等地方政权。元朝在云南设立行中书省，“云南”正式成为全国省级行政区划名称。明朝在云南设承宣布政使司、提刑按察使司、都指挥使司，管辖全省府、州、县。清朝沿袭明朝制度。1950年2月24日，云南解放，从此翻开了崭新的历史篇章。2020年，全省行政区有16个州（市），129个县（市、区），其中，17个市辖区，17个县级市，66个县，29个民族自治县。

三、人口及民族。第七次全国人口普查数据显示全省总人口4720.9万人，其中，汉族人口3157.3万人，占总人口的66.88%；少数民族人口1563.6万人，占总人口的33.12%，少数民族占比与第六次全国人口普查时的33.39%基本持平。与2010年第六次全国人口普查相比，汉族人口增加95.57万人，增长3.12%；少数民族人口增加28.68万人，增长1.87%。

在全省少数民族中，人口在百万以上的少数民族有6个，分别是彝族、哈尼族、白族、傣族、苗族、壮族，占云南少数民族总人口76.94%。其中，彝族人口最多，占少数民族人口32.43%，哈尼族占10.44%，白族占10.26%，傣族占8.05%，苗族占8.02%，壮族占7.74%。

四、语言文字。云南省是一个多民族的省份，语言文字丰富多彩。云南的汉族语言属北方语系，接近普通话。其他各民族的语言分别属于汉藏语系和南亚语系，语言使用主要有：母语型、双语型、多语型和母语转用型四种类型。云南各个民族除回族、满族、水族通用汉语外，其余民族都有自己的语言。傣族文字和语言与泰国有一定的历史渊源。纳西族的东巴文化历史悠久，东巴文字是迄今还在传承的象形文字，别具特色。

五、自然概貌

（一）地形、地貌。云南地形由山地、高原和盆地组成。山地、高原和盆地的面积分别占全省土地面积的84%、10%、6%。地势西北高、东南低，自北向南呈阶梯状逐级下降，全省海拔高低相差很大。海拔最高点为滇藏交界的德钦县境内怒山山脉的梅里雪山主峰卡瓦格博峰，海拔6740米；最低点在河口县境内南溪河与红河交汇处，海拔76.4米。两地直线距离约900千米，高低相差6000多米。全省从南到北，平均每千米水平距离海拔升高6米。

（二）水系。全省河川纵横，湖泊众多。全省境内径流面积在100平方公里以上的河流有889条。全省有高原湖泊40多个，多数为断陷型湖泊，大体分布在元江谷地和东云岭山地以南，多数在高原区内。湖泊水域面积约1100平方千米，占全省总面积的0.28%，总蓄水量约1480.19亿立方米。湖泊中数滇池面积最大，为306.3平方千米；洱海次之，面积约250平方千米；抚仙湖深度全省第一，最深处为151.5米；泸沽湖次之，最深处为73.2米。

（三）气候。云南气候基本属于亚热带高原季风型。由于地形复杂和垂直高差大等原因，立体气候特点显著，类型多样。区域内年温差小、日温差大，干湿季节分明，气温随地势高低呈垂直变化。

云南山区的立体性、多样性气候被形容为“一山分四季，十里不同天”。全省平均气温，最热（7月）月均气温在19℃～22℃之间，最冷（1月）月均气温在6℃～8℃之间，年温差一般只有10℃～12℃。一天的温度呈现早晚较凉，中午较热，尤其是冬、春两季，早晚日温差可达12℃～20℃。

六、自然资源

（一）植物资源。云南是全国植物种类最多的省份，被誉为“植物王国”。热带、亚热带、温带、寒温带等植物类型都有分布，古老的、衍生的、外来的植物种类和类群很多。在全国近3万种高等植物中，云南占60%以上，分别列入国家一、二、三级重点保护和发展的树种有150多种。《云南省生物物种名录（2016版）》共收录云南省的物种2.54万个。2020年，云南森林面积为2493.58万公顷，居全国第3位，森林覆盖率为65.0%，森林蓄积量20.67亿立方米。全省共有自然保护区166个，其中，国家级21个、省级38个、州市级56个、区县级51个，总面积约287.08万公顷，占全省国土总面积的7.3%。云南树种繁多，类型多样，优良、速生、珍贵树种多，药用植物、香料植物、观赏植物等品种在全省范围内均有分布，故云南还有“药物宝库”“香料之乡”“天然花园”之称。

（二）动物资源。云南动物种类数为全国之冠，素有“动物王国”之称。脊椎动物达1737种，占全国58.9%。其中，鸟类793种，占63.7%；兽类300种，占51.1%；鱼类366种，占45.7%；爬行类143种，占37.6%；两栖类102种，占46.4%。全国见于名录的2.5万种昆虫类中云南有1万余种。云南珍稀保护动物较多，许多动物在国内仅分布在云南。珍禽异兽，如：蜂猴、滇金丝猴、野象、野牛、长臂猿、印支虎、犀鸟、白尾梢

宜良马蹄湾-彩色水稻（张自堂 摄）

虹雉等46种均属国家一类保护动物；熊猴、猕猴、灰叶猴、穿山甲、麝、小熊猫、绿孔雀、蟒蛇等154种均属于国家二类保护动物；此外，还有大量小型珍稀动物种类。

（三）能源资源。云南能源资源得天独厚，尤以水能、煤炭资源储量较大，开发条件优越；地热能、太阳能、风能、生物能有较好的开发前景。云南河流众多，全省水资源总量2206亿立方米，居全国第3位；水能资源蕴藏量达1.04亿千瓦，居全国第3位，水能资源主要集中于滇西北的金沙江、澜沧江、怒江三大水系；可开发装机容量0.9亿千瓦，居全国第2位。煤炭资源主要分布在滇东北，全省现已探明储量240亿吨，居全国第9位，煤种较齐全，烟煤、无烟煤、褐煤都有。地热资源以滇西腾冲地区的分布最为集中，全省有出露地面的天然温热泉约700处，居全国之首，年出水量3.6亿立方米，水温最低的为25°C，高的在100°C以上（腾冲县的温热泉，水温多在60°C以上，高者达105°C）。太阳能资源较丰富，仅次于西藏、青海、内蒙等省区，全省年日照时数在1000～2800小时之间，年太阳总辐射量每平方厘米在90～150千卡之间。省内多数地区的日照时数为2100～2300小时，年太阳总辐射量每平方厘米为120～130千卡。

（四）土壤资源。云南因气候、生物、地质、地形等相互作用，形成了多种多样土壤类型，土壤垂直分布特点明显。经初步划分，全省有16个土壤类型，占到全国的1/4。其中，红壤面积占全省土地面积的50%，是省内分布最广、最重要的土壤资源，故云南有“红土高原”“红土地”之称。云南稻田土壤细分有50多种，其中，大的类型有十多种。成土母质多为冲积物和湖积物，部分为红壤性和紫色性水稻土。大部分土壤呈中性和微酸性，有机质在1.5%～3.0%，氮磷养分含量比旱地高。山区旱地土壤约占全省的64%，主要为红土和黄土。坝区旱地土壤约占17%，主要为红土。旱地土壤分布比较分散，施肥水平不高，加之水土流失，土壤有机质普遍较水田低。常用耕地面积423.01万公顷。

（五）矿产资源。云南地质现象种类繁多，成矿条件优越，矿产资源极为丰富，尤以有色金属及磷矿著称，被誉为“有色金属王国”，是得天独厚的矿产资源宝地。云南矿产资源的特点，一是矿种全，现已发现的矿产有143种，已探明储量的有86种；二是分布广，金属矿遍及108个县（市），煤矿在116个县（市）发现，其他非金属矿产各县都有；三是共生、伴生矿多，利用价值高，全省共生、伴生矿床约占矿床总量的31%。云南有61个矿种的保有储量居全国前10位，其中，铅、锌、锡、磷、铜、银等25种矿产含量分别居全国前3位。

（六）旅游资源。云南以独特的高原风光，热带、亚热带的边疆风物和多彩多姿的民族风情而闻名于海内外。旅游资源十分丰富，建成了一批以高山峡谷、现代冰川、高原湖泊、石林、喀斯特洞穴、火山地热、原始森林、花卉、文物古迹、传统园林及少数民族风情等为特色的旅游景区。全省有景区、景点200多个，国家级A级以上景区有134个，其中，有9个5A级景区，分别为：文山州普者黑旅游景区、保山市腾冲火山热海旅游区、昆明市昆明世博园景区、迪庆州香格里拉普达措景区、大理市崇圣寺三塔文化旅游区、丽江市丽江古城景区、中国科学院西双版纳热带植物园、丽江市玉龙雪山景区、昆明市石林风景区；列为国家级风景名胜区的有石林、大理、西双版纳、三江并流、昆明滇池、丽江玉龙雪山、腾冲地热火山、瑞丽江—大盈江、宜良九乡、建水、文山普者黑、泸西阿庐等12处，列为省级风景名胜区的有陆良彩色沙林、禄劝轿子雪山等53处。有昆明、大理、丽江、建水、巍山和会泽6座国家级历史文化名城，有腾冲、威信、保山、会泽、石屏、广南、漾濞、孟连、香格里拉、剑川、通海等11座省级历史文化名城，有禄丰县黑井镇、会泽县娜姑镇白雾街村、剑川县沙溪镇、腾冲县和顺镇、云龙县诺邓镇诺邓村、石屏县郑营村、巍山县永建镇东莲花村、孟连县娜允镇等8座国家历史文化名镇、名村，有14个省级历史文化名镇、14个省级历史文化名村和1个省级历史文化街区。丽江古城（1997年7月）、红河哈尼梯田（2013年6月）被列入世界文化遗产名录，三江并流（2003年7月）、石林（2007年6月）、澄江古生物化石地（2012年7月）被列入世界自然遗产名录，丽江纳西东巴古籍文献被列入世界记忆遗产名录。